b 渤海系列丛书

———— 丛书由渤海大学资助出版 ————

U0682717

本书是2022年辽宁省教育厅服务地方项目"基于数字辽宁建设的非遗文化融合传播范式构建及对策研究"成果（LJKFR20220270）；2022年渤海大学校级科研项目"新媒体背景下非遗传承人传播能力提升模式研究"成果；2023年渤海大学乡村振兴（县域科技创新）研究院项目"东北乡村短视频创作与乡村文化生态重建研究"成果

传统、空间与记忆
辽宁文化品牌传播

吴晓东　樊　丽　等——著

辽宁人民出版社

ⓒ 吴晓东　等　2024

图书在版编目（ＣＩＰ）数据

传统、空间与记忆：辽宁文化品牌传播 / 吴晓东等
著 . — 沈阳：辽宁人民出版社，2024.7
　（渤海系列丛书）
　ISBN 978-7-205-10841-0

　Ⅰ . ①传… Ⅱ . ①吴… Ⅲ . ①文化传播—研究—辽宁
Ⅳ . ① G127.31

中国国家版本馆 CIP 数据核字（2023）第 158396 号

出版发行：辽宁人民出版社
　　　　地址：沈阳市和平区十一纬路 25 号　邮编：110003
　　　　电话：024-23284321（邮　购）　024-23284324（发行部）
　　　　传真：024-23284191（发行部）　024-23284304（办公室）
　　　　http://www.lnpph.com.cn
印　　刷：辽宁新华印务有限公司
幅面尺寸：170mm×240mm
印　　张：17.25
字　　数：250千字
出版时间：2024年7月第1版
印刷时间：2024年7月第1次印刷
责任编辑：郭　健　张婷婷
装帧设计：留白文化
责任校对：吴艳杰
书　　号：ISBN 978-7-205-10841-0

定　　价：98.00元

渤海系列丛书
编委会

主　任　赵　晖

副主任　刘　贺　崔向东

委　员　温荣刚　潘德昌　李凤营　吴凤霞

　　　　赵　阳　赵红梅　庞宝庆

序

渤海大学一直非常重视内涵建设，人文社会科学相关学科与专业获得长足发展。尤其是在历史学科的牵头之下，渤海大学人文社会科学所组建的科研团队，不断产出高水平学术成果，其范围涵盖东北亚问题、国家安全问题、历史与民族问题、中华民族共同体问题等领域。经过多年的建设，在科研团队的共同努力下，形成鲜明的特色研究方向，服务社会的能力不断提高。

习近平总书记指出："东北地区是我国重要的工业和农业基地，维护国家国防安全、粮食安全、生态安全、能源安全、产业安全的战略地位十分重要，关乎国家发展大局。"这里所指出的东北发展五大安全战略，不仅为东北振兴指明方向，更重要的是指出维护国家安全是全国各族人民根本利益所在。

其时恰逢教育部进行学科设置调整。2021年1月，国务院学位委员会、教育部印发通知，新设置"交叉学科"门类，成为中国第14个学科门类。由此开始，"国家安全学""区域国别学"等相继列入"交叉学科"目录。这种设置既是教育部在学科建设布局上的最新引领，更是高校下一步进行人才培养与开展科学研究的最新指导。

为配合东北发展五大安全战略和推进新兴交叉学科建设，渤海大学成立国家安全研究院，在"总体国家安全观"指导下，统筹规划原有的教育部国别和区域研究中心——东北亚研究中心、国家民委基地——渤海大学中华民族共同体研究中心以及"辽海发展高端智库"（与中国社会科学院中国边疆研究所合作共建）诸多平台的建设，同时利用民族学博士后流动站科研基地（与广西民族大学合作共建）和世界史博士后流动站科研基地（与延边大学合作共建）进一步整合科研团队，发挥已有优势，突出特色研究方向。

"知今而不知古，谓之盲瞽；知古而不知今，谓之陆沉。"为了高质量发挥高校人才培养、科学研究和服务社会的基本职能，需要对历史与现实进行全面而深刻的认识。因此，为进一步加强渤海大学历史学等传统学科的可持续发展，进一步推进"国家安全学"和"区域国别学"等交叉学科的融合发展，学校决定出版"渤海系列丛书"。本丛书以"总体国家安全观"为宗旨，书稿内容涉及东北边疆、民族、历史、文化、经济、生态、能源、产业等各个领域，涵盖各个学科。"渤海系列丛书"面向校内外专家征稿，每年出版一辑，确定一个相对具体的主题，连续出版。我们希望通过出版"渤海系列丛书"，进一步凝聚学术团队，提升渤海大学国家安全学研究水平，推动学科建设，更好地服务于东北五大安全战略，为东北全面振兴做出应有的贡献。

2023年4月20日

前　言

　　"文化兴则国运兴，文化强则民族强"，在文化强国的战略背景下，辽宁区域文化需要创新发展，开发富有地域特色的文化资源并进一步进行价值转化，从而焕发区域文化的新活力。而文化品牌恰恰是地方特色文化的集中体现与传播载体，对于参与经济发展，带动文化产业、旅游产业等方面都具有不可取代的重要作用。辽宁是东北发展的重点区域，也担负着东北振兴的重任，通过对该区域以重点文化品牌为代表的历史文化资源的开发与转化，势必会带动区域文化的可持续性传播，从而促进东北区域文化的协同创新发展。

　　本书的缘起正是我们对多年从事区域文化传播研究的一个阶段性总结，在从事文化传播领域的科研和教学工作的二十余年里，我们一直致力于辽宁乃至东北区域文化资源与特色的挖掘与开发，结合不断变化的发展形势与传媒环境，针对辽宁文化品牌的打造与传播开展了多层次、多维度的研究工作。

　　在研究中，我们针对辽宁文化品牌发展状况进行了持续性的调研，确定的研究对象既包括作为传统文化品牌代表的老字号，也包括现代的文化产业园区，既有汇集区域文化重要资源的实体博物馆，也有承载着时代记忆的工业遗产，既有能反映城市文化消费生活的品牌，也有在乡村建设与振兴中兴起的特色小镇。这些文化品牌具有较强的代表性，更是在时间与空间、城市与乡村等多个维度与辽宁文化产业发展紧密关联。

　　在调研中，我们制定了具体可行的研究计划，其中主要采用参与观察和深度访谈等方式，对辽宁文化品牌进行调查与记录，包括历史发展脉络的梳理，文化特征的总结与提炼等。对文化品牌的调研与走访，也是一段文化体验与学术研究相结合的过程，在这个过程中，通过持续的观察、多次的联络、不断的走访，从点到面、从外到内、从浅入深，不断扩展我们研究的广度和深度，特别是从学术研究、文化开发与消费体验等多方面入手，获得了较为详细而深入的一手资料。

我们针对大量的调研资料进行梳理与分析，从理论层面对辽宁文化品牌发展中的经验和问题进行总结和探讨，形成多维度的研究视角，以此审视文化品牌发展与传播规律以及带给区域文化发展的重要启示。如本书呈现的从传播主体的传播意识等方面探讨文化品牌传播的问题，从内容建设入手探讨地方文化资源的呈现方式与传播效果，从品牌形象的塑造与传播策略入手提出文化品牌的可持续发展建议等，这些研究不断将理论与实际问题进行碰撞，使得区域文化传播研究更鲜活，也更丰富和多元。

在理论与实际相结合的探讨与分析中，我们也尝试提出文化品牌的发展对策和建议，以此探寻一些切实可行的文化发展的可能路径，以期抛砖引玉，让更多的学者、文化管理者、文化产业从业人员甚至每一个个体都参与到区域文化传播中来，成为文化发展的重要力量。在此基础上，促进文化品牌作为区域发展核心作用的发挥，而这也是我们多年从事区域文化传播研究的主旨所在。

在立足区域文化研究的过程中，艰辛与快乐总是相伴的，特别是在我们研究团队中有一群可爱的研究生的加入，让我们的研究充满了希望。参与研究的他们，有的生于斯长于斯，有的是从祖国各地汇聚到这里求学，但无论来自哪里，都凭着对文化的兴趣与对研究的执着，在实际调研中寻找文化的根脉，在一次又一次的访谈中梳理文化的变迁，在观察体悟中感受文化的魅力。他们的每一个足迹都记录着辽宁文化发展的种种印迹，在探访、分析与展望中，我们共同期待这片土地在新的时代焕发活力，生生不息。

　　渤海大学新闻与传播学院传播学专业研究生们在本书的各章节调研、资料整理分析和撰写中作出了突出贡献，在这里一并感谢他们对于文化的热忱、坚守以及辛苦付出：高志琦（2012级传播学研究生，第一章主要贡献者）、李硕（2014级传播学研究生，第二章主要贡献者）、吴桂玲（2015级传播学研究生，第三章主要贡献者）、温婧（2018级传播学研究生，第四章主要贡献者）、赵庆艳（2016级传播学研究生，第五章主要贡献者）。

2024年7月

目　录
Contents

第一章 传统文化品牌形象传播研究
——以辽宁老字号为中心

辽宁具有丰富多彩的文化资源，当下面临的首要问题是如何挖掘地方文化元素并进行价值转化，以使其成为促进地方发展的重要"软实力"。在辽宁地域文化开发的过程中，品牌化发展是较有可行性的激发传统文化活力之路，而品牌形象的构建与传播就成为文化发展的重要方面。在辽宁传统地域文化中，老字号是重要的文化载体，其中凝聚着鲜明的地域和民族特色。因此，在针对辽宁传统地域文化的研究中，率先从老字号入手，对其历史文化进行调研梳理，并在此基础上探寻其品牌化发展的现状与问题，特别是针对品牌形象传播的核心要素展开研究，以期为富有传统的老字号在今天的文化繁荣发展的大环境中焕发新的活力，提升其在当下的文化价值，从而带动辽宁文化乃至东北文化振兴。

第一节 辽宁老字号品牌形象传播的理论概述

一、老字号的界定

随着时代的发展和进步，人们已经不再单纯地仅仅追求物质财富，开始向更高层次的精神需求迈进。而其中比较显著的表现就是人们对于商品的需求发生了深刻的变化，人们选择某一商品的标准已经不仅仅是其使用价值，开始更多地关注商品的附加值，换句话说，人们对于品牌的认知程度越来越高。老字号作为中国传统文化的重要载体之一，在品牌化的今天，却时常处于一个很尴尬的境地。一方面，老字号承载着中国传统文化的深厚内涵，形成了独特的品牌个性和厚重的品牌文化，历尽岁月的沧桑巨变，已经被证明其存在的价值和意义；另一方面，随着时代的发展，消费者的需求发生了悄然的变化，一些老字号企业离消费者的距离越来越远，而且在市场经济的大环境下，越来越受到消费者冷落，尤其是年轻一代的消费者更是对老字号知之甚少，很多老字号企业走入经营的困境。据一项不完全的统计显示，中国曾经辉煌的老字号正在以每年5%的速度消亡。曾经一度声名赫赫并成为一个时代标记的老字号正随着市场经济的不断深化而悄无声息地淡出历史舞台。

（一）老字号的认定

探究辽宁老字号的发展现状，有必要先对老字号有一个比较清晰的认识。"字号"是商家的门面、品牌，是一种获得社会大众认同的文化符号。作为一种文化现象，"字号"带有强烈的历史印记，随着时代的变迁而起伏跌宕，以往的"字号"发展到现在已经被品牌这个概念所代替。通常意义上的"老字号"一般指在新中国成立前开设，具有一定历史（通常为50年以上）、社会影响较大、至今仍在经营的企业或商品品牌。

而所谓的中华老字号则有国家专门权威的认证，国家商务部2006年颁布的《"中华老字号"认定规范（试行）》中明确规定：中华老字号是指历史悠久，拥有世代传承的产品、技艺或服务，具有鲜明的中华民族文化背景和深厚的文化底蕴，取得社会广泛认同，形成良好信誉的品牌。同时该规定中还指出，申请老字号的企业，必须是品牌创立于1956年（含）以前。据此可知，能称得上老字号的企业或品牌，必须具有一定的文化底蕴，带有强烈的中国传统优秀文化的历史传承性，有一定的品牌文化积淀和内涵，并且该品牌所具有的文化内涵还必须与中国传统文化达到某种契合。

（二）老字号的特征

从国家商务部对中华老字号的认定可知，能被称为"老字号"的品牌都具有一些比较显著的特征：（1）历史悠久。被认定为"老字号"的品牌都成立于1956年以前，距今至少有50年以上，经过历史的积淀，才能让品牌显得更有内涵和分量，与同类品牌相比也才能显得熠熠生辉。（2）深厚的文化内涵。老字号品牌在一定程度上都可以视为某一时代文化的一个缩影，自身携带着时代的文化基因，从不同侧面散发着独特的文化内涵。（3）具有传承性的独特工艺。老字号之所以能屹立至今仍具有旺盛的生命活力，自身必有其独到之处。（4）区域特征明显。老字号品牌大都发迹于某一个具有特殊地域特征的区域，不可避免地带有这个区域的显著特征。（5）具有好的信誉与口碑。老字号品牌之所以一直以来被消费者认可，就是因为其在消费者心目中具有良好的信誉，而且老字号的信誉通常通过口碑传播的方式传递出去，所以在口碑传播上具有良好的群众基础。

（三）老字号认定的意义

老字号作为当下时代一个特殊的品牌符号，无论是从中华民族传统文化的传承与区域文化特色的保留上，还是对于民族品牌复兴、区域经济的发展等方面都具有重要的现实意义。对老字号的认定，一方面，在传统特色文化的传承上，可以让有着深厚文化内涵，尤其有着明显区域特征的老字号品牌重新回到人们的视线中，引起人们对于具有传统文化特征的老字号品牌的重视，同时，一定程度上也弘扬了优秀的中华传统文化；另一方面，老字号作为一个历经几十年，甚至几百年的品牌，其品牌成熟度是其他同类品牌所无法比拟的，同时，老字号品牌也是一种特殊的社会经济文化现象，老字号的发展对于区域经济的发展以及品牌的打造都具有重要的意义。因此，老字号的认定是一件具有双重叠加意义的事情。

二、品牌及品牌形象

（一）品牌的含义

品牌，已经成为新时代背景下最流行的词汇之一。无论对于人们日常生活的影响，还是对于一个企业、地区、国家，尤其对于一个在市场竞争环境下的企业来说，无疑具有举足轻重的作用。对于企业来说，要想获得长期稳定的发展，就必须重视企业品牌的发展和传播，因为这往往会成为一个企业在市场竞争中生存与发展的主要武器。美国著名品牌专家Larry Light曾说："未来的营销是品牌的战争，即品牌互争长短的竞争。拥有市场比拥有工厂更重要，而拥有市场的唯一途径就是拥有强势的品牌。"[1]

品牌可以理解为，是一种承载在产品或组织上的，以区分类别的符号体系，与公众的认知体系在传播过程中产生互动而形成的一种整体形象认知，进而达到一种文化价值观上的承诺与信仰的心灵契合。而且品牌仍会随着时代的不断发展和消费者需求的不断变化以及产品的不断演进，而不断对自身做出新的定义，要么补充进新的与品牌相关的元素，要么丢弃一些陈旧过时的元素，总之，品牌是一个不断更新和变化的过程。

（二）品牌形象的定义

对品牌形象的理解，最早来源于广告宗师大卫·奥格威对品牌的理解："品牌是一种错综复杂的象征——它是产品属性、名称、包装、价格、历史声誉、广告方式的无形总和，品牌同时也因消费者对其使用的印象以及自身的经验而有所界定。"[2]这个定义拓宽了人们对品牌的理解维度，倡导用广告树立品牌形象。至此，品牌形象的概念开始进入人们的视野，而塑造品牌形象成为品牌的重要内容。

从品牌形象进入人们视野到成为人们普遍接受的理论概念，其实是一个

---

[1] 余阳明、戴世富：《品牌战略》，清华大学出版社2009年版，第18页。
[2] 叶明海：《品牌创新与品牌营销》，同济大学出版社2001年版，第2页。

不断走向深化和全面的过程。可无论人们对于品牌形象的理解到达怎样的阶段和程度，品牌形象的形成与传播以品牌为基础，同时品牌形象又是展示品牌本质的一种有效形式。因此我们可以这样理解品牌形象，即始终依附于品牌之上，并以品牌作为载体，通过品牌自身或一定的媒介形式传播出去的关于品牌属性、功能、文化、个性、利益、价值等信息带给消费者或接收者，并在他们的心理层面上形成一种总体的感知印象。

（三）品牌形象的构成

品牌形象绝非是单一的概念体，而是由不同层面的概念体系组成的一个具有多种意义的集合体。品牌形象大致可以分为外层的符号系统、中层的载体系统以及内层的核心系统，如图1-1。

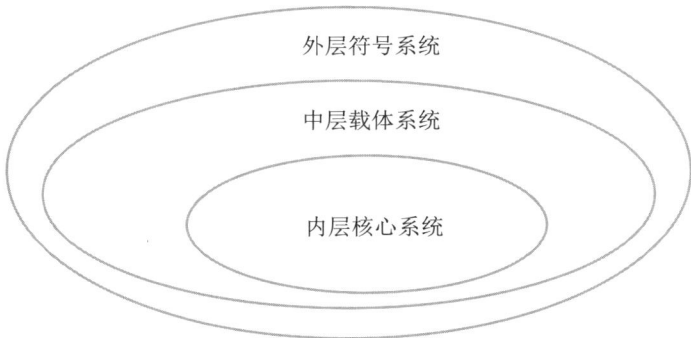

外层符号系统

中层载体系统

内层核心系统

图1-1　品牌形象的三个构成层面

品牌形象的形成首先要呈现在消费者脑海里的就是最外层可感知的影像，比如品牌名称、品牌标识、品牌包装等，这些都是品牌形象带给消费者比较直观的感受；其次，就是品牌形象的载体层面，这一层面成为展示品牌形象的一个主要媒介，既包括品牌形象依存的产品或服务，又涉及产品或服务的提供者和接受者，这种载体作用在整个品牌形象构建过程中具有无可替代的地位，成为品牌形象最终形成的阶梯和桥梁；最后，是品牌形象的核心部分，也就是最深层次的精神内涵，一个久盛不衰的品牌以及深入人心的品牌形象必然有一套被人们认可和接受的精神文化，这其中包括品牌形象定位、品牌形象个性、品牌形象文化等核心内容。

在当下产品同质化严重的环境影响下，并不是所有产品都能称得上是品牌，而品牌形象的形成和传播更是无从谈起。俗语有云："知己知彼，百战不殆"，只有明晰品牌形象的每一个层面，探析到每一个层面内容和特点，才能更好地传播品牌形象，也才能在同质化严重的品牌世界里脱颖而出。

1.品牌形象的外层符号系统

顾名思义，品牌形象的外层系统，一定是针对消费者来说，品牌形象相对比较直观的一些东西，即对品牌形象中符号系统的展现。

（1）品牌名称

所谓品牌名称，比较直观的理解就是指某一个商品为消费者所熟知的语言称谓。例如，法拉利、宝洁、LV等都是为消费者所耳熟能详的品牌称谓。这也是品牌形象传播的第一步，品牌名称一定程度上被赋予了一个品牌最核心的精神内涵，让消费者记住和接受品牌名称，也就是在消费者脑海中形成一种良好的品牌形象模式，达到认可某一品牌价值的目的。尤其，在当下品牌名称的表现形式也不仅限于单纯的文字，还包括有着特定意义的图案、色彩、样式等，能给消费者带来视觉冲击的语言符号，这些形式的结合运用无疑会让品牌在消费者脑海中留下比较深刻的印象。

（2）品牌标识

品牌标识对于一个品牌的成长有着巨大的作用，能将品牌的形象内化到一种让消费者容易记住和接受的形态上来。而且品牌标识可以唤起消费者对于品牌的联想，让消费者一旦见到某个品牌的标识就会立刻想到与该品牌相关的所有印象，并且通过品牌标识极易将消费者积极、乐观的生活态度带动出来，使消费者对品牌产生一种特有的好感和归依。与此同时，有个性的品牌标识能引起消费者的好奇心，吸引并引导消费者将品牌往积极、正面、美好的形象上去联想，很容易形成一种记忆的链条，再次见到品牌标识就会立马唤起对品牌的所有记忆，在品牌形象的构建和传播过程中有着不可替代的作用。

（3）品牌包装

品牌包装对于一个企业来说有着特殊的意义，通过设计一款能代表自身品牌特性且新颖独特的包装来塑造和传播产品品牌形象是一种最为直接的方式。当消费者面对琳琅满目的商品以及五花八门的品牌时，独特的品牌包装无疑会令消费者眼前一亮，给消费者带来一种相比之下简单直观的视觉印象。而且无论是从消费者的心理需求角度去设计，还是从品牌自身的特性去考虑，最终都将体现在品牌包装的设计上，可以说，品牌包装一定程度上是消费者对品牌形成某种印象的最直接参照物。

2.品牌形象的中层载体系统

品牌最终总是通过一定的载体呈现在消费者的眼前。这些载体主要由三部分组成，一是产品或者服务，二是产品或服务的提供者，三是产品或服务的接受者。这三部分对于品牌形象的传播可以算得上是最"接地气"的，因为它们直接面对消费者，直接在消费者脑海中建立认知模式，形成一定的联想或回忆效应。

（1）产品或服务

产品或服务是一个品牌的基本立足点，消费者选择某一品牌的原因最终还是会把落脚点放在产品的特性或服务的特色上，这是促使消费者选择的基本动力，也是最普遍的心理需求。

（2）产品或服务的提供者

产品或服务的提供者在消费者心目中留下怎样的印象，对品牌整体形象的展现具有重要的影响。因为所有产品或服务所赋予的意义或展示的形象都是通过提供者有意识的运作完成的，产品或服务本身没有意识，但它们却能展现出一定的品牌意识和文化，代表一定的理念，说到底，背后还是这些产品或服务的提供者有意识的理念的表现。

（3）产品或服务的接受者

产品或服务的接受者，也就是对品牌进行选择的消费者。对于企业来说，产品最终在市场上会形成怎样的形象，其决定权掌握在消费者手中。在这一层面上，企业的整体形象显得尤为重要，因为消费者在进行品牌选择以及品牌形象构建时会把企业的整体形象作为一个重要因素考虑在内；同时，企业内部的一线员工与消费者有着近距离的接触，使得消费者对品牌形象的整体感知会产生重大影响，因为消费者在与代表某一品牌的具体的人接触时，会对该品牌有着更切身和真实生动的感知，尤其在这个过程中，产品或服务的提供者会与接收者进行多次的交流互动，彼此进行着大量信息的传播，这就让原本无意识的品牌以及品牌形象，通过人与人之间的传播变得更加具体生动起来，这对品牌形象的传播无疑具有十分显著的作用和影响。

3.品牌形象的内层核心系统

品牌形象的内层，即是它的核心内涵层，主要包括品牌定位、品牌个性、品牌文化三个方面。结合前文的外层和中层，可知从产品到品牌是一个复杂的过程。"这个过程，是消费者使用产品形成品牌体验的过程；是品牌信息长时间保持传播一致性的传播过程；是品牌始终张扬个性、昭示形象的过程；是企业主、营销人、广告人时时刻刻关注消费者的过程；是创建和提升品牌文化的过程。"①因此品牌形象的建立、发展、巩固是一个复杂综合的过程。

但无论品牌形象的塑造和传播有多么复杂，核心点是不会变的，必须围绕消费者的需求去变化，找到消费者对品牌的情感归依点。而品牌定位、品牌个性、品牌文化作为品牌形象的核心层面，对于消费者的情感把控具有重要的影响和调节作用。

（1）品牌定位

"品牌定位是指在市场上针对特定的目标消费群为品牌树立一个明确

---

① 宿春礼、[美] H.Fred：《全球顶级企业通用的10种品牌管理方法》，光明日报出版社2003年版，第12页。

的、有别于竞争对手的形象。"①品牌定位也是一个宽泛的概念，既包括有形的东西，又包括无形的东西。有形的东西一般包括产品的材料、质量、性能、科技成分、结构、外观、产品使用的自然状况等，而无形的东西一般包括产品给人的印象、产品让人产生的联想、产品使用对象的心理期望和精神需求等。无论是有形的，还是无形的东西，一个品牌想要进行精准的定位，就必须以有形的东西作为定位的基础，而且必须要考虑清楚消费者的需求是什么，只有了解消费者的物质或心理需求才能借助品牌有形的东西进行定位，进而满足和影响消费者的心理需求和精神需求，也就是品牌所具有的无形的东西。"产品是什么并不是最重要的，消费者认为你的产品是什么才是最为关键的。"②

（2）品牌个性

品牌定位突出的是一个品牌与其他品牌之间的差异性，但并不能代表一个品牌所具有的品牌个性。品牌个性是品牌诉求的集中体现，是企业确定的便于消费者识别、记忆其品牌的一种方法。品牌个性在整个品牌形象传播的过程中充当传播者的角色，在与消费者接触和传播过程中，通过品牌个性让消费者一次次加深对品牌的认识和感情归依，是消费者识别不同品牌特色的一个重要依据。美国著名品牌策略大师大卫·艾克（1993）曾在其品牌形象论中提出：最终决定品牌的市场地位的是品牌总体上的性格，而不是产品间微不足道的差异。尤其在品牌形象传播过程中，品牌个性显得尤为重要，因为品牌个性带有一定的持久性和历史延续性，除非时代环境发生转变，否则品牌个性会一以贯之地时时呈现在消费者的眼前。品牌定位所呈现出的差异性只是品牌个性的前提和基础，真正对品牌形象传播产生重大影响的还是品牌个性的传播。

---

① 宿春礼、[美] H.Fred：《全球顶级企业通用的 10 种品牌管理方法》，光明日报出版社 2003 年版，第 12 页。
② 李光斗：《品牌竞争力》，中国人民大学出版社 2004 年版，第 123 页。

（3）品牌文化

品牌文化是一种比品牌个性内涵更加丰富的概念，对品牌形象传播的影响作用也更加重要和显著。企业的竞争实质上是品牌的竞争，而品牌的竞争其实就是品牌文化的竞争。品牌文化是指文化特质如经营观、价值观、审美观等观念形态结晶在品牌中的沉积和品牌经营活动中的一切文化现象，以及它们所代表的利益认知、文化传统和个性形象等价值观念的总和。其实，品牌形象的建设就是一个将能代表品牌特征的文化内涵注入到品牌中去的过程，品牌文化凝结了品牌所处的社会物质形态和精神形态，是一种消费心理与社会文化的结合。而且品牌文化具有一定的历史积淀性，是一个品牌存在和发展的精神血脉，尤其在品牌形象的传播过程中，品牌文化的传播具有一种绵性而又持久的影响力，让目标消费者认知、接受和认可品牌文化，甚至会成为影响消费者文化价值观的重要因素，对品牌形象传播的一个最佳状态就是让消费者的文化理念和价值观念与品牌文化理念和精神内涵达到一种共鸣和相互融合。

三、品牌形象传播

品牌形象的形成其实是一个信息传播的过程，企业通过各种不同的形式在向外界释放着关于品牌的各类信息，从产品、厂房、生产车间、产品的外形包装、销售等等各个环节其实都是在跟消费者进行着信息的交流互动和反馈，企业以及所形成的品牌是信息的传播者，消费者是这些信息的接受者和反馈者，这两者之间一刻都没有停止过信息的交流与共享。并且在判定品牌形象的好坏和品牌价值的大小上，消费者毋庸置疑地处于主宰地位，时刻与企业所传播出的品牌形象进行着信息的交流互动，也时刻对品牌形象进行着反馈和评价。

（一）品牌形象传播概念的界定

阐述品牌形象传播的概念，有必要搞清楚什么是"传播"。把"传播"

作为学术研究对象，比较早的是美国的社会学家库利，在1909年出版的《社会组织》一书中专设"传播"一章，并为传播下了一个广为人知的定义："传播指的是人与人的关系赖以成立和发展的机制——包括一切精神象征及其在空间中得到传递，在时间上得到保存的手段。它包括表情、态度和动作、声调、语言、文章、印刷品、铁路、电报、电话以及人类征服空间和时间的其他任何最新成果。"①从这个定义中可以看到库利突出强调了传播发生在社会关系中，并且在人与人的交往关系中产生，这就必然会发生社会关系中人与人之间信息的交流与互动。

国内不少学者对传播做出了自己的解释。如人民大学张隆栋教授认为："传播，是传递、输送、沟通、交流信息的意思。它包含着一个重要的意义——分享信息。信息的范围很广，包括消息、意见知识、资料、数据等。"②复旦大学张国良教授认为："所谓'传播'，即人类（自身及相互之间）传受（传送和接受）信息的行为或过程。"③浙江大学邵培仁教授认为："传播是指人类通过符号和媒介交流信息、以期发生相应变化的活动。"④暨南大学吴文虎教授认为："传播是人类交流信息的一种社会性行为，是人与人之间、人与他们所属的群体、组织和社会之间，通过有意义的符号所进行的信息传递、接受与反馈的行为的总称。"⑤清华大学郭庆光教授认为："所谓传播，即社会信息的传递或社会信息系统的运行。"⑥

结合专家学者对传播的定义以及上文对品牌形象的定义，本文对品牌形象传播的定义是：所谓的品牌形象传播，指品牌形象的传播者通过自身或某一媒介跟品牌形象传播的接受者交流、共享、互动品牌信息过程中而产生的

---

① 郭庆光：《传播学教程》，中国人民大学出版社2011年版，第2页。
② 张隆栋：《大众传播学总论》，中国人民大学出版社1993年版，第412页。
③ 张国良：《现代大众传播学》，四川大学出版社1998年版，第7页。
④ 邵培仁：《传播学导论》，浙江大学出版社1997年版，第5页。
⑤ 吴文虎：《传播学百题问答》，中国新闻出版社1988年版，第1页。
⑥ 郭庆光：《传播学教程》，中国人民大学出版社2011年版，第4页。

一种社会性行为。

（二）品牌形象传播的特点

品牌形象传播具有四个特点。第一，品牌形象传播是一种信息的共享活动。品牌形象传播的传播者将企业或产品的信息通过不同的形式传播给品牌形象传播的接受者，以期达到与品牌形象传播的接受者共享品牌信息所带来的愉悦感。第二，品牌形象传播具有一定的社会性。品牌形象传播是一定社会关系的产物，品牌形象传播的传播者和接受者都是以一定的社会角色通过一定的交流互动行为而获取各自所需求的信息。第三，品牌形象传播是一种双向的互动行为。也就是说品牌信息的传递总是在品牌形象传播的传播者与接受者之间进行的。在品牌形象的传播过程中，品牌形象的传播者通常处于主动地位，品牌形象的接受者处于被动地位，但这种被动角色一定不是绝对的，品牌形象的接受者往往会通过对品牌信息的反馈去影响品牌形象的传播者。第四，对品牌形象的传播，传播者与接受者之间一定有着共通的意义空间。品牌形象信息的传播必须要经过符号的中介，这就意味着品牌形象信息的传播过程中存在着符号编码和符号解读。品牌形象的传播者要想将品牌形象完整地传递出去，就必须对品牌信息进行符号化的编码，在这个信息编码的过程中就必须考虑所运用的符号是否也是品牌形象传播的接受者熟知的意义空间，是否方便于接受者进行品牌形象信息的解码和理解，这是一个很关键的过程，因为这意味着品牌形象的传播过程是否成立，所以品牌形象的传播者在传播品牌信息时会着重考虑与品牌形象接受者之间一致或共通的生活经验和文化背景。

（三）品牌形象传播的目的

品牌形象传播是一个传播目的明确的信息传递过程，而这个过程的核心目的正是对品牌形象从初期的树立品牌形象，到中期的巩固和发展品牌形象，再到最后的培养消费者对品牌的忠诚度，是一个系统的过程，伴随着品牌形象发展的每一个阶段。

1.品牌形象的建立

品牌形象传播的首要目的是建立起品牌形象，而这个过程对于品牌的发展而言十分重要，只有通过一定的传播方式在消费者心目中建立起一定的品牌形象，才能让消费者对产品产生初始的认知，这是消费者对品牌以及品牌形象进行选择的前提条件。尤其在当下品牌几乎泛滥的大背景下，如何在消费者心目中首先建立起品牌形象是所有企业进行品牌形象传播都必须要着重考虑的问题，因为这关系到消费者对品牌形象后续的认知和选择。

2.品牌形象的巩固

通过一定的方式对品牌形象进行传播建立起了初步的品牌形象，这仅仅是品牌形象发展进程的第一步，这时的品牌形象在消费者心目中的地位无疑是脆弱不稳固的，这就需要进一步对品牌形象进行传播，而这恰是进一步进行品牌形象传播的必要性选择，也是传播进一步的目的。同时，应注意这个阶段所选取的传播方式应与第一阶段有所不同，这个阶段传播的目的侧重于对品牌形象在消费者心目中地位的进一步巩固和强化。

3.品牌形象的深化

当品牌形象通过一定传播方式建立起来并得到一定程度的巩固后，品牌形象就会成为企业的一项无形资产，在企业的发展过程中起到举足轻重的作用。"实际上真正的资产是品牌忠诚。如果没有消费者的忠诚，品牌只是一个识别符号或几乎没有价值的商标。"[1] "虽然市场经营者一直把品牌当做资产，而真正的资产是品牌忠诚，品牌本身不是资产，品牌忠诚才是。"[2]因此可知，品牌的忠诚度对于品牌形象有着至关重要的作用。而这个阶段对品牌形象进行的传播就应该以培养消费者对品牌的忠诚度为核心目的，这也是品牌形象深化的终极目的。

---

[1] 胡晓云、李一峰：《品牌归于运动——十六种国际品牌的运动模式》，浙江大学出版社2003年版，第4页。

[2] [美]达里尔·特拉维斯：《情感品牌》，新华出版社2003年版，第29页。

其实，无论是对品牌形象的建立、巩固，还是品牌形象的深化，进行品牌形象传播的最终目的，还是希望通过一定传播方式让消费者认可品牌，在心目中形成一定的联想记忆模式，在面对眼花缭乱的众多品牌时最终选择之前已在消费者心目中建立一定形象的品牌，并且逐步对该品牌以及品牌形象建立起一种情感上的信赖感。

第二节　辽宁老字号品牌形象传播现状

一、辽宁老字号发展概况

辽宁地处东北区域文化与关内中原文化的交界地带，在将两种文化进行融合过程中发挥着重要作用。辽宁特殊的历史文化背景与优越的地理位置让身处其中的老字号品牌散发着独特的魅力。但随着时代的发展和变迁，昔日辉煌的老字号不断地受到来自国内市场经济以及国际大品牌的强烈冲击，历经几度沉浮之后，存留下来的辽宁老字号品牌还不及过去的三成。即使是存活下来的老字号，一部分经营惨淡、勉强维持，一部分正在濒临破产的边缘，真正有所发展的老字号企业寥寥无几，而且仍旧面临着转型的困扰。

（一）辽宁老字号发展现状

辽宁是东北地区进入关内的重要通道，简称"辽"。在各民族祖先的共同开发建设下，辽宁形成了我国"中原古文化"，既受内地中原文化的浸润，又形成了独具特点的"北方古文化"。尤其到明末清初时期，辽宁成为清王朝的龙兴之地，汉族文化与满族文化在这里得到了一次彻底的融合。两种主要文化的碰撞和融合孕育出很多宝贵的物质文化遗产，辽宁老字号就是其中宝贵的财富。

辽宁老字号在历史上曾一度辉煌，不仅成为当时重要的社会经济组成部分，而且成为一代人或几代人的记忆。但新中国成立以来，辽宁老字号经历了重大的曲折演变过程。首先是1956年的公私合营，很多老字号"被统掉"；"文化大革命"期间，老字号的生产经营更是遭到了严重的破坏；到了20世纪80年代，遭遇来自西方先进的经营理念和多种业态的冲击，老字号企业受到了严重的冲击。而如今，这些曾经辉煌的老字号在市场经济的大潮中逐渐淡出了人们的视野，幸存下来的也大都是勉强维持生计。

面对辽宁老字号日益衰落的困境，2009年辽宁省出台了《辽宁省人民政府关于进一步搞活流通扩大消费的意见》。该《意见》第22条规定："扶持老字号创新发展。全省今后重点培育100个'辽宁老字号'品牌，在发展连锁经营、融资信贷、知识产权保护、文化遗产保护、改扩建生产经营场所、应用现代科技和信息技术、改进生产与经营管理、发展自主创新品牌等方面给予支持。"2012年，由辽宁省服务业委员会统一组织开展的"辽宁老字号"认定工作在全省范围内拉开帷幕。截至目前，被认定的辽宁老字号共有72家，其中被商务部认定的"中华老字号"企业有34家，辽宁老字号38家。其中辽宁老字号的地域分布如表1-1。[①]

表1-1 辽宁老字号的地域分布

所属地区	中华老字号（34家）	辽宁老字号（72家）
沈阳	41%	44%
大连	9%	10%
辽阳	6%	10%
鞍山	12%	7%
锦州	12%	7%
其他	均低于6%	均低于6%

① 数据统计时间为2015年2月。

从上表中可以明显看到，辽宁老字号作为一个地区性品牌集群，深受当地政治、经济、文化等的影响，老字号的分布与当地的经济文化发展水平有着很大的关系，辽宁省发展比较好的沈阳、大连、鞍山、辽阳四个市就占到总共72家辽宁老字号的约71%。同时，调查发现无论是老字号的数量还是经营发展情况，经济发展比较好的地区总比经济发展稍差的地区要多要好。其中辽宁老字号的行业分布如表1-2。[①]

表1-2　辽宁老字号的行业分布

所属行业	中华老字号	辽宁老字号
食品加工	41%	47%
餐饮	29%	16%
医药类	15%	16%
其他类	15%	21%

从上表中可以看出，在72家辽宁老字号企业中，食品加工和餐饮类所占比重较大，这从侧面表明大部分辽宁老字号企业所属行业与老百姓的日常生活息息相关，同时这些老字号都具有浓郁的地方特色，与当地的风土人情与当地人的生活饮食都有着巨大关系，一定程度上也反映着该区域的特征。

（二）辽宁老字号的特点

老字号是辽宁古老文化的标志之一，早在公元1428年，在辽宁高桥古镇创立的"万丰酱园"即今日的高桥陈醋，距今有近600年的历史。历经岁月的淘洗，不仅积累了深厚的文化底蕴，同时也传承着辽西地区独有的历史人文风情。据悉，高桥陈醋是东北地区首家制醋作坊，清朝康熙皇帝回盛京祭祖，经过此地，亲自品尝到高桥陈醋、高桥水及地方特产，大加赞赏，随即钦定"高桥醋铺"的醋为贡醋，特贡给皇家食用。2006年被评为辽宁首批"中

[①] 数据统计时间为 2015 年 2 月。

华老字号", 2010年"高桥陈醋"被批准为国家地理标准保护产品, 毫无疑问, 现在的"高桥陈醋"已经成为辽宁地区一个重要的文化符号。

另外, 辽宁老字号还承载着区域独特的工艺和文化特色。老字号品牌伴随着一代或几代人的成长, 凝结着辽宁地区独有的历史人文精华。比如, 辽宁老字号"老龙口"保持一贯的晋酒工艺、"老边饺子"的煸馅手法, 这些都是别的企业无法效仿的历史价值。"老字号之所以不同于其他企业, 是因为它在数百年的发展过程中, 积累了独特的文化内涵和文化格调。老字号不仅是一种商贸景观, 更重要的是一种历史传统文化现象。"[①]

此外, 辽宁的一些老字号具有浓厚的文化气息, 成为文人骚客、书法名家心向往之的聚集地, 从内到外古色古香, 象征着福庆吉祥。例如距今已有125年历史的中和福茶庄为仿古式两层各三间的楼房, 古朴典雅, 玲珑端秀。在小二楼顶端中部, 有一朱书盈米的大"茶"字, 两侧衬有象征幸运祥和的蹲踞昂首的麒麟, 栩栩如生, 更显得醒目壮观。据说以此为徽志的茶庄国内独此一家。雕像两侧四根朱漆廊柱上雕刻着金色楹联: "西湖龙井茶""洞庭碧螺春""黄山花云露""老竹岭大方"。门首正中的上方, 有"中和福茶庄"五个弧形排列的大字牌匾, 原为关东著名书法家、太清宫道长葛月潭的亲笔隶书墨迹。据称室内曾挂过一幅郑板桥的真迹对联: "一庭春雨瓢儿菜, 满架秋风扁豆花。"楼顶端两侧有两座绿色顶帽的凉亭, 为专供品茗观景之地。由于"中和福"经营有方, 赢利颇丰, 声誉远扬, 茶叶远销全国各地及周边一些国家, 被人们赞誉为"东北第一茶庄"。这些老字号都曾在历史上留下一个个辉煌的文化印记, 成为辽宁地区乃至中国文化遗产中重要的组成部分。

二、辽宁老字号品牌形象传播概况

在统计的72家辽宁老字号企业中, 每一家企业都有至少50年的历史积

---

① 姚伟钧、李明晨:《发掘、整理、利用、传承老字号文化遗产》,《武汉商业服务学院学报》2010年第8期, 第6页。

淀，而这些老字号企业历经时代的淘洗仍能活跃在当下市场经济的大潮中，成为人们耳熟能详的一种记忆图景，足以证明它们的存在获得人们的喜爱和认可，这种长期以来的喜爱和认可正是每一个辽宁老字号企业一直以来积淀的整体形象在人们脑海中的美好印象，而这种印象就是老字号企业以一种整合的形式呈现在大众视野中的品牌形象，那么这些辽宁老字号企业对自身的品牌形象是如何传播的呢？

（一）辽宁老字号品牌形象传播内容

对于辽宁老字号企业而言，之所以能经历时代的变迁生存到现在，除了自身产品具备优良的品质外，离不开辽宁老字号持之以恒地传播其品牌形象，更离不开结合辽宁老字号的现状，对品牌形象传播的内容进行的科学考究。须知辽宁老字号品牌形象在消费者心目中的形成是一个复杂的传播过程，而这个复杂的传播过程的核心就是能让消费者对品牌以及品牌形象产生一种情感的归依，要做到这一点，就要从辽宁老字号品牌形象传播两个主要方面去考虑：

1.外显性传播

对于老字号而言，最先呈现在消费者眼前，而且比较容易在消费者心目中留下一定印象的莫过于一些能看得见摸得着的外显性事物，比如名号、外形包装、标识等，而对这些外在的表现符号进行传播无疑能打开消费者对品牌形象的认知阀门，快速形成一种特定的形象联想感知系统。

（1）名号传播

名号蕴含的文化理念，无疑可以作为一个品牌最为显著的符号代表，而且名号的传播也是品牌形象传播最为直观和"接地气"的一种方式，与此同时，深受中国儒家传统文化和东北地区区域性文化特征的影响，使辽宁老字号在名号的选用上呈现着非常明显的特征。比如沈阳萃华金银珠宝制造实业有限公司所信奉的文化内涵为"勤、诚、信"，"以诚待客，诚信经营"为其核心的经营理念，这在很大程度上暗合了深受传统儒家文化影响国人追求和推崇的"真实、诚信、勤劳、善良"等理念的文化心理预期，使得老字号的品牌形象能以一种更容易让人们接受的方式传播出去；同时，很多辽宁老字号深受地域性和家族影响，在名号的选用上自然带有强烈的地方性和家族性。比如"老龙口""老精华""老天祥""老世泰"等，让名号显得更具民间性和亲近性，给人一种邻家店铺的感觉，拉近了与消费者尤其是与当地消费者之间的心理距离。这些具有地方特色的老字号命名让老字号企业的品牌形象在当地人的印象中显得更加的真实丰满和立体化，也更加容易形成一种有亲近感的记忆图景。

（2）外形包装传播

老字号另外一个比较直观的表现形式就是外形包装，辽宁老字号亦不例外。通过调查发现，在辽宁老字号企业中食品加工类占比最大，对于这类老字号企业而言，必然涉及商品的包装设计，而包装上的色彩、文字、图片等"文化意境"无疑会给消费者最为直观的视觉冲击，在第一时间为消费者营造记忆的画面。从这些包装中可以看出，红色是这类产品包装的最主要色调，32家食品加工类老字号企业中有将近85%的食品包装以红色为主色调，当然还有其他颜色的辅助色调，比如北镇市沟帮子尹亚茹（尹家）熏鸡有限公司根据产品的不同分类，就有不同类型的包装，有青花瓷系列、真空系列、休闲系列、香肠系列、鲜熏系列等。辽宁老字号中餐饮类企业通常会通过店面的陈设布局来凸显自身独特的品牌形象，从匾额的字体颜色、大小、形式到门店内的每一角落的布局设计，都在传递着一种属于该老字号特有的文化信息；而医药类老字号企业，从店面建筑样式到内部陈设仍最大程度保留着传统的布局方式，让身处其中的消费者不自觉地被"杏林文化"所感染。

（3）标识传播

一般而言，老字号的标识浓缩着其蕴含的所有品牌文化精华，被当做一个品牌的图腾看待。观察辽宁的一些老字号发现，这些老字号都有属于自己的标识，而且这些标识的设计都能代表这些老字号在所属行业的特色之处。

比如沈阳天江老龙口酿造有限公司把"龙"作为该品牌的标识，而"龙"一直以来都被视为中华民族的图腾，有着吉祥如意的寓意，这就让消费者在看到这个标识时会自然而然地联想到这层含义，不仅符合消费者对美好事物的向往，而且能满足消费者对吉祥如意的心理渴望。因此对于标识的传播，可以起到"以点带面"的效果，通过对标识的传播可以让消费者很容易联想到对整个老字号品牌形象的印象。调查发现，72家辽宁老字号企业在对品牌形象传播过程中，90%以上标识的传播都不遗余力，无论是名号、外形包装，还是利用其他方式进行宣传，几乎都能看到品牌标识的影子，从中可知，品牌标识在有形传播中的地位和作用是何等的重要。

2.内隐性传播

对于老字号品牌形象的传播而言，除了比较直观的名号和外形包装外，老字号自身所拥有的品牌内涵作为附着在品牌形象上的一种内隐性价值，对其传播无疑是品牌形象传播最为核心的传播形式，而品牌内涵的传播主要包括品牌定位、品牌个性、品牌文化三个方面。

（1）品牌定位

"定位"最早由艾·里斯和杰克·特劳特提出，"为了应付产品爆炸，人们学会了在脑子给产品和品牌分类。要想直观地体会这一点，最好的办法是设想人脑里有一组梯子，每个梯子代表一类产品，每一层上有一个商标品牌"[①]。品牌定位的基础就是讲市场和细分，以此通过精准的定位来突出品牌个性，进而在消费者心目中形成明晰的品牌形象。

对于辽宁老字号企业而言，准确的品牌定位毋庸置疑成为其传播品牌形象，并对原有老化陈旧品牌形象进行更新的一个重要途径和方式，比如沈阳的老边饺子和沈阳中街冰点城食品有限公司在传承传统品牌形象的同时，非常善于更新品牌形象以适应年轻群体的喜好和需求，无论是老边饺子店面的

---

① [美] 阿尔·里斯、劳拉·里斯：《品牌22律》，周安柱、储文胜、梅清豪译，上海人民出版社2004年版，第198页。

内部陈设布局，还是中街冰点明确的产品分类、形态各异的产品包装，无不表露着青春、时尚、个性的气息，明确的品牌定位让这些辽宁老字号不仅在市场上占有一席之地，而且在消费者尤其是年轻一代的消费者心目中重新刷新了品牌形象，取得了良好的传播品牌形象的效果。

（2）品牌个性

对品牌个性的传播是品牌形象传播比较重要的一种方式，尤其老字号品牌通过不同的传播手段和方式将品牌个性呈现在消费者眼前时，消费者就会形成一种与众不同的情感依托。辽宁老字号在传播自身品牌形象过程中，对于品牌个性的把握和传播同样不遗余力。比如辽宁道光廿五满族酿酒集团，它在传播自身品牌形象时就侧重于强调唯一满族酿酒技艺，而且深入挖掘跟这一品牌个性相符的品牌故事，以进一步使"道光廿五"这个老字号品牌的品牌个性和性格更加显著和立体，不仅通过广告形式，比如墙体广告、电视、报纸、杂志等方式传播品牌个性，而且通过相关题材的影视剧进一步深化品牌个性在人们心目中的印象。进而一旦提到"道光廿五"这个老字号品牌，消费者脑海中就会马上闪现"满族酿造，历史悠久"的品牌形象画面。

（3）品牌文化

品牌文化是一个品牌的精髓和灵魂，也是品牌能永葆生机的力量源泉。而品牌文化的形成除了受传统文化的影响外，与一个地区特殊的人文、经济、政治等环境也密不可分。辽宁老字号作为一个受东北文化体系浸润而成长起来的品牌，发展的每一步无不深深打上了东北地域文化特征的烙印。这就为辽宁老字号品牌形象的传播提供了一个很好的方向，儒家所倡导的"仁""义""礼""智""信"也在很多辽宁老字号品牌文化中都有明确的体现。

其实这种由中国传统文化理念主导的老字号品牌，在传播品牌形象的过程中往往会给消费者带来一种文化理念上的亲近感。老字号承载着中国传统文化的理念，这对深受中国传统文化熏陶的国人来说能达到一种文化理念和文化心理上的暗合，在传播学上可以解释为"选择性接触"行为。尤其对于年长者来说，这些老字号不仅传承着中国的传统文化理念，同时也或多或少地凝结着属于自己那个时代的记忆碎片，所以这些老字号在年长者心目中的品牌形象会更加的清晰而深刻，传播效果自然很显著。同时，这些品牌文化基因中也渗透着粗狂、直爽等东北文化因子，如老龙口、沟帮子等。

（二）辽宁老字号品牌形象传播媒介

在当今信息大爆炸时代，人们每天都要通过大脑神经处理无数来自外界的信息，而这些外界信息大部分通过某种媒介以一种特定的方式传递出来，对于辽宁老字号来说亦不例外。辽宁老字号作为区域性品牌，在选择媒介进行品牌形象传播时，不可避免地受到当地经济发展水平、社会文化习惯、经营者品牌意识以及当地特殊的风土人情等因素的影响，总之，辽宁老字号选择媒介进行品牌形象传播时有着自己独有的特点。

1.传统媒介成为"最佳选择"

综合调查和研究发现，辽宁老字号品牌形象传播的媒介80%以上仍停留在传统媒介的方式上。虽然相当一部分辽宁老字号企业，也开始意识到品牌形象的重要性，但迫于自身发展情况的制约，在媒介选择上则更多地侧重于比较传统的媒介形式，以求扩大品牌形象的知名度。比如，锦州地区的"尹家"熏鸡和"云杉"熏鸡，为了扩大各自的品牌影响力，采用了比较传统的墙体广告形式和增开专卖店的形式以传播品牌形象，但由于采用的这两种媒介形式都只在锦州市沟帮子镇这个小区域展开，所以品牌形象的影响力十分有限。另外常见的街边传单形式也较为普遍，比如，鞍山老精华眼镜店就会不时安排工作人员在鞍山街面散发传单以推广其品牌形象。

选择这些相对来说传统，甚至有些原始的媒介对老字号的品牌形象进行传播，虽然有些过时或落后，但针对一些辽宁老字号所处的特定区域和现实发展现状，这种传统的媒介形式往往产生的传播效果相比时下比较流行和常见的媒介形式反而更加显著。因为这些老字号品牌受多种现实因素的制约，大多还只能立足于所处的特定区域，而且受当地经济发展水平和人们生活水平的限制，当地人们平时接触最多的也就是一些传统媒介，所以对来自于这些传统媒介上的信息传播也更容易接受。

在一个特定区域选择传统媒介进行品牌形象的传播，虽然会起到不错的传播效果，但也有一个显著的弊端，就是将导致这些区域性老字号很难走出所在地的范围，进而在更广阔的时空维度上很难对品牌形象的传播产生比较好的影响效果。

2.网络媒介运用"不容乐观"

当下网络媒介的盛行，给了老字号品牌进行广告传播更多的选择和形式，老字号企业可以建立自己的企业网站，将自身的品牌故事、品牌文化、品牌历史以及品牌个性、定位等所涉及的有助于品牌形象传播的所有东西呈现在网站上。而辽宁老字号品牌虽然也意识到网络媒介的巨大作用，也在通过网络媒介对老字号的品牌形象进行不同方式的传播，但总体而言，辽宁老字号通过网络媒介进行品牌形象传播的情况并不乐观。

通过对辽宁72家老字号的调查发现，仅有28家老字号企业有自己的官方网站，甚至被商务部评为"中华老字号"的企业至今仍没有建立起自己的官方网站，这在一定程度上可以反映出两方面问题，一方面，有些老字号企业的管理者对于品牌以及品牌形象传播的作用还没有一个比较清晰的认识，品牌意识比较薄弱；另一方面，一些老字号企业的管理者年龄较大，受思想陈旧以及企业自身发展规模的限制，使得既没有意识去做品牌形象的传播，也没有更多的实力去兼顾品牌形象的传播和推广。

即使有28家老字号企业有自己的官方网站，但网站更多情况下只是一个摆设，不仅制作布局粗糙没有条理，而且网站几乎没有更新的迹象，比如，鸿兴泰抚顺饮食文化有限公司，虽然借助第三方平台有了关于自己品牌以及品牌形象的展示，但网站内容不仅粗糙空洞、信息匮乏，而且自网站建立之日起再无任何更新，完全成了一个摆设；还有一类老字号企业自建官方网站，但网站的内容和形式设计毫无新意，千网一律，谈不上突出品牌形象特色，更别奢求能通过网站进行品牌形象的传播。

3.新旧媒介融合"初见端倪"

其实是否选择媒介进行品牌形象的传播，以及选择什么样的媒介进行品牌形象的传播，反映的是企业经营者品牌形象传播意识的多寡，品牌形象传播意识强的经营者会借用传统媒介和网络媒介进行交叉融合传播，以期达到良好的传播效果。就拿沈阳地区的32家辽宁老字号来说，90%以上的老字号企业意识到了品牌形象传播的重要性，无论从产品的包装设计，还是店面选择装饰上都在有意识地传播着品牌形象。这方面做得比较好的是沈阳老边饺子和八王寺冷饮，沈阳的老边食品有限公司近几年在企业品牌形象上相当重视，除了传统媒体的公关报道以外，还经常参加各类公益活动，尤其开始注重在网络上的宣传推广，在其官方网站上，不仅有脉络清晰的企业品牌发展历史，还有明确的企业文化、特色产品展示等，更值得欣慰的是，官方网站开始定期更新公司的新闻并实行网上订餐业务，与客户进行交流互动。而且公司领导层也非常重视品牌形象的传播，投入一定的资金支持以及设置相关的机构运营"老边饺子"这个品牌，使得近几年"老边饺子"的品牌形象深入人心，在辽宁老字号企业中表现得尤为突出，品牌价值也在逐步提升；而八王寺冷饮除了在包装设计上善于运用现代流行元素传播品牌形象，而且在自己的官方网站上根据自身的产品特色，采用蓝、绿、紫等轻松活泼的色调，通过官方与消费者进行游戏互动和有奖活动，不仅增加了消费者对于八王寺冷饮品牌的认知度和忠诚度，而且进一步传播和推广了八王寺的品牌形象。

当然还有很大一部分，在新旧媒介的融合使用上做得还很不够，但随着越来越多辽宁老字号企业品牌意识以及对于品牌形象传播的现实意义的认识不断加深，这种新旧媒介的融合运用会越来越普遍。尤其是近年来随着以QQ、微博、微信等为代表的社交媒介的兴起和广泛使用，很多辽宁老字号企业也开始关注并尝试着运用这些新时代的媒介进行品牌形象的构建和传播。

比如，沈阳萃华金店不仅在全国各地的分店都注册了微博，而且还在微信上建立了自己的官方微信，不定期推送一些跟萃华金店相关的信息。虽然这些老字号在新媒介特别是社交媒介的运用上还显稚嫩，但这种紧跟时代潮流，开始尝试运用新兴媒介进行品牌形象传播的意识已经萌发就是一种进步和希望。

（三）辽宁老字号品牌形象传播方式

一个品牌若想被人们所熟知，并深入到人们脑海中，必然需要采取一定的传播形式，而对老字号的品牌形象进行传播更是如此。一般而言，常见的传播形式有广告、公关、口碑等方式，这些传播方式的运用对于品牌形象的传播无疑会起到重要作用。

1.广告传播

广告的无处不在，必然让辽宁老字号的经营者看到其在进行品牌形象传播方面所具有的显著作用。但辽宁老字号由于各种因素的影响，大部分企业还处于产品观念时代，品牌观念意识相对淡薄，所以它的广告自然多以企业自身的利益为出发点，而不是以消费者为出发点，并未从消费者的角度考虑问题，所以它的广告还是以"省优"、省市认定的"老字号""中国驰名商标"等硬性的形式呈现出来。因为没有从消费者角度去考虑问题，没有摸准消费者的真正需求点，所以现有的硬性广告已经越来越不能达到预期的效果。

与此同时，在当下传媒发达的社会大背景下，广告的呈现形式越来越丰富，不仅可以借助于传统的纸质媒体，还有新型的电子媒体，但辽宁老字号企业在进行品牌形象传播过程中，对于广告不同形式的运用仍旧显得有些乏力。据对72家辽宁老字号的品牌形象传播情况调查研究发现，采用多种广告形式进行传播且传播效果显著的企业仅占三成，其余所用广告形式要么生硬单一，要么广告效果不佳。

2.公关传播

公关传播对于企业来说，作为一种有目的的传播活动，可以很好地把相关信息归结起来形成一种合力去塑造和传播企业或品牌的形象，而且这种方式的一个最大特点是，不容易引起消费者反感，反而会因为企业举办公关活动而对企业或品牌产生良好的印象，拉近消费者与企业或品牌之间的距离。在这方面辽宁老字号企业中比较典型的是辽宁道光廿五集团，每年都会拿出专项资金用于资助贫困大学生，在媒体和当地人的眼中形成负责任企业的形象，对品牌形象的传播具有良好的效果。

但辽宁老字号企业的另一个突出特点就是危机公关意识淡薄，大多数企业还没有建立一套比较完善的应对危机公关的管理机制和运作机制。比如，2013年禽流感在国内肆虐，辽宁尹家沟帮子熏鸡集团有限公司不可避免地遭到食品安全危机，由于缺乏"危机公关"意识和能力，对品牌形象造成了一定程度的损伤。

总体而言，辽宁老字号在进行品牌形象传播过程中对于公关传播的运用不管从数量上，还是运用的熟练程度和能力技巧上都显得不足，72家辽宁老字号企业中，只有不到10%的老字号能较好地运用公关进行品牌形象的传播。

3. 口碑传播

作为老字号企业，它自身拥有的品牌特质赋予了在消费者心目中良好的口碑形象。通过对辽宁老字号一些企业的调查发现，这些老字号品牌口碑还是相当被消费者认可的，尤其是辽宁本地区的消费者。

此外，通过对意见领袖在口碑传播中的作用分析可知，名人效应对于品牌形象的传播也是一种无形的口碑传播，其实在辽宁的老字号企业中，就有很多老字号品牌利用名人的口碑对老字号的品牌形象进行效果显著的传播。在社会上有一定影响力的名人对品牌给予的肯定，必然又会在社会上形成一种传播因子向社会其他人扩散开来，如此，品牌形象的影响力越来越大、越来越远。

虽然口碑传播对于辽宁老字号的品牌形象传播而言是一种相对来说有优势的传播形式，但调查发现，很多辽宁老字号在传播品牌形象过程中，口碑传播的运用并不令人满意，而且常常处于被动传播的境况。

第三节　辽宁老字号品牌形象传播存在的问题

随着时代的发展，媒介技术的发达，很多企业越来越重视借助不同的媒介形式传播品牌形象。而老字号企业，尽管已经具有一定的品牌文化积淀，但新时代下，只有更新品牌形象才能赢得不同年龄段消费者的青睐。纵观全国范围的老字号企业，大部分企业的品牌形象塑造都或多或少存在不同的问题。而辽宁老字号企业在品牌形象的塑造方面存在的问题更加突出。

一、传播理念存有误区

（一）传播意识"闭目塞听"

辽宁地区的老字号企业以前大部分都是属于家族式企业，品牌文化中蕴含着很强烈的家族意识，对品牌以及品牌形象的塑造、发展以及维护没有一个清晰的思路，大部分老字号的掌门人仍然笃信"酒香不怕巷子深"的传统经营思维，没有自主塑造与维护品牌形象的意识，更多专注于产品的品质和销售情况，而很少关注品牌形象的塑造和传播。而且从企业的领导层到整个企业的员工，品牌文化意识淡薄，对于过去品牌发展的历史和一些轶事、传说等具有一定特色的东西，没有完备的整理，只能通过老一辈掌门人口述经过，新一代掌门人更是对过去老字号品牌所具有的品牌文化及历史一知半解，只是简单地知道自己的品牌是被认定的"中华老字号"企业，而对于品牌文化和历史没有深入地挖掘，更不用说赋予品牌新的时代形象。一些后来经过变迁改为股份制的老字号企业在品牌形象的塑造与传播上也显得很茫然，在他们大部分人的意识里，自己的品牌形象都有几十上百年的历史，再去做宣传似乎没有那个必要。正是这种观念，让辽宁老字号的品牌形象一直以来都籍籍无名，只能勉强活跃在周边地区，为当地人所熟知，而陷入一种出了特定区域就无人可知的尴尬境地，比如锦州地区与相邻比较近的朝阳地区，各自的老字号品牌知名度也只限于各自区域。

（二）传播观念"墨守成规"

老字号企业大多带有深厚的历史渊源，对某一理念的执着坚守才经过历史的淘洗走到现在。这些执着与坚守一方面成就了老字号企业厚重的品牌影响力，另一方面，也在有意无意地束缚着老字号企业去接受新时代下新的东西和理念。一些老字号企业对品牌形象概念的理解大多只停留在过去的"招牌"是否响亮上，不明白什么叫"品牌形象"，不懂得如何塑造品牌形象。

辽宁地区的老字号企业，受各种因素尤其是老字号领导者自身素质的影响，对于品牌以及品牌形象的认识不够深入，只停留在最表层的意义上。在调查走访这些辽宁老字号企业的过程中，我们发现，有些辽宁老字号虽然有着几百年的品牌文化历史，但这些历史却没有得到足够的重视，没有得到梳理，导致年轻一些的领导层对自己所经营的老字号品牌历史渊源知之甚少，更谈不上去更深发掘老字号的品牌文化，以进一步推动老字号品牌形象的传播。

这在一定程度上导致老字号企业的品牌形象得不到有效的传播，同类产品陷入恶性竞争的循环。锦州"沟帮子熏鸡"曾经被誉为国内四大名鸡之首，享誉四方。

锦州位于东三省门户，这一富有特色的地理位置，使得关内外客旅往来不绝，"沟帮子熏鸡"因其独有的风味成为客商、旅游者等必买的特色产品。作为区域性老字号品牌，在当地拥有众多依托"沟帮子熏鸡"发展的生产商和经营者。据调查发现，仅沟帮子镇，采用"沟帮子熏鸡"这个品牌的生产厂家就有一二百家之多，而且这些生产者的规模普遍还停留在几人或十几人的小加工厂状态下，甚至还有作坊式生产，并没有形成规模化、正规化的发展态势。"沟帮子熏鸡"品牌名称也是被过度使用。这样不仅无助于老字号品牌在新时代下继续发扬光大，反而因众多使用该品牌名称的厂家良莠不齐，搅乱了市场，也极大地损害了品牌的知名度和美誉度。所以，老字号品牌经营者需要转变观念，不能抱着原有的品牌效应过度消费，而是要在当下的市场和传播环境中建立科学的品牌发展理念，整合品牌的凝聚力，进一步提升百年品牌的影响力。

二、传播定位模糊

一些辽宁老字号企业的品牌定位模糊，品牌个性不突出，也在一定程度上影响辽宁老字号品牌形象的传播。辽宁的72家老字号企业中，有明确而清晰的品牌形象定位的企业屈指可数，大部分企业没有这个意识和观念，对品牌形象的塑造和传播上仍苛求"全面"，没有细分市场也没有细分消费者，导致老字号的品牌形象"大而全"却没有针对性。在品牌形象塑造和传播过程中就如"无头苍蝇"，不知如何更好地传播品牌的形象，而在消费者的印象记忆中也是一片模糊，形成不了稳定的记忆和联想，企业的品牌形象更是无从谈起。

老字号企业在创立之初都有自己的核心产品，在当时都堪称一绝，但是随着时代的发展和社会的进步，原来很有特色的产品逐渐被取代，竞争能力也逐渐衰弱。辽宁老字号企业中有相当一部分企业的品牌形象传播方向定位模糊，使得品牌个性不能很好地传播出去，这在一定程度上导致原本清晰的品牌形象在消费者脑海中变得模糊起来，而老字号原本留存在消费者心目中特色的形象也不断平庸起来。如锦州市北镇猪蹄起源于清道光年间（1821—1850年），已有近200年历史。解放前，"刘万成"牌猪蹄、熏鸡创始人刘万成，在继续传统猪蹄、熏鸡制作工艺的基础上，又进行发明创新，使"刘万成"牌猪蹄、熏鸡发扬光大，奠定了"国家专利"和"中华老字号"的历史地位。但发展到现在，由于疏于对品牌形象传播明确的定位，使得该品牌呈现在消费者面前是一个没有显著个性、趋于平常的品牌，其品牌形象的影响力日渐衰微。

三、传播方式单一，缺乏沟通

受各种因素叠加的影响，不同地区的老字号所处的现实状况也迥异有别，对老字号品牌形象的传播方式也多有不同。辽宁老字号品牌形象传播方式的选择，很大程度上受制于特定区域经济、人文、地理环境等因素的影响，调查发现，大部分辽宁老字号对品牌形象传播所采用的方式仍停留在小区域范围的传统传播方式上而且形式比较单一，比如，很多地方仍采取散发传单、高音喇叭广播、墙体广告等形式。始建于1948年的鞍山老精华眼镜有限公司发展到现在已经有60多年的历史，在消费者心目中具有极高的认可度和美誉度，但在品牌宣传上，还停留在门店活动促销、发宣传页等传统的传播方式。这种落后的传播方式明显跟不上时代发展的步伐，无疑会成为影响品牌形象传播的一个不利因素。

其实，这种对品牌形象传播的方式仍是一种陈旧的单向思维模式，错误地把消费者当做没有思想意识，只能接受传递到固定信息的被动群体。但是在当下时代背景下，人们获取信息的方式更加多元化，人们面对纷杂的信息有了自己的选择和判断，尤其随着新的媒介出现，人们不仅对获取何种信息有着筛选的意识，而且更有一种强烈的参与意识，希望参与到对品牌以及品牌形象的构建和传播中去，更容易接受双向沟通的传播方式，因为双向沟通的方式对于现代的消费者来说可以获得一种心理层面上的平等与尊重。但是在现实传播过程中，辽宁老字号对于品牌形象的传播思维有相当一部分企业仍旧停留在单向传播思维中无法自拔，很显然这必将严重影响对辽宁老字号品牌形象的传播。

同时，对辽宁地区的"中华老字号"企业的调查发现，虽然90%的企业都在网络上注册了自己的官方网站，但是网站的设置却是一致的简单粗糙，80%以上都是这样几个简单的主题："公司简介""产品专区""资质荣誉""联系我们"等，很多企业的品牌标识、品牌文化、品牌个性、品牌定位等都没有明确出来，而且90%以上的网站不能达到经常更新。走访一些老字号企业的负责人发现，在他们的意识里在网络上建立自己的网站，一方面，是为迎合时代潮流，新的媒介传播方式对品牌形象到底能否起到作用，在他们看来关系无足轻重，另一方面，他们不懂得如何去利用新的媒介方式传播品牌形象，创建网站只是单纯为了在网络上拓宽自我品牌的一个销售渠道。这种不愿走出旧的单一传播方式的思维，使得辽宁老字号的品牌形象在传播过程中，不能与消费者进行很好的互动和交流，这样不但得不到比较好的传播效果，而且一定程度上也关闭了消费者对品牌形象进一步认知的大门，使得品牌形象传播效果很难见成效。

四、传播投入不足

辽宁老字号作为存在时间较为久远的品牌，在年纪偏大群体中的品牌形象清晰度和知名度明显高于年轻群体，而这些辽宁老字号品牌形象的形成大多采用的传播方式是口碑传播；但对于年轻一代的消费者来说，在这样一个信息技术发达的时代和环境，每天都要处理海量的品牌信息，真正能让他们印象深刻并在脑海中形成完整品牌形象的却很少。因此，想要在万千品牌信息中让年轻消费者记住并形成完整品牌形象就必须加大对品牌形象传播的投入力度。但辽宁老字号在品牌形象传播上的投入很少，而且很大部分甚至根本没有投入。反观国外有着良好品牌形象的知名品牌，比如可口可乐、宝洁旗下众品牌等，它们在进行品牌形象传播和塑造方面，往往都是不遗余力。

品牌形象传播的投入对于一个品牌来说至关重要。因为如果不能在消费者的印象中形成一定的品牌形象和品牌知名度，消费者在购买商品时，就不会想到有这样一个品牌，购买更是无从谈起。辽宁老字号在过去的年代通过特定时代的传播媒介和方式进行品牌形象传播，取得了良好的传播效果，扩大了品牌形象在消费者中的知名度，深化了品牌形象在消费者脑海中的印象，因此成就了今天的老字号。当下是一个资讯泛滥、品牌形象信息乱入的时代，传播方式变了，媒介环境变了，消费者对品牌形象的心理预期也复杂多了，但辽宁老字号在品牌形象投入上却明显不足，传播方式和手段也严重滞后，导致原本具有较高知名度的品牌形象，在新时代的年轻人生活中渐隐渐退。

第四节　辽宁老字号品牌形象传播策略

一、品牌形象构建策略

通过对辽宁老字号品牌形象传播概况的分析和研究可知，若想构建出一套有针对性且完整的品牌形象传播策略，首先就必须构建起品牌观念体系，这是构建品牌形象传播策略的基石；其次要从辽宁老字号品牌形象的现实状况出发，突出地方特色，如此才能更有针对性；最后还应科学布局，不断更新品牌形象，让品牌形象重新焕发出新的生机和活力。

（一）建立品牌观念

随着时代的发展，人们已经渐渐开始由过去单纯追求产品的实用性即使用价值向产品的附加值转变。根据美国心理学家亚伯拉罕·马斯洛于1943年在《人类激励理论》论文中所提出的需求层次理论，人类需求像阶梯一样从低到高按层次分为五种，分别是生理需求、安全需求、社交需求、尊重需求和自我实现需求。现在的人们已经开始追求需求层次理论的最后两个层次，即追求尊重需求和自我实现需求，而品牌则是产品附加值最好的承载体，也是满足和实现当下人们需求的一种比较重要的生活方式。尤其，当下产品同质化严重，如何区分产品的价值，一个可被认知的品牌是最直接便利的方式。

因此，根据上文对辽宁老字号现状的分析，辽宁老字号品牌形象传播策略的第一步要做的就是建立起品牌观念。既被认定为辽宁老字号，就一定会有比较深厚的品牌历史和品牌文化传承，这本就是一笔十分宝贵的无形财富，但在调查过程中发现，有相当一部分老字号企业并没有树立一定的品牌观念，这让原本应该熠熠生辉的品牌形象尘封在某个不被所知的小角落，更不用说如何去运用各种媒介和渠道去传播品牌形象。

品牌观念的树立需要由企业内部向外部延伸，只有企业内部有比较强烈的品牌意识和观念，才能从企业内部着手形成品牌意识。尤其对于辽宁老字号企业来说，只有首先让企业领导层到普通员工都树立品牌观念，才能形成向心力和凝聚力。对于品牌形象的塑造和传播而言，企业内部对品牌的认知和肯定也是品牌形象的重要方面，树立强烈的品牌观念，对于企业的发展决策会产生一定的影响，是构建品牌形象传播策略的关键和基础环节，老字号企业如果没有树立起基本的品牌观念，接下来针对辽宁老字号品牌形象传播的媒介形式和不同渠道选择也就无从谈起。

（二）突出地方特色

众所周知，辽宁老字号是一个典型的区域品牌集群，地方特色比较明显，而这一点正是辽宁老字号区别于其他老字号的一个显著特点。与此同时，辽宁不同地区、不同行业的老字号所具有的特点也不一样，很多老字号会因区域的特色地理人文环境而显得独具特色。俗语讲"入乡随俗"，由于绝大部分辽宁老字号生存的土壤在辽宁某个特定的区域，这就需要认真研究和分析当地的经济文化环境以及人们的文化生活习惯，采取合理的方式进行老字号品牌形象的推广和传播。比如，辽宁地区地处东北而且具有比较浓郁的满族文化气息，这就需要身处其中的老字号品牌形象的传播上要十分重视结合东北地区特色的地理人文环境和气候条件以及东北人常有的豪爽、粗狂性格，进行能突出地方特色的传播，同时由于这个地区满族文化与汉族文化融合的程度比较深入，老字号企业在进行品牌形象传播过程中要充分考虑到满族文化因子在整个品牌形象传播过程中扮演的角色。

比如辽西地区的锦州、葫芦岛、盘锦等地，这些地方的老字号虽然各自都有其不同的特点，但因为都属于辽西地区，这一区域特殊的地理位置以及人文环境就决定了这里的老字号企业有着区别于辽宁其他地方老字号的特点，而这些很大程度上就是他们赖以生存的基础。比如，地处锦州市的道光廿五满族酿酒集团，它的特色就在于纯满族工艺的酿造技术，在进行品牌形象传播过程中就以"满族工艺酿酒"为核心点进行品牌形象的塑造和传播，因为一直以来特色形象明显突出，道光廿五唯一满族酿酒工艺的品牌形象不仅在整个辽宁地区有着很高的知名度和美誉度，而且它的品牌形象也不断地向全国其他地区辐射开来，不断深入人心。

（三）科学定位，更新品牌形象

"定位"一词目前已经成为市场营销领域最为重要的热词之一，尤其在当下品牌竞争十分激烈的环境下，科学的定位对于一个品牌以及品牌形象的推广和传播具有十分重要的作用。但很多辽宁老字号的品牌形象传播却还没有比较科学清晰的定位，而是试图通过一种产品或呈现一种形象去满足所有消费者的需求，这种思路在以前也许行得通，但到现在新时代环境下，这种思路就显得陈旧而落后。因为在当下时代，新的媒介技术以及先进的传播手段和方式每天都在向消费者传递着太多信息，而消费者也面临着太多的选择，这就导致消费者不可能只会记住某一类产品或某一个品牌形象。

以往的老字号因为品牌竞争压力小，只要能生产出有品质、有特色的产品就能在消费者心目中树立良好的品牌形象，得到消费者的认可，不需要刻意去传播品牌的形象就能通过口碑的方式，"一传十、十传百"迅速在消费者的脑海中形成一种比较牢固的记忆模式。但当下，品牌以及对于品牌形象传播的竞争日益激烈，人们会自觉或不自觉收到各种各样品牌形象的信息，如何才能让消费者在相关海量信息中选择并记住某一品牌的形象？这就需要摒弃过去"眉毛胡子一把抓"的品牌形象传播思维，对品牌进行科学精准的定位，如此才能让自己的品牌形象在消费者记忆中储存下来。

根据艾·里斯和杰克·特劳特在《定位》一书中所说的，定位不是你对产品要做的事，定位是你对预期客户要做的事。换句话说，你要在预期客户的头脑里给产品定位，即你在预期客户的头脑里如何独树一帜。定位能塑造鲜明的品牌形象，满足消费者的需求，确立品牌核心竞争力。尤其对于老字号的品牌形象传播而言，科学而清晰的品牌形象定位显得十分重要。

比如，创立于1946年的沈阳中街冰点，历经67年的坎坷发展，已然发展成为国内著名的冷饮企业，作为一个民族冷饮品牌，之所以发展到现在仍然具有极强的活力，与它清晰明确的定位密不可分。据悉，中街大果从裸果到蜡纸包装再到透明包装，在传统"中街大果"的基础上，经过不断传承与创新，推出"法式冷冻甜品系""巴菲芝士"等产品，满足了不同消费者的不同需求，使得原本作为快消品的冷饮品牌不仅获得了老一代消费者的继续喜爱，也不断吸引着年轻一代消费者的青睐。

二、挖掘文化内涵策略

对于一个企业来说，无论是做广告，还是策划一次公关活动都需要一笔数额不小的经费开支。对于很多老字号企业来说，尤其对于辽宁大多数老字号企业来说，现在还没有实力像国际上知名品牌那样进行数额巨大的媒体投放，要么是因为企业经营的规模太小，要么是因为体制的限制，要么是因为企业领导层的品牌观念淡薄，各种因素交织着让很多辽宁老字号企业没有能力去进行大规模的广告或公关投入。但辽宁老字号在文化底蕴积淀上有着得天独厚的优势，如何将这种优势展现出来，更好地推动品牌形象传播，是每一个正处在发展关头的辽宁老字号企业都必须面临的考验。结合辽宁老字号品牌形象传播的现状，我们了解到，文化内涵的挖掘和传播是辽宁老字号的优势，也是容易产生比较好传播效果的一种策略，而文化内涵是一个比较大的范畴，找到一个合适的切入点显得尤为重要。深入挖掘辽宁老字号背后的历史文化故事，采用讲故事的方式去打开突破口无疑是理想的策略选择。

善用讲故事的策略，不仅可以在一定程度上节约品牌形象传播投入成本，而且因故事的形象、生动、通俗易懂等特性更容易让消费者理解和引起情感上的共鸣，对于老字号品牌形象传播来说是一种传播效果显著的策略方式。

每一个知名的品牌背后都有一个为人津津乐道的故事，品牌因其故事性显得更加有趣，引人遐想注目。一般品牌故事充满了传奇性，奇人偶遇、皇亲贵胄青睐、品牌初创时的逸事等，这些品牌故事总是能引起人们的好奇心，往往成为一段佳话或美谈传播开来，极大地加深了消费者对品牌的了解和好感，而品牌故事无疑是口碑传播的重要内容。

海尔公司总裁张瑞敏在海尔发展早期，亲自抡起大锤砸毁有质量问题的冰箱的举动，当时轰动一时，至今仍为人们视为美谈，消费者了解到海尔曾经的这一举动无疑都对海尔产生了好感和信任，海尔的美誉度和知名度大大提升。这样的例子其实还有很多，但都有一个共同点，通过品牌故事的传播对品牌形象的塑造和传播起到了很好的效果，而且品牌故事中一定会从某个层面上蕴含着品牌文化。每一个品牌都有自己的品牌文化，但品牌文化是一种文化意识层面的东西，虽然是品牌的核心，但是对于消费者来说是一种看不见摸不着的理念，消费者很难真正去理解和认同一个品牌的文化，而品牌故事却能通过讲故事的手法在亲友之间进行分享、传播，而且是以一种十分生动的方式把品牌文化蕴含其中，能让消费者听到这个故事后产生一种潜移默化的理解和认同感，最为突出的作用就是非常容易为消费者所接受和传播。

其实，品牌故事是品牌文化的重要组成部分，蕴含着品牌的精神内核，而品牌文化的传播对于品牌形象的传播更是一种核心传播，如果一个品牌的文化能得到消费者的理解和认可，那么消费者的文化价值观就会和品牌所具有的品牌文化价值观形成某种程度上的默契，达到心理上的一种共识。最理想的状态是消费者对品牌文化以及品牌所倡导的价值观与消费者自身的价值观产生共鸣，消费者对品牌产生一种在心理层面上的依赖感，最终演变为一种生活信仰，达到这种程度的消费者会主动将自己的信仰介绍给周围的人，以达到最优化的传播效果。

反观辽宁老字号会发现，很多老字号企业都会有一段属于自己的独特品牌故事，但在实际品牌形象传播过程中却运用得很少，致使这样一项宝贵的传播资源尘封品牌之中无人问津。所以，针对辽宁老字号的现实状况，在未来的品牌形象宣传过程中，重视品牌故事的口碑传播显得尤为重要，对于品牌故事的整理、品牌文化的提炼都是未来辽宁老字号企业需要做的。但有一点必须认识到，虽然口碑传播对于品牌形象传播具有十分重要的作用，尤其对于辽宁老字号企业的现状而言，口碑传播应该成为一种重要的传播形式，但口碑传播也是一柄双刃剑。俗语有云："好事不出门，坏事传千里"，如果产品的质量或服务出现了问题，受到伤害的消费者也同样会把自己的遭遇告知周围的人，也会对品牌形象造成一定程度的损害，因此，对于老字号企业来说，坚守住产品质量和优质服务的底线是进行口碑传播的基础，也是老字号安身立命的根本所在。

同时，对于辽宁老字号而言，对品牌故事、品牌历史、品牌典故等的收集和整理，并形成清晰历史发展脉络，可以更有效地传播其品牌个性和特色。对于每一个存活到现在的老字号来说，都有一段属于自己的跌宕起伏的历史故事，而这些故事是这个老字号品牌所独有的，通常带有传奇色彩，通俗易懂而又引人入胜，很容易成为人们茶余饭后的谈资，所以收集整理出老字号的品牌文化历史对于老字号整个品牌以及品牌形象的构建同样显得重要。品牌故事一定程度上是对该品牌历史文化的一种传承，而且品牌故事很多情况下充斥着情感的影子，这样就很容易让消费者在心理上接受，从而达到很好的传播效果。比如辽宁道光廿五集团满族酿酒有限责任公司为了进一步宣传老字号品牌"道光廿五"，2005年投拍了电视剧《关东英雄》在一些电视台进行热播，该剧以道光廿五前身——同盛金烧锅为故事背景，不仅展现了东北地区的人情风貌，而且很好地将"道光廿五"的品牌故事以及品牌文化通过一种很软性的形式传播出去，让更多人通过观看这部电视剧了解到"道光廿五"这个品牌，使其品牌形象进一步得到传播和提升。

三、"体验式"传播策略

辽宁老字号企业涉及的绝大部分行业都跟人们日常生活密切相关，比如食品加工、餐饮这两大类行业在整个辽宁老字号企业中占据半壁江山还要多，而这些行业都是人们日常生活要接触可感知的产品，那么如何才能将这种行业属性特征明显的品牌形象更好地传播出去呢？结合现代人们的生活习惯以及辽宁老字号特殊的品牌形象传播背景，通过举办一定的活动，采用消费者体验式的传播方式无疑是一种有效的策略。

对于品牌形象传播而言，品牌形象更多以一种联想记忆的方式存在于消费者的脑海中，只能通过联想或想象才能对品牌形象进行感知，而无法"身临其境"，这样的话消费者对于品牌形象的认知和记忆就很难在脑海中长期存留下来，传播效果自然大打折扣。而老字号企业通过举办一定的体验式活动，让消费者近距离体验产品的制作流程或提前感知产品，比如食品加工和餐饮类，可以邀请消费者提前体验食品的口味或餐厅的风味，这样不仅能加强与消费者之间的互动沟通交流，而且能加深消费者对老字号品牌形象的印象，拉近消费者与品牌之间的距离，使品牌形象传播的效果更加显著。

这种传播策略很适用于像辽宁老字号这种区域性品牌，不仅可以节省传播的成本开支，而且操作起来比较灵活，可以根据当地的经济文化发展现状以及人们的生活习惯进行灵活多样的改进。与此同时，从对品牌形象传播的长期策略考虑，这也是一种大的趋势，尤其在当下网络新媒体蓬勃发展的时代背景下，"体验式"消费、"互动式"交流已经越来越成为人们一种新的生活理念和方式，顺应这种新的生活理念，采取"体验式"传播策略无疑是一个前瞻性策略选择。

四、整合传播策略

当下，产品同质化现象严重，消费者面对市场上琳琅满目的商品显得眼花缭乱不知所措，这时候就需要有特点、有一定品牌个性的产品出现在消费者视线里，那么如何去将一个产品的品牌个性、品牌文化、品牌定位以及品牌的整体形象完美全面地呈现出来是一个品牌拥有者最应该考虑的问题。在前文的论述中，从品牌形象传播的三个层面可知，品牌形象不是单一的某个层面，而是一个需要进行整合的综合体，那么在品牌形象的塑造和传播过程中就必须相应地采取整合传播的模式才能达到好的效果。整合传播是20世纪90年代中期以来营销传播界最热门的研究课题，得到了广泛的重视和蓬勃的发展，它被认为是当今信息社会最有效的传播工具和方法，也是品牌传播、品牌形象塑造最有效的手段。

针对辽宁老字号企业的品牌形象传播现状，进行整合传播的模式显得更有实效性，尤其在当下传播形式丰富多彩的时代背景下，诸如口碑传播、广告、公关、促销、报纸杂志、电视广播、网络推送等形态多样的传播方式，应该把这些传播方式进行整合形成一个核心的传播目标，并结合辽宁老字号品牌形象传播目前所处的现实状况采取合理而且效果显著的传播策略。

在前文的分析中，我们知道，辽宁老字号面临的另一个比较突出的问题就是欠缺品牌个性，品牌形象老化。而塑造品牌个性最直接有效的方式就是通过广告的形式。广告可以通过多种形式，比如文字、图片、音频、视频等生动有趣的方式凸显品牌的形象，同时可以采用多种媒介形式全方位地进行品牌形象的传播和塑造，不仅有传统的纸质媒体，还有新型的电子媒体，结合辽宁老字号的发展现状，可以把广告的形式也进行整合，采用全方位的广告宣传方式，将辽宁老字号的品牌形象形成一致性的传播合力，使其品牌形象传播的效果更加显著。

与此同时，除了整合传统媒体的传播形式，对当下流行媒体的关注和运用也显得尤为重要。网络媒体的盛行，也给了辽宁老字号品牌形象传播更多的选择和形式，老字号企业不仅可以建立自己的企业网站，将自身的品牌故事、品牌文化、品牌历史以及品牌个性、定位等所涉及的有助于品牌形象传播的所有东西呈现在网站上，还可以通过对企业网站的经常更新、与消费者进行共同互动、发布最新产品信息等方式吸引消费者持续关注；也可以运用时下比较流行的微博、微信等新媒体形式进行传播，与消费者经常进行互动交流，了解消费者的真实需求，借助新媒体增加消费者对品牌的黏性指数。这样做不仅能很快拉近与消费者之间的心理距离，同时也让新时代下的目标消费者感受到老字号品牌同样可以很"潮"，同样可以给他们带来新的惊喜。利用网络新媒体做品牌形象的传播已经成为一种不可逆转的趋势和潮流，老字号企业必须从现在开始去认识网络新媒体，同时努力学会利用网络新媒体推广自我的品牌形象，这是一项艰巨而又十分迫切的任务。

与此同时，随着网络信息技术飞速发展，各种新型多样的网络技术手段和平台给网络口碑的传播提供了一个广阔的舞台。而网络口碑传播之所以能获得广大消费者的接受，就是因为此时的消费者已不再是过去被动地获取信息，而是开始积极参与到自己所认可品牌的信息传递中去，这些品牌信息有的是正面的评价，有的是负面的批评，但是无论怎样消费者在互动过程中都感受到了一种互动中的快感，品牌形象也在不知不觉间在参与网络讨论的消费者心目中越来越清晰，进而也很好地传播了品牌形象。这方面比较显著的例子是小米手机的品牌形象传播，在小米的传播过程中很重视消费者的参与度，将消费者纳入小米的讨论中去，形成一种裂变式的粉丝传播模式，让钟爱小米的粉丝主动去传播小米的品牌形象，并形成一个"小米品牌社群"。正如小米手机的广告说的那样"为发烧而生"，利用网络技术并结合消费者的心理需求特征，组织一个消费者自发的品牌形象传播生态，在当下网络信息技术蓬勃发展的大背景下，对品牌形象的传播必定会产生重要的印象，这对于辽宁老字号品牌形象的口碑传播无疑提供了一条新的途径。

五、加大品牌形象传播投入

辽宁老字号虽然历经几十年，甚至几百年的沧桑洗礼，但在新时代环境下仍需要加大对其品牌形象传播的投入力度，只有如此，才能让一些被历史的尘埃暂时遮盖的老字号品牌形象以一种全新的形象出现在消费者眼前。结合辽宁老字号品牌形象传播现状，加大广告投入无疑是一种常见而又有效的方式，不仅可以在传统媒体上进行常规的产品形象投放，而且可以借助时下广泛流行的网络新媒体进行品牌形象的传播，通过自建或在第三方知名官方网站、微博、微信等为广大年轻群体喜爱的媒介上进行品牌形象的展示和传播，而且要注重相关专业人才的培养，让品牌形象的传播能在新时代环境下以一种为广大消费者易于接受的方式进入到消费者视野中。

与此同时，除了广告的投入和相关专业人才的培养外，善于利用各类公关活动也是一项对老字号品牌形象传播效果显著的投入。一般而言，公关活动可以借助社会比较关注的热点事件报道、公益活动、活动赞助等方式来达到提高企业品牌知名度和拉近与消费者之间的关系。在这方面辽宁老字号企业中比较典型的是辽宁道光廿五集团，与义县稍户营子镇建立常年帮扶对子；投资100万赞助在锦州召开的辽宁省第十届运动会；投巨资拍摄现代京剧《酒魂》并获得多项全国大奖；投资1500万元拍摄中国首部以酒文化为背景的电视连续剧《关东英雄》等。经常走访慰问锦州各驻军部队官兵、市交巡警平台警察、市大中小学校教师等，近年来累计捐款捐物近200万；"5·12"汶川地震义卖贡酒200万元，捐献给灾区，在社会上形成了广泛的影响，得到了社会各界的广泛好评，品牌影响力和品牌形象获得进一步扩展和增强。品牌形象传播的方式有很多，但最为核心的一点还是老字号品牌的经营者能转变过去"酒香不怕巷子深"的传统营销思维，认识到进行品牌形象传播的重要性所在，而不吝啬对品牌形象传播的投入，这对于辽宁老字号的品牌形象传播尤为重要。

辽宁老字号历尽数年风雨，是有一定文化底蕴和历史的老品牌，但现在的发展现状以及面临的现实问题不容有丝毫懈怠。首先是外部环境的影响，随着大量国外强势品牌进入中国市场，不仅压缩了国有老字号品牌的生存空间，而且因为国外品牌善于传播和营销，国内消费者对国外品牌的美誉度与忠诚度越来越高，而对本地老字号品牌却显得很冷淡，甚至慢慢开始淡忘；其次，辽宁老字号自身也存在诸多问题，比如品牌形象老化、观念陈旧等，在消费者尤其是年轻一代的消费者心目中留下一个老态龙钟的形象，同时不懂得与消费者进行沟通和交流，不能紧跟时代发展大潮流，抓不住消费者的真实心理需求，让老字号在消费者心目中的形象变得越来越模糊不清。

面对辽宁老字号目前存在的问题，需要有关部门和企业去正视并寻求一种合适的解决方案。从辽宁老字号目前面临的品牌形象传播中出现的问题出发提出解决的建议，给辽宁老字号品牌形象的更新提供参考。毕竟老字号企业都是历尽历史沧桑而存活下来的国有品牌，在它们身上承载着中国商业文化的内涵和精髓，是一笔宝贵的财富，制定出合理的传播策略，不仅能对振兴辽宁老字号有一定的现实借鉴意义，而且对我国其他地区的老字号品牌形象传播也有一定的启示意义，进而带动我国老字号品牌的全面振兴与发展。

第二章　现代文化品牌传播策略研究
——以辽宁文化创意产业园区为例

近年来，随着国家文化产业相关政策不断出台，地方对于发展文化产业的力度也逐渐增强。辽宁作为东北重工业基地之一，产业发展不平衡，工业所占比重较大，服务业所占比重相对较小，完善产业结构是辽宁面临的重要课题。同时，辽宁在发展文化产业方面拥有丰厚的资源优势，特色鲜明的历史文化和重工业产业基础为发展文化创意产业园区提供了资源条件，例如，拥有悠久辽砚文化历史的本溪辽砚文化产业园，利用旧弃工厂改造成的颇具特点的沈阳1905文化创意园等。此外，随着社会经济的发展，人们的消费结构也有所改变，越来越偏重对文化产品和服务的消费。综上缘由，选取文化创意产业园区作为研究对象，探讨辽宁地域文化品牌在现代经济发展形势下的改革与创新。

第一节　文化创意产业园区品牌传播理论概述

文化创意产业园区是与文化创意产业相关的小企业在空间上的集聚，文化创意产业园区品牌传播是将这些个体小企业的空间集聚视为一个整体来打造产业集群品牌。关于产业集群品牌，有学者认为"集群品牌是一个集群区别于其他集群的标志，代表着集群内企业的一种潜在的竞争力和活力能力，是集群内的企业长期规范经营，通过良好的质量和全面周到的服务等，积累起来的良好声誉，从而形成了消费者对集群内所有生产同类厂商的信任和忠诚"[1]。这一表述突出体现了产业集群品牌的公共性特征。文化创意产业园区作为产业集群，其品牌同样也具有公共性特征，这也是它区别于普通品牌的关键。

一、文化创意产业园区概念界定

由于各国的政治背景不同，文化创意产业发展环境也不相同。目前来看，对于文化创意产业园区的概念界定还没有统一的表述。笔者通过阅读国内外关于文化创意产业的不同解释，发现各国关于文化创意产业的不同解读中也有相同特征。本节将结合国内文化创意产业发展情况，分别对文化创意产业和文化创意产业园区作出界定。

（一）文化创意产业概念界定

文化创意产业的概念界定可以追溯到创意产业这一名词的提出。1998年英国出台的《创意产业专题报告》中，初次对创意产业做了界定，明确提出"所谓创意产业，就是指那些从个人的创造力、技能和天分中获取发展动力的企业，以及那些通过对知识产权的开发，可创造潜在财富和就业机会的活动"[2]。文化创意产业的提法伴随着民主思想的演变，20世纪三四十年代，配合着第一次技术革命，印刷术的产生，文化工业兴起，这一概念联系着法兰克福学派对法西斯主义的厌恶，法兰克福学派将法西斯的成功归结为用"机械复制"来向大众灌输和宣传意识形态，使之接受，他们将文化的商品化和标准化生产视为一场灾难。20世纪七八十年代，伴随着民主和平等的主张，"文化产业"这一提法出现在政策领域的名词表中，"文化产业"这一提法

---

① 郑佳：《基于品牌聚落演化的产业集群可持续发展理论模型与实证研究》，浙江大学出版社2013年版，第14页。

② 范周、吕学武：《文化创意产业前沿——路径：建构与超越》，中国传媒大学出版社2008年版，第133页。

虽然在道德上是中立的，但在政策语境中并没有将文化和创意很好地结合起来。随着社会经济的发展，人们需求的变化，越来越多的精神需求凸显出来，随着科技的进步和新媒体的利用，"文化创意产业"这一提法诞生。文化创意产业不单单是文化领域中经济价值的体现，在创意产品的生产和消费过程中更彰显着民主思想和开放精神。文化创意产业与传统产业是密不可分的，文化创意产业不能单独存在，它以传统产业的生产发展为基础。文化创意产业渗透在传统产业中，促进传统产业优化升级，文化创意产业是传统产业中体现创意的部分。

事实上，文化创意产业并不是一个绝对性的概念，它以不同的文化传承和社会发展水平为基础，因而会存在地域上的差异。在不同的地区语境中会有不同的对文化创意产业的定义，因此，不同国家有不同的见解。例如，美国集中将创意产业的理解体现在版权产业中。1977年，美国将版权产业纳入标准产业分类体系中，由于对版权产业的重视，美国经济结构大跨步，从以农业、重工业为主发展到以信息业、服务业为核心产业的转变。日本将文化创意产业定为"内容产业"，并分为三大类：内容制造产业、休闲产业和时尚产业，目前动漫业占日本文化创意产业的半壁江山。韩国在遭遇了亚洲金融危机后，确立了"文化立国"方针，韩国的文化创意产业发展与国家政策和政府扶持是紧密相关的。

我国文化创意产业是随着文化产业的发展提出的，文化创意产业和文化产业之间有着紧密的联系。有学者认为文化创意产业是文化产业的深化，在产业价值链中，文化创意产业属文化产业高端部分。还有观点认为文化创意产业是文化产业和创意产业的交叉部分，它既包含创意产业中的创意部分，又包含文化产业中的文化部分。国内对文化产业、文化创意产业的概念没有清晰界定，多数理论文章认为两者基本可以等同。也有很多资料简单地将文化创意产业表述为创意产业，如潘晓曦的《对文化创意产业的几点认识》和陈珏宇的《国外文化创意产业发展述评》等。

综上所述，文化创意产业是以传统产业为基础，以技术发展为背景，以文化与创意为主要核心，以知识产权为保障，新旧产业交合互动，以创意内容与服务带动旧产业以促进产业结构优化升级，从而带动区域经济发展，增加就业，促进社会进步的产业。文化创意产业与其他产业的不同之处在于它是知识型、创新型、高附加值的新兴产业。

（二）文化创意产业园区概念界定

对于文化创意产业园区的定义，目前国内外还没有统一的说法。我国文化创意产业相较发达国家出现得晚，对文化创意产业园区的理论研究较少，相关领域内仅有对文化产业集群的界定。文化创意产业园区是文化创意产业发展到一定阶段的产物，文化创意产业园区的形成可以提升文化创意产业的竞争能力和发展水平，使文化创意产业发展进入新阶段。结合相关概念和我国具体实情，有学者将其界定为与文化生产有关的特定区域的产业集群，是集合文化生产与消费生活的多功能园区，拥有融生产、发行、消费、供应为一体的完整产业链条。

综上所述，文化创意产业园区是文化产业生发出来的，以某一固定类别的文化行业类型为经营生产范围，形成的融开发、生产、推广、售卖为一体的园区产业链条。文化创意产业园区的特殊之处在于，除了具备完整的产品生产经营链条外，它还融合了居住、教育等一般生活功能。

二、品牌传播理论

认识品牌传播的概念，首先要从品牌入手。对于品牌概念的界定，国内外学者有不同的定义，品牌管理大师戴维·阿克认为："品牌就是产品、符号、人、企业与消费者之间的联结和沟通。也就是说，品牌是一个全方位的架构，牵涉消费者与品牌沟通的方方面面，并且品牌更多地被视为一种'体验'，一种消费者能亲身参与的更深层次的关系，一种与消费者进行理性和感性互动的总和，若不能与消费者结成亲密关系，产品就从根本上丧失了被称为品牌的资格。"[1]戴维·阿克的观点侧重于品牌与消费者的关系。我国学者陈放认为"品牌是企业或产品一切无形资产总和的全部浓缩，而这一浓缩又可以特定的形象及个性化符号来识别，它是主体与客体、主体与社会、企业与消费者相互作用的产物"[2]。以上两种观点的共同点在于他们都强调消费者对品牌的感受，把消费者作为品牌的认知主体。

（一）品牌传播的内涵

笔者认为品牌是在经营发展过程中所展现出的一种"气质"体现，这种"气质"可以通过品牌的显性标志和隐性特征体现出来。外显标志包括所有能看得到的与品牌相关的信息，如品牌属性、名称、产品、包装等，这里的品牌与人一样拥有个性。品牌属性、名称、标识等外显标志就像一个人的名字、个头、样貌、服装等可以与他人相区别并且初步了解这个人的禀性，品牌的这些外显标志有同样的作用；品牌的隐性特征是指品牌在经营发展中所体现出来的"内在魅力"，这种"内在魅力"的养成需要由内而外地培养。内，指的就是品牌组织内部的"性格"养成，如品牌成长所处的历史文化环境、核心价值、共同认可的价值理念、行为理念、品牌愿景等，正如一个人的价值观念、理念信条、理想目标一样，起到精神支撑的作用。外，指品牌的各种信息所体现出来的品牌精神，如某品牌为灾区捐赠财物等，这就是友好、乐善好施的体现。而这些品牌外显标志和隐性特征的价值体现在品牌与受众交往的过程中，从而使受众产生对不同品牌的不同感知。品牌传播，顾名思义是对品牌的传播，如上所述，品牌所体现的"气质"要通过借助各种传播手段与媒体让受众感知才能真正意义上实现品牌的价值。

（二）品牌传播策略的内涵

品牌传播策略是指在品牌传播过程中对准品牌传播既定目标，综合分

---

① 余明阳、朱记达、肖俊崧：《品牌传播学》，上海交通大学出版社 2005 年版，第 4 页。

② 赵勤：《论企业品牌形象的塑造》，《企业经济》2006 年第 2 期，第 55 页。

析品牌发展环境形势制定的品牌传播可行性方案的集合。在舒咏平的《品牌传播策略》一书中，作者提到"将市场视为生命的企业，显然就不能不对品牌予以垂青和关注，并转化为发展战略。品牌发展战略渗入到企业的方方面面，诸如：研发、生产、质量、成本、营销等；而'营销'本身由唐·舒尔茨加以理论的延伸则成为了'整合营销传播'"[①]。从这段话中可以看出品牌传播策略和品牌传播战略究其深意，都是为了达到理想的品牌传播效果预先设定的切实可行的计划。两者不同之处在于品牌传播战略注重长远计划，以及品牌传播的系统性。有代表性的品牌传播策略包括集群品牌传播策略、差异品牌传播策略、互动品牌传播策略等。品牌传播策略以长远的良好传播效果为目标的同时更注重品牌传播过程中具体问题的解决。因此，笔者认为品牌传播策略指的是以品牌传播战略为导向，针对品牌传播的各个环节中出现的问题，以具体理论为基础，做出的可行性的计划。例如，品牌传播的信息整合策略，品牌传播信息和品牌的营销活动必须秉承一致的品牌战略目标。通过对信息接收点的整合，这一策略要注重受众所能接收到所有感官信息的一致性，以保证受众能够建立对品牌的立体感知；再如，媒体组合策略，随着新媒体时代的到来，受众接触的媒体类型越来越多，受众群体逐渐分化。对此，品牌传播主体应对信息传播媒体运用进行综合考量，根据自身品牌情况，分析不同媒体的用户群特征，找到符合自己品牌信息传播的媒体组合，形成以某种传播媒体为核心，利用其他媒体弥补传播的媒体传播攻势，以达到品牌信息传播的最优效果。

三、文化创意产业园区品牌传播理论

作为特殊的文化集群产业，文化创意产业园区与一般品牌在品牌传播上略有不同，文化创意产业所表现出来的创新性和原创性等特征，要求园区品

---

① 舒咏平：《品牌传播策略》，北京大学出版社 2007 年版，第 3 页。

牌传播过程中也应突出体现这些产业特色。

（一）文化创意产业园区品牌传播的内涵

综合上述对文化创意产业园区和品牌传播概念的解读，文化创意产业园区品牌传播即是将园区品牌的核心价值用品牌标识、产品等表现形式体现出来，并通过多种传播方式传达给受众的过程。可以把文化创意产业园区品牌传播分解为几个环节。首先，品牌定位环节，经过对目标消费者、竞争对手优缺点和企业自身状况的深入研究实施品牌精准定位策略，从而制定出与品牌核心价值相符的，具有一致性的品牌信息。接着，贯穿一致性的品牌信息，对品牌传播内容实施整合策略，打造极致品牌传播内容，并通过广告、公关活动、消费者体验以及多种受众互动传播方式推广给消费者，从而实现品牌传播目标，积累品牌资产。

（二）文化创意产业园区品牌传播的特点

文化创意产业园区作为一种特殊的产业模式，在品牌传播方面，与一般消费品牌有所不同，结合文化创意产业园区产业集群的特征，笔者总结出几点文化创意产业园区在品牌传播过程中所展现出来的突出特点。

1.受众群体明晰性

由于文化创意产业园区是行业聚落化，它所对应的受众群体也是有针对性的。例如，像大芬油画村这样的艺术类园区，受众群体主要是画家、艺术爱好者等。不像一般消费品牌，受众群体存在繁杂性、普遍性的特征。文化创意产业园区品牌传播所体现出来的突出特点是受众群体的明确性。在园区品牌传播受众细分策略上，可以以此为依据，有针对性地对主要目标受众群体进行园区品牌传播。

2.品牌传播媒体多元化

文化创意产业作为新兴产业，是人们精神需求催生的产物，是高知群体的聚集地。由于受众群体高素质的特征，在品牌传播媒体选择上，单纯的广告投放很难征服有主见的文化创意产业受众。不能仅仅拘泥于投放硬性广告，更多选择在报纸、杂志等这类高知群体常常接触的纸质媒体上。此外，信息技术的发展，新媒体抢占受众市场，加之，文化创意产业园区受众接受新鲜事物快，园区品牌传播启用新媒体也是重要的媒体应用手段。

3.品牌传播渠道开放性

互联网传播时代，应用互联网进行品牌传播是众多企业品牌宣传的手段。文化创意产业园区作为以创造力为核心的新兴产业，其代表着先进的生产力水平。应用网络进行品牌传播必然是园区品牌传播的主要途径。此外，由于国内文化创意产业园区近些年刚刚兴起，多数园区都是政府组建，所以园区重视以政府为核心的社会关系，积极参与政府牵头活动，举行园区活动、节事活动，进行重大活动赛事赞助等联系社会公共关系也是文化创意产业园区品牌传播的一个重要渠道。

4.品牌传播关联性

园区拥有自己品牌的同时，在空间上又包含着许多进驻品牌，那么园区品牌和这些进驻品牌之间就是相互联系的。从进驻品牌的角度来讲，园区品牌是无形资产，进驻品牌依靠园区品牌获益，园区品牌效应也会影响进驻品牌的品牌形象。一个良好的园区品牌会促进进驻品牌的发展。从园区品牌的角度来看，进驻品牌的形象和声誉会投射给园区品牌，进驻品牌的好坏直接影响园区品牌形象。文化创意产业园区的品牌传播形成了一个隐形的关系网，具有关联性和互动性。

5.品牌传播公共性

根据上述文化创意产业园区的品牌传播特性，不难得出这样的结论，文化创意产业园区的品牌传播具有辐射园区内进驻品牌的作用。进驻品牌把园区品牌优势作为一种附加的品牌资产，增加了进驻品牌的无形资产，这也是品牌传播中常提到的借势传播，并且所有进驻品牌都可以利用园区品牌扩大自己品牌的影响力，享受园区品牌所带来的福利。因此，园区品牌传播对于进驻品牌来说具有一定的公共性。

6.品牌传播体验性

文化创意产业的业态类型决定了它的体验特征，园区在进行体验传播的过程中需要充分调动人的感官系统、情感系统和思维系统，从而强化品牌在受众心中的认知，与受众建立联系，建立品牌忠诚度。另外，通过受众与品牌的亲身接触，更淋漓尽致地彰显了品牌内涵、个性形象等，实现品牌差异化传播目的。

7.品牌传播地域性

文化创意产业园区的集群性质决定了园区品牌传播具有区域性特点。文化创意产业园区整合了所处地区的资源优势，依附地域环境发展，地方历史文化、风土人情等都会影响文化创意产业园区的品牌传播。另外，园区所处的区域特色与其他园区也存在差异。因此，文化创意产业园区的品牌传播具有区域性特征。

8.品牌传播延续性

文化创意产业园区品牌传播与一般消费品品牌传播的共性都是要让受众产生品牌认知进而认同品牌，提高品牌忠诚度。园区品牌传播在围绕品牌核心价值运用不同传播手段进行品牌传播，表现品牌个性形象的同时，还要注意不同信息内容所表现的品牌核心理念的一致性，这样的品牌传播从横向上能增强受众对品牌信息的认知，从纵向上看，运用不同的传播手段和媒体，进行统一品牌信息传播会加强受众对品牌信息的记忆。

第二节　辽宁省文化创意产业园区品牌传播概况

文化创意产业作为低能耗的绿色产业是推动社会经济发展的核心力量。近年来，全国各地掀起文化创意产业热潮。辽宁省也陆续颁布关于发展文化创意产业的相关政策。在政策支持与指引下，省内文化创意产业园区纷纷落地建成，多数园区已初具产业模型。政府放松了对文化事业的管控，积极引入民营资本，为文化创意产业园区发展注入了新力量。从行业分类上看，旅游、软件、出版、影视等行业类型，省内园区都有涉猎。从近些年的相关文化事业发展报告来看，辽宁省文化事业发展稳步向前。但对比北京、上海等城市，园区整体竞争能力较弱，知名度高的园区较少。辽宁省文化创意产业园区整体发展情况呈现出"博而不精"的特点。

一、辽宁省文化创意产业园区发展现状

通过辽宁省文化厅官网发布的《辽宁省文化厅2015年工作总结》来看，辽宁省文化创意产业处于稳步发展中。但对比全国文化创意产业发展情况，辽宁省发展在全国排名中仍处于中下位置。

（一）园区数量及分布

辽宁省的文化创意产业园区共有43个，以沈阳、大连为主导城市，分散在锦州、鞍山、抚顺、本溪等7个城市，占全国园区总数的1.94%。相比北京、上海等城市，辽宁省文化创意产业园区数量占全国园区总数比重较小。其中位于沈阳的园区总数16个，代表性园区有沈阳1905文化创意园区、辽宁大剧院。大连园区总数13个，代表园区有大连15库、大连软件园。锦州、鞍山、本溪等平均每个城市有2个，代表园区分别有锦州古玩城、本溪辽砚文化产业园等。各市园区分布数量比例如图2-1所示。

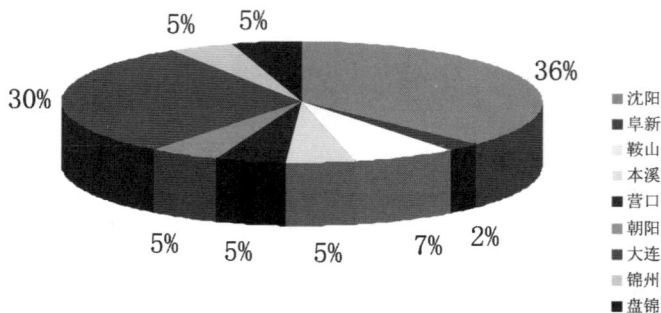

图2-1　辽宁省各市园区分布数量比例图

（二）园区类型划分

以文化创意产业园区的形成、动力和功能机制来看，辽宁省文化创意产业园区可以划分为四种产业类型（表2-1）。一是政策主导型园区，在文化创意产业发展的初期阶段，为了引导社会认识和了解这一新型产业，需要政府部门的积极引导。因此，辽宁省的文化创意产业园区大多是政府作为主办机构运营，目的是响应政策的同时调节产业结构以发展经济。例如，大连设计城就是由大连市人民政府主办的，政府主管运营；二是特殊资源型园区，依托本地区特殊的文化资源优势发展创意产业，此类园区具有其他园区不可模仿的发展优势。例如，辽宁省作为二人转的曲艺之乡，二人转就是本地特色，有代表性的文化创意产业园区有本山传媒影视基地；三是市场导向型园区，市场导向型发展模式往往是由大量市场需求催生的，一般在发展较快、开放程度较高的城市。通常情况下，这类园区的产业类型是该地区没有的，是经济发展到一定程度的情况下，为了满足市场需要而引进的新型产业。例如，大连作为滨海城市，是中国14个沿海开放城市之一，是中国东部沿海重要的经济、贸易、港口、工业、旅游城市，其经济发展程度可想而知，经济发达城市，市场需求也必然会加大。大连软件园、大连设计城就是在这种市场需求的激发下形成的园区；四是环境主导型发展模式，这类园区主要是依靠地域环境资源优势，例如，优越的区位、人才资源、基础设施优势等。例如，大连软件园就是依托附近的人才资源优势，附近高校有东北财经大学、大连理工大学等，再如沈阳1905文化创意园是依托旧工厂而建立起来的园区。

表2-1　辽宁省文化创意产业园区按形成、动力机制划分代表园区表

按形成及动力机制划分园区类型	代表园区	业态类型	所在地
政策导向型	大连国家动漫产业基地	企业入驻	大连
	大连设计城	企业入驻	大连

续表

按形成及动力机制划分园区类型	代表园区	业态类型	所在地
特殊资源依赖型	本山传媒影视基地	影视、演艺、艺术教育	沈阳
	辽砚文化产业园	观光、辽砚艺术品售卖	本溪
市场导向型	酷贝拉（东北）文化创意产业基地	青少年体验教育、玩具王国体验、动漫及文化衍生品研发生产、亲子酒店等	沈阳
	大连软件园	企业入驻	大连
环境导向型	大连15库	餐饮、艺术品展卖、工作室、创业孵化	大连
	1905文化创意园	餐饮、酒吧、个性工作室、摄影展、艺术展	沈阳

文化创意产业园区按不同产业性质划分，可以分为产业型园区、混合型园区、艺术型园区、休闲娱乐型园区和地方特色型园区（表2-2）。其中产业型园区重在产业链的开发。辽宁省产业型园区有18家，占全国产业型园区的3.4%，这一性质的园区中，业态类型跨度较广，从文化娱乐、新闻出版到创意设计再到信息软件开发等，业态繁杂，个别园区也有出现多种业态类型同时存在的情况。混合型园区，主要以科技园为依托，但相比产业型的园区并没有形成完整的产业链。辽宁省共有15家混合型园区，占全国混合型园区的1.08%，混合型园区的业态类型主要以当地自然风光为基础开展的文博旅游业和以人才聚集为依托的信息软件类园区为主。艺术类园区主要以创意人才为核心，但产品的产业化程度不高，基本上这类园区投入与产出不成正比，因此在辽宁省乃至国内普及程度不高。辽宁省仅有辽宁大剧院一家艺术类文化创意产业园区，占全国艺术型园区的1.25%。休闲娱乐型园区，园区业态类型主要以文化娱乐为主。这类园区旨在满足人们文化消费需求，辽宁省休闲娱乐型园区有7家，占全国休闲娱乐型园区的6.48%。地方特色型园区，主要是以地方的文化历史条件为资源，借助当地特色民风民俗、自然景观等发展文

化创意产业园区，这类园区拥有一个共通特点，即当地拥有深厚的历史文化底蕴、彰显地方色彩优美宜人的地方风光。辽宁省共有地方特色型园区2家，占全国地方特色型园区的1.8%，园区业态类型主要以旅游业为主。纵观五种性质的产业园区，辽宁省各产业类型的园区在全国比重大体处于中下位置，相比发展较好的北京、上海、山东等地，发展空间很大，发展潜力有待发掘。

表2-2　辽宁省文化创意产业园区按产业性质划分代表园区表[①]

按不同产业性质划分	代表园区	园区概况	所在地
产业型园区	1905 文化产业园	原型是沈阳北方重工沈重集团的二金工车间，是沈阳重工业的象征。主要经营类型有文化餐饮、文化酒吧、个性工作室、艺术品展览等。	沈阳
	大连金石国际运动中心	园区内有"山、海、河、湾"等自然景观，园区定位于以主体乐园、影视娱乐、文化创意、运动休闲度假、高端商务为一体的滨海旅游胜地。	大连
	阜新市动漫游戏产业研发基地	集动漫制作部、漫画制作部、游戏研发制作中心、剧本编创部等众多创意产品研发机构。	阜新
混合型园区	沈阳皇城里文化产业园	建筑风格上，园区以六个时间终点为依据，清代 1816、民国 1933、建国 1949、钟厂倒闭 2004 到现代及后现代。融合"文、商、旅、服"的综合文化产业园。	沈阳
	辽宁锦州辽西文化古玩商城	是政府扶持创办的民营企业，主要经营古玩、艺术品等文化产品。	锦州
艺术型园区	辽宁大剧院	设有大小剧场、电影厅、多功能厅、餐厅、酒吧、酒店、会议厅等。	沈阳
休闲娱乐型园区	沈阳华强文化科技产业基地	核心建设有三大文化科技展示区、飞天剧场、主体酒店和商业街等设施。	沈阳
	紫烟薰衣草庄园	庄园以"爱情、浪漫、最美之地"为主题，是集拍摄、影视、观光、薰衣草产品研发、酒店、健身中心为一体的休闲度假庄园。	沈阳

① 李季：《新编中国文化创意产业年鉴（2015）》，经济科学出版社 2016 年版，第 307-314 页。

按不同产业性质划分	代表园区	园区概况	所在地
地方特色型园区	旅顺蝴蝶园	分为展馆区、蝴蝶繁育区和养蝶观赏区三个区域。	大连
	牛河梁红山文化旅游园	建于建平县牛河梁红山文化遗址。园区着力打造文化主题公园、史前文明展示地和体验区。	朝阳

（三）园区发展特点

综观辽宁省文化创意产业园区的整体发展状况，总结出辽宁省文化创意产业园区发展的几点显著特点，其一，产业园区分布过于集中，主要聚集在沈阳、大连两市，分散在锦州、鞍山等市，小城市园区分布数量少，或者即使设立了文化创意产业园区也是缺少特色。其二，大多文化创意产业园区都是政策导向而建立的，政府盲目追求"大全"的产业集群模式，而忽略了文化创意产业园区的品牌效应，没有建立起完善的品牌运营管理机制。其三，大多产业园区还处于初创期和成长期，多数园区初具产业模型。其四，园区定位不明确，与其他省份同类园区同质化严重，没有结合区域资源特点进行差异定位。其五，自主创新能力不强，由于辽宁省内文化创意产业园区大多处于始创期，产业配套还不完善、高素质人才匮乏等等原因，大多创意产业园区还没有形成独特的创新平台，产品技术含量不高。

二、辽宁省文化创意产业园区品牌传播现状

任何品牌的建设和发展都要经历品牌传播的过程，品牌建设是一项长期且复杂的过程，需要传播过程中各要素的有效衔接与配合，才能实现品牌的有效传播。本节将从园区品牌传播主体、传播受众、传播内容、传播手段与传播媒体五个方面对辽宁省文化创意产业园区品牌传播要素进行分析。

（一）辽宁省文化创意产业园区品牌传播主体与受众

近些年，辽宁省政府对文化事业的管制逐渐放开，经营管理体制越来越

活，允许民营资本和社会资本介入文化事业。随着政策的不断开放，省内园区的运营主体与消费人群也随之发生着变化。

1.辽宁省文化创意产业园区传播主体

辽宁省文化创意产业起步较晚，加上人们对文化创意产业的认识还不够，发展文化创意产业大多由政府引导。从产业资本来源上看，一是政府开发，引进非公有资本入股；二是政府政策支持，民营资本创办，即"官助民办"；三是民营资本创办，政府干预较少。由此来看，辽宁省文化创意产业园区品牌传播的传播主体主要有三大类，一类是以政府为传播主体，例如，大连设计城是由大连市高新区管委会主管，通过招商吸引大批创意型企业进驻；另一类是企业运营机制，政府主要起到政策扶持的作用，例如大连软件园，由亿达软件新城建设运营；第三类是沈阳1905文化创意园区，创始人是两名留学归来的海外学子，采取的完全是企业运营管理机制。从园区运营管理机制和传播主体的政府干预程度来看，辽宁省文化创意产业园区的传播主体是政府和企业。

2.辽宁省文化创意产业园区传播受众

综观辽宁省内已被记载在册的43家文化创意产业园区，发现不同类型园区目标受众与传播内容都有所不同。从园区主要业态类型来看，以创意企业进驻为主要业态模式的园区，信息传播受众多是行业内中小企业。而部分实行企业管理运营机制的休闲娱乐型园区，业态类型主要包括酒吧、餐饮、创意工作室入驻等，传播目标受众是一般消费群体。

辽宁省文化创意产业园区品牌传播受众可以分为三类：一是创意企业，省内文化创意产业园区大多没有形成完整而稳固的产业链，产业链需要强化弥补，这时园区的宣传对象主要针对的是创意型企业，更多的相关企业进驻会增强园区的产业聚合性。二是创意人才，文化创意产业园区的发展离不开创意型人才的输入，园区只有拥有大量的创新人才才能保证创意产业的先导性、创新性。三是一般消费者，文化创意产业园区除了要吸引企业进驻外，消费者在创意产业运营中起着重要的作用，游客参观景区，艺术爱好者购买艺术品等。因此，一般消费群体是文化创意产业园区品牌传播的重要对象。

辽宁省文化创意产业园区品牌传播受众呈现出以下几种显著的人群特征，一是专业型受众，园区的目标受众主要是行业内的中小创意企业。二是高素质人群，文化创意产业是新兴创新型产业，吸引和培养创意型人才，而创意人群的一大显著特点就是受教育程度较高。三是对精神需求要求较高的人群，文化创意产业是随着人们需求水平的不断提高出现的产业，所以这一产业的品牌传播主要受众就是对精神生活要求较高的人群。

辽宁省部分文化创意产业园区品牌传播主体、业态模式、目标受众见表2-3。

表2-3　辽宁省部分文化创意产业园区品牌传播主体、业态模式、目标受众细分表

所在地	代表园区	传播主体	业态模式	目标受众
沈阳地区	1905文化创意产业园	沈阳壹玖零伍文化创意有限公司	餐饮、酒吧、个性工作室、摄影展、艺术展	消费者、个体商户、艺术家
	沈阳123文化创意产业园	沈阳沈北新区规划	艺术工作室、会展交流、实习基地	创意人才、在校生
	沈阳市北方传媒文化产业园	辽宁广播电视台	演艺中心、多媒体制作中心、创意中心、动漫基地、电视剧制作、展览中心、运动中心	游客、创意人才
	沈阳华强文化科技产业园	深圳华强文化科技集团股份有限公司	创意设计基地、科技展示、剧场、酒店	创意人才、企业、游客
	沈阳小韩村文化旅游产业基地	小韩村温泉合作社	住宿、餐饮、会议会展、绿色采摘、游泳、健身、娱乐、观赏、休闲度假	游客
	沈阳棋盘山国家级文化创意产业园	市政府扶持	企业入驻、创意设计、教育培训	企业、创意人才

所在地	代表园区	传播主体	业态模式	目标受众
沈阳地区	辽宁大剧院	辽宁演艺集团	剧场观演、餐厅、酒吧、演员配套公寓、停车场	演艺人员、观众
大连地区	大连 15 库	大连创意产业项目发展有限公司	餐饮、艺术品展卖、工作室、创业孵化	消费者、个体商户、艺术家、在校生
大连地区	神秘东方文化创意产业旅游园区	大连神秘东方雕塑艺术发展有限公司	艺术品展览、表演	游客
大连地区	大连国家动漫产业基地	大连高新区区政府	企业入驻	动漫企业
大连地区	大连软件园	大连软件园股份有限公司	企业入驻	创意企业、创意人才
大连地区	七贤岭产业化基地	大连高新区区政府	创意孵化、创业园、企业入驻	创意人才、创业人员、企业
锦州地区	锦州世博园	锦州世博园运营管理有限公司	园林景观参观	游客
锦州地区	辽宁锦州辽西文化古玩商城	辽西小商品批发市场有限公司	古玩、艺术品展卖	文玩爱好者、一般消费者
本溪地区	本溪辽砚文化产业园	辽砚管理委员会	博物馆、艺术品展卖	普通消费者、艺术家
阜新地区	阜新市动漫游戏产业研发基地	阜新市基础建设投资有限公司大圣动漫游戏发展有限公司	动漫创意制作	少年儿童

（二）辽宁省文化创意产业园区品牌传播内容

品牌信息内容的传递是品牌传播过程中至关重要的环节，受众通过传播内容判断是否选择该品牌，品牌传播内容的恰当与否直接决定了品牌传播的有效性。

1.园区品牌视觉符号传播

文化创意产业作为以创造力为核心的新型产业，其优势在于它区别于其他传统产业的创意性和技术性。文化创意产业园区的视觉识别也应该突出产业特征，具有创新性。应从传统的扁平化品牌标识向立体的、动态化的品牌标识演变，以体现文化创意产业的特殊性，更强化受众对园区品牌记忆。视觉识别的基本要素包括园区名称、园区标志、园区品牌标准字、标准色彩等。视觉符号传播是品牌理念传播的具体化描述，品牌符号在使受众感受到视觉冲击的同时，要注重集中体现品牌核心价值、品牌个性等要素，以保证与品牌内涵理念相一致。选取园区品牌标准字、品牌标准图案、标准色三个变量对辽宁省部分园区的视觉符号体系进行研究。具体情况见表2-4。

表2-4　辽宁省代表性文化创意产业园区品牌标准字、标准图案、标准色应用情况表

园区名称	品牌标准字	品牌标准图案	品牌标准色
1905 文化创意园	中英结合创意文字	园区外部轮廓	黑、白、红
大连 15 库	中英结合创意文字	码头灯塔图案	黑、白、红
本溪辽砚文化产业园	辽砚两字繁体字	无	红、黄不定
沈阳 123 文化创意产业园	无	无	不确定
大连国家动漫产业基地	中英结合标准字	三部分构成的组合图形	红色
大连软件园	英文缩写与中文结合创意字体	DLSP 红色字	红、黑
沈阳市北方传媒文化产业园	LRTV 辽宁广电中心北方传媒文化产业园红色标准字	辽宁电视台台标	黄、红
辽宁现代文化传媒产业园	无	无	不确定
沈阳国际软件园	中英结合创意字体	SLSP 四个字母的创意字体	白

沈阳1905文化创意园区在品牌标识设计和标准字规范上是较具代表性的，它的品牌标识由图案和文字组成（图2-2）。图案是园区建筑外部轮廓，下方是由黑色字体书写的"1905文化创意园"。"1905"代表的是园区历史前身是1905年创办的旧工厂，"文化创意园"采用繁体字书写更展现园区独树一帜、讲求创意的品牌个性特征，下方"RE-CREATIVE SPACE"采用英文表达体现园区个性、国际化的同时，又体现园区的休闲娱乐性质。这一品牌标识设计更具时代感和创意感。

图2-2 沈阳1905文化创意园区品牌标识

再如大连15库文化创意产业园，它的品牌标识同样包括品牌图案和标准字两部分。图案是一座灯塔轮廓，说明15库起源于海上码头，标准字由数字和中英文构成，15库标准字选择数字和"库"字的繁体字书写，下方"SINCE 1929"用英文书写，这几部分构成很好地展现出15库的海上历史文化特色，也体现出15库品牌的时代感。但是在网络搜集15库标准字体和品牌标识的过程中，也发现15库标准字体和标识颜色时常有不一致的情况。

2.品牌理念传播

（1）品牌定位——核心价值传播

笔者认为，品牌定位规定着品牌核心价值内容的传播，决定着品牌传播的大方向。品牌的定位预示着品牌发展的目标，规定着某一时期品牌传播的主题，但无论有什么样的主题，都要围绕着品牌定位即品牌核心价值进行传播。成功的品牌定位要围绕两个方面，一是对品牌本身的深度了解，即品牌的优缺点、核心卖点和与其他品牌相区别的特殊性等因素。二是分析目标受众并对其进行细分，分析的角度主要包括受众的产品偏好和心理需求等等。进而将两个层面的要素从不同角度进行组合，从而实现品牌的精准定位，找到品牌核心价值。例如，品牌多数受众更注重品牌所带来的附加价值，那么品牌在定位内容中就要打感情牌，多注入人文情怀。就辽宁省文化创意产业园区的品牌定位来说，大多数园区都处于园区发展的初期阶段，没有形成深入的品牌定位传播策略。例如，沈阳皇城里文化产业园作为沈阳首家大型综合性文化产业园，园区定位于城市文化地产的开发与运营，以精致的建筑特色、完善的运营理念、前沿的发展空间，打造沈阳瞩目的集"文、旅、商、服"为一体的综合性创意文化产业园。再如沈阳1905文化创意园区品牌定位于"集历史、文化、艺术、休闲为一体的东北唯一文化商业街区"。笔者认为这样的品牌定位并没有对受众情感等因素进行深入的探索，园区品牌核心价值内容的传播略显单薄。

（2）园区品牌文化传播

品牌文化指的是品牌所附带的文化特征在品牌发展过程中的沉淀和积累。例如，品牌所包含的地域特色历史文化，所崇尚的道德理念、价值观念、情感倾向等等，人们可以透过品牌文化现象，把对品牌"扁平化"的理解立体起来、充盈起来。如果说品牌产品、服务的质量代表的是品牌的"身体素质"的话，那么品牌文化则是代表着品牌的"智力水平和精神状态"，品牌的"智力水平和精神状态"将决定着品牌的"身体机能"也就是品牌的产品与服务，所以品牌文化内容的传播将对品牌经营发展起着决定性的作用。辽宁省多数文化创意产业园区的形成都离不开自身特色地域文化做支撑，就本溪辽砚文化产业园来说，辽砚产业园区的建立除了考虑经济发展目的的同时，也旨在弘扬辽砚文化。辽砚文化历史悠久，作为文化瑰宝，其所包含的历史文化内涵为辽砚文化产业园区品牌文化传播打下了坚实的基础。

再以大连设计城为例，把"打造国际一流的设计产业孵化平台、设计产业服务平台、设计产业交互平台"这一发展目标作为园区共同信奉的核心理念，以大连高新区设计产业管理办公室作为大连设计城的管理机构，设置了产业发展部、招商部、管理协调部和综合部。主办"大连工业设计大赛""大连设计节"等活动，从内到外服务于设计行业，通过一系列行为充分诠释了其打造设计产业服务平台的园区理念，并将这一理念文化传播出去。

（3）园区业务信息传播

业务信息的传播影响着品牌形象的塑造，品牌形象塑造除了要有品牌文化理念做支撑，还要在品牌产品服务信息的传播过程中凸显品牌产品素质特点来丰盈。以此与品牌文化理念相呼应，做到品牌形象"表里如一"。品牌业务信息传播除了要传播园区产品信息外，园区作为行业集群决定了它应担负行业服务平台的职责。

辽宁省文化创意产业园业务信息大致有两种类型。一是产品信息，如招引企业入驻、创意孵化，面对创意企业、商户的招商信息，例如沈阳1905文化创意园区和大连15库的园区招引创意企业入驻，再如产品售卖信息，像艺术品展卖活动信息、景区活动信息等。二是行业服务信息，如对已经入驻园区企业提供创意行业领域内政策解读的服务信息，像大连软件园会向园企传播近期信息软件行业的相关政策解读。再如提供创意行业领域内的培训信息，例如沈阳1905文化创意园推出的"创意手作课堂"等信息的传播。此外，还提供关于园区所属行业领域的活动信息，例如大连设计城举办的设计节活动，辽砚文化产业园举办的辽砚文化节活动。

（三）辽宁省文化创意产业园区品牌传播手段

园区品牌想要深得人心，与一般消费品牌传播一样需要借助多种传播手段与受众沟通交流，以实现品牌传播目标。

1.利用新闻报道进行传播

创意产业人才的高知性无可厚非，传统的硬性广告对于文化创意产业的受众群体似乎没有太大功效，而新闻报道这种真实性与时效性并存的信息播报方式对于这一类主见性与思维能力较强的受众群体来说更显效力。从文化创意园区的业态类型和经营范围来看，多数园区以租住场地为主，园区的规模性和产业性决定园区推广并不能简单地用几句广告语表述清楚。而通过新闻报道这种准确、详细的表述形式对园区品牌进行推广，更显园区品牌的专业性和权威性。辽宁省文化创意产业园区在广告推广方面，硬广较少，可以多利用省市主要报刊媒体、电视媒体进行新闻报道式园区品牌信息传播。

2.开展公关活动

文化创意产业园区作为区域集群产业，在空间上占据一定规模，对区域社会经济发展有一定推动作用，具有一定的社会影响力。发展园区良好的社会公共关系，不仅将园区品牌信息传播出去，更能为园区品牌发展扫平障碍。辽宁省文化创意产业园区品牌处于发展初期阶段，必须打通社会各方关系，创造良好的园区品牌发展生态环境。开展公关活动是辽宁省文化创意园区品牌传播的重要手段。例如，以辽宁大剧院为首开展的"辽宁剧院联盟"活动，联盟旨在整合省内演艺资源，实现市场与资源的有效匹配，联盟单位资源共享，互通有无，共同发展。这一公关活动把竞争者关系变成合作互利的盟友关系，促进辽宁大剧院品牌传播的同时，也能体现出辽宁大剧院行业领头羊的品牌形象。再如，大连软件园定期举办的员工生日会，员工联谊活动。活动的开展，一方面，增进了员工之间的关系，另一方面，密切了园区与职工之间的关系，加强了职工对园区的认同感和归属感。园区品牌文化被员工认可，增强园区发展的向心力和凝聚力。

3.发放园区宣传手册

宣传手册发放是一种直接地将品牌信息传递给受众的品牌传播手段。它相比电视广告更能直接地将信息传达给受众，受众可以反复翻看，更显受众的目标性和信息宣传的持久性。发放方式也灵活多变，可以有针对性地对目标受众进行邮寄、面对面发放等。辽宁省多数园区都运用宣传手册进行品牌信息传播。例如，大连创业园的园区宣传手册，信息内容包括大连创业园的发展历史、产业链、入园福利政策以及园区联系方式等。再如，沈阳1905文化创意园区的彩页宣传手册，主要信息内容有园区方位图、园区经营内容介绍。宣传手册以彩页刊载园区图文信息，方便受众深入详尽了解园区。

4.举办相关展会

文化创意产业园区品牌信息内容具有立体性，展会传播作为融多种媒体于一身的信息传播手段，通过纸质媒体传达受众图文信息，通过视频媒体传达受众视听信息，通过体验媒介传达全方位感官信息等。受众能够通过多种感官调动补充强化对园区品牌的认知。展会传播是品牌信息传播最直接最有效的方式。辽宁省文化创意园区，行业属性鲜明，受众群体明晰。园区作为公共服务平台，定期举行行业展会，为园区企业提供公共服务平台的同时，更能向受众传播园区品牌信息。2013年锦州世博园开办的世界园林博览会，展会规模大，受众群体广，社会反响大，吸引了大批中外游客前来观光。吸引受众注意力的同时，扩大了园区品牌影响力。再如，辽砚文化产业园定期举办的辽砚展会，为辽砚相关企业提供展示平台的同时，吸引大批各地辽砚爱好者，形成规模效应，优化园区品牌传播效果。

（四）辽宁省文化创意产业园区品牌传播媒体

文化创意产业园区品牌传播需要借助多种传播媒体，在时间上与空间上做到连续滚动传播，才能实现园区品牌信息到达的有效性。

1.地方主流媒体

主流媒体是指那些能够吸收具有社会影响力受众的媒体，经济效益好、有社会影响力、具有话语权威性的媒体。地方主流媒体指的是，在区域范围内享有声誉较高、影响力强的媒体。从辽宁省文化创意产业园区品牌传播的主流媒体传播策略来看，园区所选用的主流媒体多是一些地方电视台和地方报纸。例如，大连频道的"今天吃什么"栏目，对2012年9月7日将要在大连15库举办的"15库首届海边红酒美食节"进行预告，并介绍了15库特色商铺及美食。像锦州世博园，2013年5月8日在《锦州日报》A1版刊载的题为"潮起世博园浪涌五大洲"的文章，叙述了锦州世博园发展历程。除了省内主流媒体对辽宁省文化创意产业园区情况进行播报外，也有部分国内主流媒体对辽宁省文化创意产业园区情况进行报道。例如，2013年8月6日《吉林日报》的题为"到锦州世博园避暑去"的文章。再如，2012年9月17日，人民网——辽宁频道的题为"本溪辽砚文化节即将开幕"的文章。通过主流媒体新闻报道的传播，受众了解的园区品牌信息更全面。

2.社交媒体

移动客户端的应用率逐年攀升，为了顺应媒体市场发展，使用社交媒体传播园区品牌不仅是适应受众应用媒体格局的转变，互联网传播本身所具有的针对性、交互性、快捷性等特点能使园区品牌最大程度地传播。不可避免的是互联网时代，人人都有发声权，那么园区在应用社交媒体进行品牌传播时要做到有效把关，屏蔽恶意诋毁品牌形象的声音。本文随机抽取25个园区作为调查样本，以官方微博、微信公众号、百度贴吧运营三个样本研究变量，进行数据统计。

数据显示，25家园区中运营微信公众号的园区有9家，比例占总数的36%（图2-3）。代表性的园区微信公众号有大连软件园，公众账号头像为大连软件园"DLSP"红色标准字，通过对该公众号的一段时间的了解大体掌握了其推送规律，主页面分为三个栏目，分别为"知·园区""炫·活动"和"秀·园企"。内容推送基本每天一次，时间段在下午4—6点。内容大致有"推荐""观点""活动"等板块。运营官方微博的园区有9家，占总数的36%。具有代表性的园区官方微博有沈阳1905文化创意园，截至统计当日粉丝数量有10653名，内容主要是对近期园区活动介绍。运营特点是会对粉丝发布的园区相关内容进行点评转发，与粉丝互动。运营百度贴吧群组的园区有3家，占园区总数的12%。代表性的有沈阳国际软件园贴吧，截至统计当日，共有帖子712个，帖子内容主要集中在园区介绍、吧友提问等。

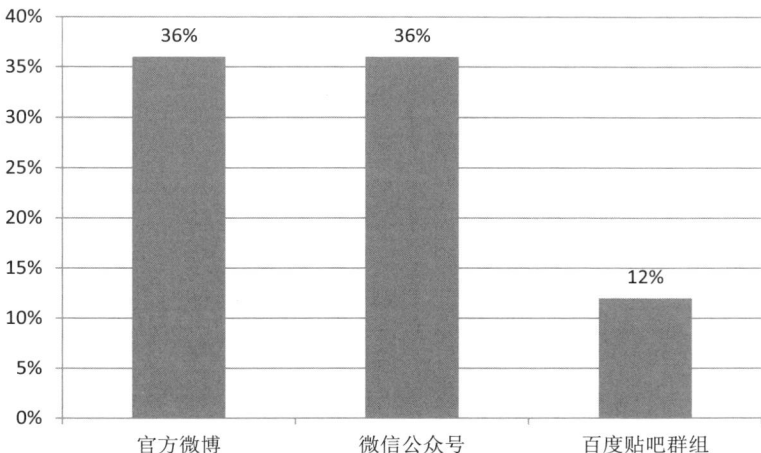

图2-3　辽宁省文化创意产业园区品牌传播社交媒体应用情况图

3.官方网站

随着信息技术的发展，信息传播媒介也发生着改变，从纸媒、广播电视再到互联网传播，媒介技术的发展带来了媒介环境翻天覆地的变化。如今网络营销已经成为营销手段中的重头大戏，文化创意产业园区在进行品牌传播时应对网络传播媒介应用高度重视。针对辽宁省文化创意产业园区互联网传播媒体应用程度这一问题，在上述25个研究样本中设置园区官方网站建设作为研究变量。

调查结果显示，25个园区中，有官方网站的园区总数为4个，占比不到20%。具有代表性的有辽宁大剧院的官方网站建设，官网设置成中、英文两个版本，进入主页有对近期的演出图文介绍，页面下方共有10个导引按钮，分别是"走进剧院""演出资讯""舞美广告"等，受众可以通过分类导引更详尽地了解剧院信息。此外，首页还有对辽宁大剧院微信公众号和官方微博的介绍，提供更多的媒介选择，以便受众了解剧院品牌信息。

第三节　辽宁省文化创意产业园区品牌传播策略

品牌传播不能一劳永逸，是一个逐渐深化的动态过程。受众是品牌的感受者和评价者，需要借助品牌传播系统来感知品牌。受众在充分感知品牌的基础上，形成对品牌的积极态度，在同类品牌中变成对品牌的偏爱，实施品牌购买行为，这是品牌传播的目的所在。品牌传播的掌舵者是品牌传播主体，操控品牌传播方向，调度品牌传播要素，支配着品牌传播资源。如何到达品牌传播的彼岸，让受众顺利接收到品牌传播信息，这需要品牌传播主体结合品牌自身情况，充分利用品牌传播资源，在品牌传播的各个阶段接入系统的品牌传播策略计划，以实现品牌信息的有效传递。

一、辽宁省文化创意产业园区品牌传播策略分析

就目前辽宁省文化创意产业园区品牌传播现状来看，园区运用的品牌传播策略大体集中在以下几个方面。

（一）新闻报道策略

相对来说，文化创意产业园区品牌目标受众群范围小，其受众共性是高素质消费者，主要消费对象为中小企业。广告推广主要集中在报刊、电视媒体上，而且大多数报道都是以园区大事记、发展情况、历史文化以及人物精神为切入点，很少有硬性广告。从传播效果来看，这种"寓观点于材料之中"的传播方式更能够加强消费者记忆。并且对于文化创意产业园区的受众群体来讲，普遍受教育程度较高，受众群体思维自主性强，对于硬广方式排斥程度较高。因此，以新闻报道形式出现更容易让受众接受。

从新闻报道的角度来看，报道内容一是介绍园区近期大事、园区活动

等，如发表在《本溪日报》2016年1月4日第6版的文章《辽砚文化产业园 点石成金聚宝盆》，从辽砚文化产业园"检验中心"的成立切入，说明辽砚产业园已经与新技术接轨，接着对辽砚文化产业园具体情况进行介绍，其中重点说明园区对中小企业扶持政策以及对园区中小企业的便利服务等，以吸引行业相关企业入驻。二是报道园区近期突出的创新发展情况，如中国网转载的发表在《国际商报》上的文章《大连软件园走产城融合发展之路》，对大连软件园"官助民办 产融结合"的发展路径以及物联网网络技术时代下大连软件园作为软件服务外包产业的新动作进行介绍。文章报道大连软件园现状的同时，又体现了园区与时俱进、创新发展的精神，给受众留下积极进取的园区品牌形象。2015年1月30日发表在《沈阳日报》上的文章《沈阳国际软件园发展大提速》对沈阳国际软件园2014年的收益情况做了介绍，从数字上看，园区2014年业绩惊人，报道园区收益情况的同时，并对园区情况做了细节介绍。凸显园区发展节奏稳步向前。三是还原园区历史风貌，如发表在2008年7月8日《辽宁日报》第11版的文章《从15库步入创意者的天堂》。文章阐述了大连文化创意产业园区发展的由来，大连作为海滨城市对于发展创意产业具有先天优势，老厂房为文化创意产业提供了成本最优的便利条件。文章还介绍了15库和七贤岭动漫走廊等园区的大体情况。报道大连市文化创意产业园区整体情况的同时，旨在说明大连文化创意产业发展趋势利好。发表在2013年10月10日《沈阳晚报》的文章《沈阳钟厂原址将建成文化产业园》，对有钟厂特色的沈阳皇城里文化产业园区进行简要介绍，通过记者的所见所感对园区进行立体呈现，受众通过记者随行感受体会园区整体风貌。四是从园区人物精神、文化精神切入，如《沈阳日报》2016年9月28日文章《海归姑娘携家带口来沈"创"文化——访1905文化创意园副总经理徐比莉》，以沈阳文化名人徐比莉与沈阳1905文化创意园之间的故事展开，作为南方姑娘对北方文化的情有独钟，对人物报道的同时，意在凸显沈阳1905文化创意园区的独特魅力。综上所述，通过新闻报道传播方式，将品牌信息以权威的新闻语言表达出来，受众更容易被感染，更容易接受园区品牌信息。

（二）公共活动策略

任何企业运营发展都不能脱离社会大环境，文化创意产业园区的发展运行也要做好公共关系的维护，良好的公共关系能够扫除园区品牌发展的阻碍，为园区整体发展提供便利条件。文化创意产业园区的品牌公关传播是指文化创意产业园区企业主体作为一个组织，通过联系社会各方面的关系，沟通协调园区品牌内外部关系进而塑造品牌形象的传播活动。

公关活动可以分为内部公关和外部公关。内部公关的目标对象是企业员工，主要目的是维护与园区内部员工之间的关系。例如，大连软件园的各部门员工联谊活动、员工生日会活动等。对于增进员工之间感情，加强员工对园区的认同感，增强团体的向心力都有重要作用。外部公关目标对象范围广泛，可以划分为以下两种类型。首先，辽宁省文化创意产业园区的形成主力来源是政府，在公共关系构建上，多数文化创意产业园区更侧重于与政府等权威部门的关系往来，主要包括政府、行业协会、媒体等。例如，2015年12月辽宁大剧院承办了由辽宁省文化厅主办的辽宁省非物质文化遗产惠民展演活动。再如，本溪市政府主办、辽砚文化产业园承办的"本溪辽砚文化节"。积极参与政府牵头活动，增强园区品牌影响力的同时，维护与权威部门之间的关系。其次，与消费者、竞争对手、企业利益相关者之间的关系等，这一部分受众直接影响文化创意产业园区的生产经营活动。例如，大连软件园举行的行业信息讲座和沙龙活动，服务园区入驻企业了解行业相关信息的同时，对创意产业孵化具有重要意义。再如，沈阳1905文化创意园举办的"犀牛市集——东北巡游计划"活动，由沈阳1905文化创意园区发起，途经长春电影制片厂、大连15库、哈尔滨等地，旨在联合此次活动各个城市主办方支持文化创意产业事业发展，通过举办联谊活动方式，促进行业交流、实现共赢。园区通过公关活动传播策略，协调社会各方关系的同时，园区品牌更深得人心。

（三）体验传播策略

体验传播是整合受众一般消费需求和心理需求的营销传播方式，更侧重于受众在消费过程中的心理体验，在这种传播模式中受众不再是被动的，他们是体验传播活动中的一个主要环节。体验传播的最大特性是与消费者的互动性。体验传播区别于其他传播方式的最大优势在于它能够最大程度唤起消费者对品牌的记忆。文化创意产业园区进行品牌体验传播对于园区品牌塑造具有重要的作用。体验性的地面活动能够给受众带来全方位的感官体验，受众对园区品牌有更直观的认识。文化创意产业受众群体对于创意产品的体验效果要求较高，良好的体验能够增强受众对园区品牌形象的良性感知。

在体验传播策略方面，辽宁省文化创意产业园区主要从以下三个方面进行，一是以热门事件或受众感兴趣的事件为噱头，吸引消费者。例如，沈阳1905文化创意园的"鑫荷相声汇"，利用"相声"这一受人们喜爱的曲艺表演形式和"中国新歌声"的入围选手徐歌阳两个热门话题来吸引受众注意力。再如，大连软件园参与的"中国软交会"（中国国际软件和信息服务交易会），软交会每年举办一次，是信息软件行业备受瞩目的大型展会，行业热门大事。大连软件园通过参与中国软交会，进行产品展示，受众亲身体验科技成果的同时，深入了解大连软件园品牌。二是节事主题体验活动，例如大连设计城的"设计节"活动。锦州世博园在六月一日儿童节期间所举办的"带着宝宝游世园，晒你家萌娃"活动，端午节期间所举办的海洋音乐节活动。春节期间，大连15库所举办的"光影下的大连记忆"的艺术画展活动。情人节期间，沈阳1905文化创意园区所举办的"独一·吾爱"1905情人节专场活动等。园区通过举行节事体验活动，吸引受众的同时，园区的体验活动为受众留下愉快的回忆，更能加深受众对品牌记忆。三是以"讲堂"形式出现，像沈阳1905文化创意园区的公开课活动，向消费者提供插花、油画等艺术体验课程。大连软件园举办的"政策解读沙龙会"，针对园区企业进行政策信息解读，搭建政企对话平台。2017年2月23日沈阳国际软件园所举办的HR系列培训主题活动，活动共分为5期，主要针对对象是园区企业HR代表等等。"讲堂"形式的园区体验活动，体现园区公共服务平台的同时，更能为园区品牌积聚品牌资产。文化创意产业的体验性特征决定了园区必须通过形式多样的体验活动，与受众深度沟通，充分调动受众感官系统，增强受众品牌记忆。辽宁省文化创意产业园区体验传播情况详见表2-5。

表2-5　辽宁省文化创意产业园区体验传播情况表

园区名称	园区体验活动	目标受众	体验活动具体内容
大连设计城	"市长杯"大连设计节	设计人才、高校在校生	活动主题：广纳设计人才，集聚创意产业广泛征集工业设计创意作品，分为产品组和创意组。
沈阳1905文创园	1905 公开课	消费群体	向消费者提供，例如，插花、油画等课程
	1905 犀牛市集	消费群体	以集市形式出现，体验类型多样，例如，乐队演出、公开课等等
	园区音乐会、赏听会	消费群体	钢琴演奏、歌唱等
大连软件园	开讲啦！软件园公开课帮助企业应对新版认证标准	园区企业	帮助企业了解新版标准变化
	"创新经济下的知识产权保护专题讲座"在COCO SPACE 举行	园区企业	为帮助园区企业了解在创新经济环境下知识产权发展的现状以及相关的国际规则
	大连软件园政策解读沙龙会	园区企业	搭建政企对话平台，面向企业进行政策全面解读
锦州世博园	带着宝宝游世园，晒你家萌娃	游客	六一儿童节园区活动
	海洋音乐节	游客	端午节活动、音乐、美食、模特大赛

（四）借势传播策略

文化创意产业园区作为空间上的产业集群，对地方经济文化各方面发展都起到推动作用，无论是在行业领域内还是与社会各方关系往来上都享有很大的主动权。这种公共关系优势为园区品牌传播与发展开辟了诸多道路。文化创意产业园区与社会各界的关系往来就是对园区品牌信息传递的过程。从园区品牌声势角度来说，文化创意产业园区与社会声誉高、反响大的组织或个人往来会潜移默化地优化园区品牌形象。园区与强势组织或个人互动，受众对强势组织或个人的偏爱就会转移到园区品牌上，借助强势组织、个人的势力以传播园区品牌。

辽宁省文化创意产业园区借势传播策略应用上主要体现在如下几个方面，一是与权威机构的互动上，如2015年12月6日辽宁省文化厅主办、辽宁大剧院承办的"非遗惠民展演"活动，2015年5月16日至18日在锦州古玩城举行的锦州市人民政府主办的第十届"古玩文化节"，由中国工业设计协会、大连市人民政府共同主办，由大连设计城承办的大连设计节活动等诸如此类活动。活动吸引受众注意力的同时，权威部门的社会威信力也能带动园区品牌，增强园区品牌的社会影响力。与权威行业组织和政府部门联结举办行业大型活动，既突出了园区业界的主导地位，又突出了园区品牌在同类园区品牌中的权威性。二是与名人之间的互动，在园区内举办影视作品新闻发布会、艺术家作品展览等，如2012年6月电视剧《亲情保卫战》在15库举行新闻发布会，邀请影星出席。再如在沈阳1905文化创意园区举办的著名艺术家隋丞的水墨艺术展览等等。通过与社会名人往来活动，名人以园区为平台进行个人传播，园区在为名人提供个人品牌传播平台的同时，借助名人的影响力吸引受众注意力，园区品牌也随之传递出去。

（五）媒体组合策略

随着技术的变革，媒体形式也发生着天翻地覆的变化，从传统印刷媒体到广播电视媒体再到日前盛行的网络新媒体，媒体形式的变革为信息交流提供了更多载体和选择。在如今多元媒体环境背景下，企业大多使用多种媒体发布企业品牌信息，多元媒体的应用提高信息到达率的同时，信息通过不同传播媒体多次传播更能增强受众的品牌记忆。综观辽宁省文化创意产业园区在品牌信息传播媒体的选择，呈现出地方主流媒体是核心媒体，户外媒体、网络媒体是辅助媒体的媒体应用格局。文化创意产业园区品牌相较消费品牌来说，受众面较窄，受众群体明确。一是中小企业，二是创意人群。此外，文化创意产业园区的产业性质及园区形态决定了园区品牌传播不能与消费品牌传播画等号，品牌传播起点较高。

从辽宁省文化创意产业园区品牌传播媒体使用情况来看，运用地方主流报纸、电视传播较多，且品牌信息多是集中在园区发展情况和拥有的文化历史等宏观角度。园区同时使用路牌、楼体广告、宣传手册等户外媒体，信息内容与主流媒体相比，更直接更详尽，通过图文介绍受众能更直观地了解园区品牌。此外，园区也启用网络媒体传播品牌信息，如官方网站建设、官方微信公众号运营等自媒体传播。相对于传统媒体的受众市场是主导，网络媒体传播环境下，信息传播者与受众的力量是持平的，而园区官方网站和公众号的建设运营在补充品牌传播信息媒体的同时，受众的主动点击和关注，能测量前期媒体信息传播效果。网络媒体的互动性更能稳固受众群体，官网建设的联系我们和公众账号的私信功能更能为受众提供一对一的服务，增强受众黏性。就辽宁省文化创意产业园区的媒体组合形式来看，主流媒体是品牌传播核心媒体，户外媒体、网络新媒体起到与受众深入沟通的作用。

综上所述，辽宁省文化创意产业园区在品牌传播所采取的策略性手段方面有可圈点之处。但就辽宁省文化创意产业园区品牌传播策略整体着眼，品牌传播策略应用程度参差不齐，多是蜻蜓点水，传播策略尚待深入发掘。

二、辽宁省文化创意产业园区品牌传播策略存在的问题

在对辽宁省文化创意产业园区品牌传播调查研究中，笔者发现省内多数园区在品牌传播过程中的各个环节上都存在问题。本章将重点分析辽宁省文化创意产业园区在品牌传播策略应用方面存在的问题。

（一）品牌传播策略零散、单一，缺乏系统性

唐·舒尔茨的"整合营销传播"理念核心是通过一系列连续不断的、"口径"统一的品牌营销传播方式来打造强大的品牌。以此为依据，文化创意产业园区品牌在品牌传播策略上也应该做到系统、统一。然而，省内大部分园区在品牌传播策略应用上呈零散状态，品牌传播策略无规可循，缺乏整体性、连贯性。一方面，辽宁省文化创意产业园区在品牌传播策略应用上思维僵化、模式固定。例如，从园区品牌理念文化开发上，多是喊口号，理念文化老套，思维不发散，品牌个性培育严重不足。从宣传推广渠道角度来说，对网络新媒体反应迟钝，多数园区虽有采用互联网宣传推广，但在互联网推广策略上略见一斑。从传播手段上来说，作为技术型、创新型产业，文化创意产业的体验性特征决定园区体验活动必须有新意，体现创意产业特色。然而，多数园区很少能在园区体验活动中凸显产品和服务的创意性和创新性，体验活动缺乏创新思维。另一方面，园区品牌传播策略应用不成体系，就园区品牌视觉符号传播来说，较少园区具备完备的品牌视觉识别体系，多数园区有识别元素欠缺或识别元素使用随意性强的情况，品牌标识颜色不固定、无标准等问题时有发生。从园区品牌传播内容上看，多数园区并没有秉承内容一元化的原则，很少有园区在品牌传播信息内容策划上紧紧围绕园区核心理念，实现一次内容、多次传播的传播目的。综上所述，就辽宁省文化创意产业园区品牌传播策略应用整体情况来看，策略应用随意，多数园区品牌传播策略的应用都是为了短期经济利益，很少有园区从园区品牌形象塑造角度考虑品牌传播策略的应用。

（二）品牌传播策略缺乏对地域特色文化内涵的提炼与开发

综观国内文化创意产业园区，大都有"来头"，除了一些政策支持的因素外，或是有资源优势做依托，或是园区有悠久的历史文化背景，等等。例如，北京"798艺术区"改造老厂厂房，进驻画廊、艺术工作室，逐渐形成融生活与工作为一体的艺术中心，这一旧工厂的园区特色是798艺术区的品牌传播内容中的一大亮点。在辽宁省众多文化创意产业园区中，大多数园区都依托着特殊的地域资源优势建成。像大连15库、沈阳1905文化创意园，与北京"798艺术园区"相同，是以旧工厂、港口为基础建立。再如，本溪辽砚文化产业园，本溪是辽砚的故乡，辽砚的故事从这里开始并扬名国内外。本山传媒影视基地，二人转作为东北特色的戏曲形式，大约有300年的历史。这些特殊的地域文化是同类园区不能模仿的，文化创意产业园区的独特地域文化的传播对于打造特色园区品牌具有关键性的作用。然而，在辽宁省文化创意产业园区的品牌传播内容中很少能够看到凸显园区地域特色文化的内容，这一园区自带优势大多没有被深挖。

（三）品牌传播中体验效果差、目标受众覆盖率低

在《体验式营销》一书中伯德·施密特博士提出"体验式营销"这一概念：即以商品为素材，为消费者创造出值得回忆的感受，从生活与情境出发，塑造感官体验与思维认同，从消费者的感官、情感、思考、行动和关系五个方面重新定义，设计营销理念，以此抓住消费者的注意力，改变消费行为，并为产品找到新的生存价值和空间。[①]体验营销传播这一概念的提出打破了消费者和产品生产者的理性思维观念，产品与服务的消费不再仅仅是消费者的理性消费，更讲求消费过程中给消费者带来的愉快感受。文化创意产业作为一种新兴产业，区别传统产业的特殊之处在于创意产业产品生产者所追求的体验性生产与消费的理念，而文化创意产业所面对的受众也是追求产品服务体验性的目标群体，文化创意产业的生产者与受众之间建立的是一种体验对体验的关系模式。园区体验性信息传播是园区品牌形象塑造中必不可少的一环。因此，辽宁省文化创意产业园区在品牌打造的过程中应重视体验性信息的传播，然而，在走访调查的过程中，笔者发现省内众多园区体验传播意识薄弱，缺乏体验活动创新意识。即使在品牌信息传播中存在品牌体验信

---

① 舒咏平、郑伶俐：《品牌传播与管理》，首都经济贸易大学出版社2008年版，第175页。

息的传播，但多是着眼于园区信息传播所带来的短期经济利益，并不是出于体验传播过程中所能为园区带来的长远利益和为品牌形象塑造过程中满足消费者的感官需求和情感需求做考虑。此外，辽宁省文化创意产业园区在体验性信息的传播过程中目标受众群过于窄化，比如说信息软件类的园区受众范围只是锁定在行业相关企业或是行业创新性人才，这就会造成品牌发展通路过窄，只是在行业领域内发展，对品牌延伸发展造成阻碍。

（四）品牌传播中媒体应用模式固化、新媒体运营有待提升

随着对传统媒体开发利用趋向饱和，信息技术的发展，网络PC端、移动终端的普及，网络新媒体在信息传播过程中显现出来的双向、互动性等优势特点实现了消费者与企业之间的线上互动，为品牌与消费者深度接触提供了平台。品牌的信息传播也能通过网络新媒体传播更好地展现出品牌个性。网络新媒体的应用被传统行业高度重视，企业纷纷启用官方网站、官方微博、微信公众号等网络媒体进行品牌推广。文化创意产业园区作为信息技术背景下形成的新兴产业，在园区发展的方方面面都该跟随信息技术的发展，引导传统产业向其看齐。辽宁省43家文化创意产业园区在媒体使用方式上，更注重对地方主流媒体的运用，虽大部分园区都启用网络新媒体进行品牌传播，但在运营环节上还存在着很多问题。例如，从省内园区网络新媒体的整体利用情况来看，多数园区品牌网络宣传推广意识较差，很少有园区能紧跟互联网发展趋势进行全方位的网络品牌推广。官网建设、官方微博、官方微信公众号的运行良莠不齐，甚至部分园区完全没有利用网络新媒体进行品牌宣传。从新媒体运营情况来看，官方网站页面设计模式雷同，官方微博、微信公众号推送时间不定、推送内容质量差等问题时有发生。此外，新媒体互动性强的优势多数园区都没有利用起来，与消费者互动较少。综上所述，辽宁省文化创意产业园区品牌在媒体使用上思维落后，模式固化，仍将主流媒体传播作为媒体使用重头。网络新媒体应用还处于初步探索阶段，在建设、运营各个阶段都存在问题，园区主体应给予高度重视。

三、辽宁省文化创意产业园区品牌传播策略产生问题的原因

从上述辽宁省文化创意产业园区品牌传播策略运用存在的问题来看，问题多出现在传播过程中的基础环节。由此可见，园区品牌传播主体对于品牌传播的认识存在很大问题，不从根源下手，文化创意产业园区品牌有效传播将难以实现。

（一）园区品牌定位不清

品牌定位是一项战略性工作，在整个品牌运作发展过程中起到规划全局的作用。品牌定位是市场研究和品牌预期之后的品牌规划中心环节，对品牌发展策划的后续工作起着指引的作用，品牌传播和传播策略的制定都将围绕品牌定位进行。辽宁省文化创意产业园区在品牌定位上存在很大的问题。多数园区品牌定位过于笼统，主要表现在以下几个方面。第一，品牌定位理念模糊，不少园区品牌传播主体没有将品牌打造这一重要议题提上日程，导致园区品牌发展理念不清晰，没有深入明晰的园区品牌发展定位。第二，品牌定位笼统，多数园区品牌定位只是简单介绍园区类型，并没有将园区自身特殊优势与当下市场因素结合起来，这样就会造成打造园区品牌的盲目性。第三，园区品牌定位注入的情感因子较少，恰当的品牌定位会很大程度地彰显品牌个性，但辽宁省文化创意产业园区品牌定位很少能从中感受到园区品牌所附带的品牌情感，在品牌定位的过程中还要精准地把握受众群体，进行受众细分，确定目标市场，充分考虑目标受众群的社会特征和心理特征，但在辽宁省文化创意产业园区的多数品牌定位中找不到能附和受众心理的品牌情感要素。

（二）园区品牌传播意识缺乏

品牌化发展是文化创意产业园区长远发展的重要途径。然而，辽宁省文化创意产业园区在品牌打造方面具有较强实力的园区较少，消费者耳熟能详的园区品牌很少。大多园区都处于体制机制转制过程中，多数园区建设运营

受政府政策引导，重形式轻运营，园区市场竞争意识不强，打造园区品牌开拓市场的观念更是匮乏。在走访过程中，作者发现园区品牌传播主体不具备战略性眼光，园区领导阶层尚且对品牌传播不甚了解，并没有认识到品牌传播以及传播策略的实施与应用对园区品牌发展的长远作用。多数园区工作人员对于园区品牌的认识模糊，对品牌传播策略应用的意识更是淡薄。在园区同质化程度较高的情况下，很少有园区能够充分把握市场经济脉搏，意识到品牌对于在受众心中树立独一无二园区形象的重要作用。归根结底，这是导致辽宁省文化创意产业园区品牌声势不强的最直接原因。

（三）园区品牌文化挖掘较浅

打造强有力的文化创意产业园区品牌要有深厚的品牌文化理念做基础。一方面品牌文化可以支撑起品牌丰富的内涵。另一方面，独特的品牌文化可以与同类园区品牌相区别，以与众不同的品牌文化魅力吸引受众眼球，这也是品牌传播策略实施的关键环节。在走访调查过程中，笔者发现辽宁省文化创意产业园区品牌文化理念打造上力度不够，鲜少有园区品牌具有独树一帜的系统化的品牌文化理念，对于园区经营哲学、企业精神、共同的价值观念、行为准则等还没有形成体系。部分园区对于品牌文化理念的内部普及不够，员工对园区品牌文化理解不深刻，这都会成为塑造良好品牌形象的阻碍。此外，辽宁省文化创意产业园区大都有特殊历史文化和特色地域风俗的无形资源，可以借助园区所在地的历史文化作为园区品牌文化理念的卖点，将特色文化风俗与园区品牌相结合，丰富园区品牌文化的同时，更形成与同类园区的品牌差异，实现差异化的品牌传播，但多数园区的地域历史文化因素并没有融入到品牌理念文化打造中。辽宁省文化创意产业园区品牌文化挖掘应加大力度。

（四）园区品牌发展目标各有偏重

由于辽宁省文化创意产业园区经营管理体制与发展模式各不相同，不同类型园区在品牌发展目标上各有侧重，在园区品牌传播策略应用上也就会有所偏颇，这就造成园区品牌信息传播不均衡、品牌传播效果失衡的问题。主要有以下两种情况，一是像政策导向型的园区更注重园区品牌发展所产生的社会效用，忽略园区品牌发展细节。辽宁省43家文化创意产业园区中，政府发挥主力作用创办的园区数量比重很大。目前来看，虽说这类园区都在进行体制上的转型，向企业管理体制发展，但尚处于初步转型或转型过渡阶段。政府在经营管理中发挥的作用仍然很大，且很多园区创办都是响应国家关于文化产业改革的指示，政策指引性强，这就导致园区在经营过程中偏重于政策信息的指引，以政策为发展主线。在品牌信息传播上，较少精力放在市场发展走向以及体现文化创意产业园区特性的创意思维、创新管理、创意产品等方面的传播策略开发上。二是市场导向型园区注重市场发展，忽视园区发展公共关系大环境。公共关系是一种客观存在的社会关系，它是企业为了良好的运营与发展，通过利益协调等方式营造出的和谐的社会关系，是文化创意产业园区在社会立足的关键。辽宁省部分园区在公共关系构建上存在问题，像沈阳1905文化创意园区，创办者是两位海外归来的年轻人，园区以沈阳铁西区的工业历史为发展根基，将工业文化与现代艺术与商业结合是1905文化创意园区的发展脉络，更注重园区的市场发展，这就导致园区品牌经营发展过程中在市场营销上下的功夫较大，公共关系维护上下的功夫较少，造成品牌传播信息过程中的信息失衡，着眼于市场环境而忽视了社会公共关系层面的园区品牌建构。没有意识到园区公共关系的良好发展对创造园区发展和谐的内外部关系的重要性，对园区品牌传播造成阻碍。

（五）园区缺少专业的品牌管理机构和人才

品牌塑造要由内而外，要有品牌内部良好的品牌运作机制配合才能在品牌向外传播的过程中更好地打造品牌形象。辽宁省文化创意产业园区在品牌组织建构上就存在很大的问题。由于大部分园区是政策主导型园区，部分园区由权威部门成立的管理委员会负责运营，而管理委员会内部又没有明确的组织构架，职能系统不明确，这势必会造成一人身兼多职，办事效率不高，专业化程度不达标的结果。没有专门的品牌职能部门和品牌策划人才，园区品牌发展经营理念就不能得到深化，园区没有认同一致的品牌发展观念，内部建设就像一盘散沙，不能凝聚团队力量，更不用说园区品牌形象打造。品牌建设要从内部到外部，这些来自内部的对于品牌的强烈认同会升发出一种品牌精神，汇聚更多向外发展的力量。辽宁省文化创意产业园区在建设发展过程中，应该重视内部组织架构建设，并高度重视品牌建设人力资源和专业化的品牌发展部门对于文化创意产业园区品牌打造的重要性这一问题。

第四节　辽宁省文化创意产业园区品牌传播策略提升建议

辽宁省地大物博，历史文化悠久，地方风俗特色鲜明。文化创意产业园区的发展也多是依山傍水，倚靠特色文化资源。鉴于此，辽宁省文化创意产业园区品牌传播很大程度上集成了园区品牌形象打造和文化发扬与继承的功能。园区在品牌传播上除了健全完善品牌传播要素与系统，打开传播通路外，对于地方特色文化的挖掘也是园区品牌传播的一大亮点。注重文化传播，不单单要把园区品牌视为一个商业符号去传播，其所包含的地方文化魅力的传播更能使园区品牌经久不衰。

一、品牌多向定位，凸显品牌核心价值

品牌定位是品牌塑造工程的核心，起到总领品牌传播全局的作用。文化创意产业园区品牌定位的精准性对能否打造强势的园区品牌具有决定性的意义。

（一）目标受众细分，多角度定位

任何品牌定位都是围绕受众展开的，受众是评断品牌定位是否成功的

裁判。因此，必须深入分析消费者的心理和需求，这才是品牌定位成功的关键。文化创意产业园区的品牌定位，首先要在众多同类品牌中找好自己品牌的位置，对园区自身有所了解，理清园区发展的优势与短板，分析园区生存大环境，同类园区的优缺点，挖掘与行业市场相对应的自身优势特点，找到属于自己的市场位置。接下来，在众多受众群体中找到自己园区品牌的主要受众群体，具体分析这部分受众的需求、心理等等，瞄准这部分受众进行品牌定位，定位内容与目标受众心理需求相吻合。此外，文化创意产业作为全新的产业类型，不再是为受众提供有形产品服务，更倾向于为受众提供一种精神上的体验服务，而这种体验又会变成一种消费情感，满足受众的精神需求。因此，文化创意产业园区的品牌定位特别要注重情感因子的注入，园区根据目标受众情感需求，制定精准的品牌情感定位，受众与园区产生情感共鸣，拉近园区与受众之间的距离，增强受众对园区品牌忠诚度。

（二）突出品牌核心价值，避免同质化

近年来国内文化创意产业的持续升温，文化创意产业园区在各地纷纷出现，如此短的时间，各种园区相继亮相，园区建设前期策划功夫不够，势必会出现争相效仿的情况。在园区同质化程度较高的情况下，辽宁省文化创意产业园区在品牌定位的过程中就要突出品牌特点，体现园区与众不同的品牌特色。打造特色园区品牌应注意如下三点，一是多向定位，著名品牌专家余明阳在《品牌定位》中提到过"五维定位"的方法，他认为一维、二维都不能准确地确定位置，三维才能确定位置，而多维可以精确找到品牌核心价值。这五个维度分别是消费者、竞争对手、企业现实状况、宏观环境、行业发展。其中前三个作为直接影响品牌定位战略制定的点，是品牌动态定位理论中的主要维度，通过了解消费者需求、心理等竞争定位点，结合企业现实能力和资源进行分析。宏观环境和行业发展作为辅助维度，它们在品牌定位中起着根本性的作用，而且也对前三个维度产生着影响。通过对影响品牌发展的五要素的分析排位，找到变化的园区品牌发展生态环境中的品牌核心价值，对园区品牌进行精确定位。二是进行差异化的品牌定位，差异化的品牌定位能使园区在激烈的市场竞争中脱颖而出，对形成特色鲜明的园区品牌形象具有重要意义。辽宁省内文化创意产业园区可以通过利用园区自身特色、特殊属性和特色文化等进行差异化品牌定位，找到竞争对手无法模仿的定位点。例如，大连软件园综合自身身处东北亚经济区中心位置，与韩国、日本等国相邻的特殊地理位置和资源环境，形成的信息技术外包的产业定位。三是园区品牌定位要注意植入特色品牌文化，在品牌文化中彰显出品牌特有的核心价值，让受众在了解品牌的过程中受到潜移默化的影响，从而认同品牌的价值观念。这一过程还要注意培养园区的品牌个性，通过特色的品牌定位凸显品牌个性，使得园区品牌在众多同类园区中形成反差，受众通过独特的品牌印象识别园区品牌。

二、打造园区文化品牌

品牌专家余明阳在《品牌文化》一书中谈到"品牌的一半是文化，品牌是文化的载体"[①]。文化创意产业园区产业属性中的文化特性，决定了园区品牌传播过程中文化元素的双重性，一是在品牌文化塑造上，二是在园区自带文化精神的挖掘上。

（一）品牌文化建设内外兼修

文化创意产业园区的品牌文化建设要做到由内而外、由里及表，品牌文化做到表里如一，受众才能形成稳定的品牌记忆。文化创意产业园区品牌文化外部塑造包括园区品牌名称、园区品牌标识、园区品牌口号等，作用于受众对品牌直观认识。引入能够体现园区特色的品牌标识、品牌名称、品牌标准字体等视觉符号以传达园区品牌文化、理念和精神，具体化园区文化品牌形象。品牌信息的有形传播，为受众留下深刻的印象，是受众了解品牌的主

---

① 余明阳：《品牌文化》，武汉大学出版社 2008 年版，第 9 页。

要渠道。此外，文化创意产业园区的品牌传播，要特别注意品牌名称、品牌标识、品牌口号的创新性，突出创意产业特色。内部文化是指在品牌运营发展过程中，形成的为企业内部人员所共同认可、执行的企业价值观念、经营准则、行为作风、核心精神、战略目标等。它指引着企业内部系统的运行，以此提升园区内部的管理水平、创新能力。园区品牌一致的价值观念会生发出品牌发展无尽的力量，成为园区品牌发展的隐形资产。因此，打造被员工所认可的园区价值理念对于打造园区文化品牌，增强园区品牌美誉度和知名度都是极为重要的。

（二）体验活动传播园区专业服务文化

文化创意产业园区的创意性产业特征要求它所展现出来的品质必须包含创造力，具备创新性，这也是其作为第三产业的核心特征。园区具有创造力、创新性是园区品牌专业性的体现，也是新时期受众需要文化创意产业的重要原因。因此，辽宁省文化创意产业园区在体验活动策划上，应从受众心理需求出发，根据园区自身品牌特点在体验活动中注入创新元素，融合先进的技术和创造性的思维为受众提供专业的产品和服务体验，吸引受众参与体验活动。体现园区创意产业特征，更彰显园区品牌专业的服务精神。通过创新性、专业性的体验活动，受众会感受到园区品牌专业性，体会到园区作为创意产业的开拓创新的文化精神。为受众提供专业化体验服务的同时，充分调动受众感官，形成受众对园区品牌的全方位认知，传播园区专业服务文化，加深受众对园区品牌记忆。

（三）利用园区历史文化资源，打好园区特色历史文化牌

在调查走访中，作者发现辽宁省众多文化创意产业园区都拥有悠久的文化历史背景。大连15库建成于1929年，是东亚地区最大的港口仓库，号称"东亚第一库"。再如，本溪辽砚文化产业园，辽砚发源于清朝康熙年间，产于辽宁本溪桥头镇，历史文化悠久，在国内外享誉盛名，被称为"中华瑰宝"。综合辽宁省文化创意产业园区发展的整体特点来看，园区品牌发展大可在园区本土文化资源优势上做文章。在文化创意产业市场同质化严重的情况之下，这也无疑是打造特色园区的捷径。将园区所依附的历史文化背景与园区品牌文化融合对接，使之成为园区品牌文化中的一部分，受众关注历史文化的同时也关注园区品牌，形成与同类园区的显著差异。因此，园区在品牌传播过程中，要注重深度挖掘园区自身所附带的历史文化价值，并将之演化成园区品牌文化中的一部分，成为同类园区无法模仿的园区品牌突出特色，进而占领市场。

三、整合运用传播媒体，注重网络新媒体传播

（一）媒体组合传播，形成联动传播攻势

信息传播多种多样，人们注意力资源越来越稀缺，受众注意力过于"碎片化"，整合运用传播媒体是受众注意力松散时代的一剂良方，将品牌的统一信息通过不同传播媒体传达出去，形成受众对品牌信息的多个接触点，可以保证受众通过不同的传播媒体接触到统一的品牌信息，实现一元内容，多元推广的目的。辽宁省文化创意产业园区要特别注意传播媒体的整合运用，可以采取品牌传播工具优化组合的方式。确定自己的品牌传播目标，接着瞄准目标受众，分析目标受众的媒体应用习惯，制定出园区品牌媒体组合策略。综合辽宁省文化创意产业园区媒体使用情况和园区受众情况来看，可采用三段式的媒体组合形式，第一段为主打媒介，即目标受众可以经常接触到的媒体，如报刊媒体、电视媒体。第二段为辅助媒体，即目标受众接触较多的媒体，像网络媒体的官方网站建设等。第三段为补充媒体，主要对第一、二阶段传播效果起到补充的作用，像社交媒体微信公众号运营等。通过对媒体资源的整合，不论在空间上还是时间上都会做到品牌信息传播的滚动性。品牌信息的长期积累，有助于加强受众对品牌的感知，从而提升品牌在消费者心中的地位。

（二）利用网络新媒体传播优势，实现园区品牌发散传播

新媒体已成为当今的媒体使用潮流，它为文字、图像、声音、视频等信

息提供了交合的平台，实现了人际传播、群体传播和大众传播的一体化，形成了网络环境下的"大众传播"模式，成为真正意义上的"多媒体"。媒体环境的变化也带来了广告时代的变革。从商家的角度来看，新媒体使用成本低、覆盖率大等特点也使他们降低了对电视、报纸、杂志、广播等传统媒体的投入，而把目光转向了新媒体推广，新媒体传播也成为企业营销的新宠。不像新闻报道对内容要求的严苛，新媒体传播平台的有效运营关键在于尽可能多地吸引受众眼球。传播内容上更灵活多变，什么样的内容更有趣，什么样的内容更容易留住受众，就传送什么内容，受众获得新媒体所带来有趣资讯的同时也不知不觉地了解了品牌信息。此外，新媒体时代受者就是传者，这样就造就了无数为企业品牌宣传的端口，可以利用受众实现企业品牌的循环传播。新媒体环境下，传播模式从两级传播发散到多级传播直至N级传播。文化创意产业园区新媒体品牌推广的过程也就慢慢变成了全民推广。较具代表性的群体性传播媒体应用形式有百度贴吧、豆瓣小组等社交论坛，这些网络虚拟群有一个共同的功能，能够聚集有相同爱好、相同职业、相似属性的人群，而这就为企业商家品牌传播提供了便利的品牌宣传平台。成立百度贴吧小组，以自己园区名称命名，对园区品牌感兴趣的受众不断聚集。而且这部分受众还不知不觉地担任起意见领袖的角色，园区品牌忠诚度增强的同时，也为品牌宣传造势。除此之外，为了保证园区品牌传播信息的一致性，论坛应有专门人员运营，论坛主题、标识、标准色等元素要与园区品牌的核心理念相一致。注重对园区品牌内容的积极引导的同时，还要注意对于一些恶意信息的把关。网络新媒体为园区品牌传播提供了便利的媒体平台，辽宁省文化创意产业园区要特别注重新媒体的开发运用。

四、注重社会关系互动

文化创意产业园区作为地区产业集群，社会声誉较高。辽宁省文化创意产业园区应充分利用自身优势，稳固社会地位，更好地发展与社会各方关系，为园区品牌传播做好铺垫。

（一）参与社会活动，强化公共关系

公共关系对文化创意产业园区品牌传播的影响是巨大的，做好公共关系这一功课可以为园区品牌发展铺平道路打好基础。依托集群产业、政府重视等优势条件，文化创意产业园区在社会上的影响是很大的，要发挥自己"高个子"优势，不但要搞好经营，同时还要与社会各方紧密联系，打通各方关系，为园区品牌发展营造良好的外部环境。在笔者调查中，发现辽宁省文化创意产业园区的建立多是与政府和行业协会相关联。园区可以借助政府和行业协会的平台多与社会公众交流，而且有权威部门做"后台"，更能增加园区品牌的权威性，塑造值得受众信赖的形象。其次，文化创意产业园区可以通过参与社会大事进行品牌推广。例如，亚运会期间，园区为亚运会提供赞助等。通过参与社会大事，加深受众对园区品牌印象，提高品牌知名度和美誉度。再有，文化创意产业园区品牌可以多参与慈善活动，塑造园区品牌与公众同患难的形象，增强受众对园区品牌好感，使园区品牌在同类品牌中深得人心。

（二）举办园区活动，增强园区社会影响力

辽宁省文化创意产业园区除了通过参与公共关系活动联系社会关系外，文化创意产业园区的集群特点也为其品牌传播提供了普通企业所没有的优势，文化创意产业园区是某类文化产品生产的产业聚集地，吸收引进着产业链上各个环节的生产者。作为公共服务平台，在行业领域内，园区可以为园企或产品定期举办行业相关活动，打造行业热门，产生规模效应，吸引行业内外受众的关注和参与，扩大园区品牌影响力。园区活动要注意全民参与，有趣且符合受众行为习惯，只有符合多数受众行为习惯才能产生巨大的社会效应，吸引更多受众的注意力。活动内容不但要直击所在行业主题，还要与园区品牌紧密相关，紧扣品牌主题，体现园区独一无二的品牌特色，并把这种园区品牌特色植入到园区活动中的关键环节，使受众对品牌特色产生强烈

感知。例如，艺术类的文化创意产业园区就可以定期举办名家作品展览，产生行业热门效应，吸引同行关注。这样的园区公共服务条件不但会吸引更多个体品牌进驻，活动的热门性也能为园区品牌做宣传。另外，借助艺术家的名人影响力，园区品牌的知名度也会有所提升。

五、园区品牌联合发展

文化创意产业园区内集合了众多行业范围内的相关企业，园区与园企、园企与园企之间形成了错综复杂的关系网络。园区品牌与园企品牌之间也形成了一种微妙的关系。辽宁省文化创意产业园区应借助集群品牌这一特点，深掘品牌发展空间，通过品牌之间的互动以及力量的联合，激发出品牌向前发展的强劲力量。

（一）发挥园区品牌背书功能

文化创意产业园区的集群特点决定了园区的品牌圈层特征，即园区品牌和园区内个体小品牌之间是单独存在但又相互关联的。当园区品牌效应大于园区内个体品牌效应时，园区品牌对园区内个体品牌产生伞效应，这时园区品牌会辐射个体小品牌，园区品牌价值变成了园区小品牌的无形资产。当园区品牌效应小于园区内个体品牌效应时，园区个体品牌的知名度将提升园区品牌的知名度。园区品牌可以利用园区小品牌进行品牌宣传，借助园区小品牌的品牌声誉进行园区品牌传播，在园区小品牌的品牌效力影响下产生受众对园区品牌的权威性感知。

文化创意产业园区品牌与园区内个体品牌是紧密相关的。园区品牌具有公共性，园区个体品牌必须与园区品牌产生特定联系才能享受园区品牌资源，园区品牌是文化创意产业园区的无形资产，也是文化创意产业园区的盈利点。而园区内个体品牌又对园区品牌发展具有促进作用，良好的园区个体品牌不但能提升园区品牌知名度和美誉度，而且优秀的园区个体品牌能够凭借自身的品牌优势聚集资源、带动产业发展，增强园区整体竞争力。

（二）园区内品牌联合传播

就文化创意产业园区内的个体品牌传播来说，对于中小企业，做品牌有时候是力不从心的。那么除了借助园区品牌进行传播外，园区内个体小品牌也要互动，进行品牌联合。这样不但减少了企业对品牌传播的成本投入，为企业减轻负担，联合品牌在品牌推广成本减少的情况下也能为受众提供更多的产品优惠，品牌联合传播的同时实现产品促销。而且，两个企业或多个企业进行联合传播，目标受众的范围也相应地扩大，第一个品牌的受众通过联合传播会关注到联合品牌。那么，联合品牌的受众量就在原来的基础上增多了。再者，文化创意产业园区内的每个小品牌都是产业链中的重要环节，园区小品牌进行联合传播为受众提供配套产品服务，便利受众选择。园区品牌进行联合传播的过程中，园区小品牌之间的联合协作关系会烘托出园区整体的和谐发展景象，体现出园区作为行业服务平台在促进园区企业品牌交流时的重要纽带作用，更给受众一种园区专业服务品牌的印象，园区品牌联合发展的同时也潜在地将园区品牌传播出去。

文化创意产业是社会经济高度发展的产物，代表着先进生产力的发展水平，其文化性与经济性相结合的特点决定了它不仅是推动社会经济发展的重要力量，更担负着传承优秀民族文化的职责。作为工业大省，辽宁省急需发展文化创意产业、优化产业结构，促进社会经济发展，以文化创意产业为载体发扬和继承地方特色民俗文化。辽宁省的工业基础和文化资源优势也为发展文化创意产业提供了便利条件。

但就园区本身来看，由于园区发展模式和管理体制等差异因素，辽宁省文化创意产业园区品牌发展程度相差较大，具有较高品牌声誉的园区较少。多数园区没有认识到独特品牌对园区发展的重要性，由于缺少专业的品牌运营部门和品牌策划人才资源，对园区品牌自身发展潜力分析不足，传播策略制定与实施不到位，导致品牌传播信息失衡、品牌传播策略应用零散、体验传播效果不理想等一系列问题出现。综合分析园区自身与竞争对手的优势和短板、目标市场需求，找准品牌发展定位，运用各种品牌传播手段与媒体进行由内至外的整合统一的品牌信息宣传；重视园区体验传播效果，注入地方特色文化因素，打造园区文化品牌，形成与同类园区的显著差异，是时下辽宁省文化创意产业园区实施策略性品牌传播计划的当务之急。

第三章 博物馆与地方文化传播
——基于沈阳博物馆的研究

第一节 博物馆与博物馆展陈文案

早期的博物馆是作为保管文物的"仓库"而存在，只对文物具有收藏与存放的作用，后期发展中逐渐增加了对文物进行研究的功能，成为具有研究功能的场所。那时无论博物馆的目的是收藏还是研究，对于受众而言仍处于一种高高在上、难以接近的位置，这使得它与社会公众之间竖立起难以翻越的围墙，脱离了广泛的群众基础。随着博物馆事业的发展和受众文化素养的提高，在新博物馆学的倡导下，博物馆工作的重心由"物"转移向"人"，随之博物馆知识的建构和信息传播的模式也越来越倾向于"以人为本"的核心。地方博物馆具有强烈的地域特色烘托，对地方文化具有代表性、典型性和社会性。因此，它不仅是城市文化和城市发展的记录者，同时也是外地游客快速、全面了解一个城市和地区历史文化、发展成就的窗口和眼睛。地方博物馆主要通过对馆藏文物的展出，利用展陈文案向社会公众传递藏品的信息、传播城市的文化、塑造城市的形象，从而实现自身历史文化传承的社会价值。

博物馆展陈文案是受众接触地方文化最表象的媒介之一。根据受众参观博物馆的习惯我们不难看出，展陈文案是除文物以外，受众最愿意主动接触的媒介形式之一。但由于博物馆展陈文案是博物馆工作人员（传播者）根据已有的学术成果设计、撰写出来的，它在信息传递上具有科学性、系统性、专业性和准确性，更多发挥着传达特定信息的作用，这里的展陈文案更多行使着博物馆的教育职能，而不是与受众进行沟通和交流，博物馆机构对于受众的反馈也并不期待和追崇。随着受众文化获取方式可选择程度越来越高，强制性的教育逐渐不被受众所接受，一成不变的博物馆展陈文案因此被圈上了"保守""枯燥"的标签。长期处于"守旧"外壳的包裹下，受众对博物馆文物的理解和地方文化的传播是鲜有益处的，缺少受众参与互动的博物馆文化传播，可以说与原始的文物收藏机构没有区别。面对逐渐发展的"受众至上"思想，以及博物馆展陈文案现存的一系列问题，限制了博物馆地方文化传播的效果以及受众对于地方文化的理解。因此，研究地方博物馆展陈文案对地方文化的传播变得十分迫切。

一、博物馆之内涵与外延

博物馆的定义一直都处于不断更新的状态，各个国家所理解的博物馆都略有差异。国际博物馆协会在1946年11月第一次在章程中提出，认为博物馆是指"为公众开放的美术、工艺、科学、历史以及考古学藏品的机构，也包括动物园和植物园"。最初的博物馆定义将所有向公众开放的藏品机构都包括在内，此时博物馆雏形涵盖范围广，拥有固定展厅的图书馆同样被包含在内。在1951年、1962年、1971年，国际博物馆协会又多次对其定义进行修改，20年的时间，对博物馆的限定提出了几个"条件"，它必须是有固定场所，以保存、研究为主要目的，并积极向公众展出藏品的机构。这一时期的博物馆范围虽说限定了部分条件，但范围仍然比较大。1974年协会对博物馆进行了更加明确的定义，"非营利"性质使得公益性成为它的首要职责，除此之外博物馆增加了传播和社会服务的职能，并规定具有博物馆性质的古迹、遗址、自然保护区以及研究机构等都能划入博物馆的范畴之内。根据《博物馆条例》，博物馆是指以教育、研究和欣赏为目的，收藏、保护并向公众展示人类活动和自然环境的见证物，经登记管理机关依法登记的非营利组织。

　　通过对博物馆1946年以来的定义演变过程进行整理和总结，我们发现当代博物馆具有以下几个特性：第一，博物馆必须具有公益性质。博物馆的非营利性决定它必然是免费向公众开放的公益机构，尽管在2009年博物馆面向全国免费开放的时候，博物馆管理者把这种公益性视为进入市场竞争的一种不利因素，并且公益性开放的确给博物馆带来了一部分负面影响。"有些展览内容陈旧、展品乏善可陈、布展死板生硬、解说教育味浓，已经不能满足免费开放的要求。"①第二，博物馆是一个文化教育机构。博物馆的收藏、研究和教育功能是博物馆的三大基本功能，作为国民教育的特殊资源，受众能通过博物馆展览的内容接受历史文化、科学知识的教育。但随着博物馆逐渐从"以物为本"转向"以人为本"，其教育职能正在弱化，也就是说，专门去博物馆接受教育的受众数量正在减少。第三，博物馆具有文化传播功能。回顾博物馆定义的变化来看，当代博物馆更加强调博物馆的传播功能而不是教育功能，虽然目前传播主流文化的博物馆仍把教育视为主要职能，但有一点我们必须明确，博物馆的价值是把展品相关的文化信息传递到受众一方，否则博物馆只是一个储藏展品的"珍贵仓库"而已。博物馆的传播功能已经成为博物馆的主要功能，"传播能力的大小，在很大程度上决定了一个博物馆成功与否"②。第四，博物馆是能向公众开放，并具备固定场所的地方。博物馆所收藏的物品是历史遗留物的代表，展出的都是能反映历史事件、历史人物或历史进程的作品，为了向受众分享，博物馆必须具备固定场所以储藏展品，并向公众开放，无论年龄、无论种族，博物馆都向他们敞开大门。第五，博物馆是为社会和社会发展服务的。随着社会环境的变迁和受众需求的不断变化，博物馆不仅仅是单纯陈列珍贵物品的场所，它还肩负着对社会的责任，正如故宫博物院原院长单霁翔所说的，"现代意义上的博物馆从其诞

---

① 湖北省博物馆馆长王红星在博物馆免费开放一周年时发表的讲话。新华网：http://news.21cn.com/gundong/2009/01/03/5700377.shtml。

② 李文昌：《博物馆的传播学初探——传播学读书笔记》，《中国博物馆》2008 年。

生起就肩负了很重的社会责任"[①]。

通过对博物馆定义的梳理，以及基于沈阳20余家博物馆（线上线下）输出的内容，我们整理出当代博物馆应具备的5个特性，因此，我们在考察沈阳博物馆时认为，只要具有以上5种特性的场所，都能被划入本文"博物馆"的概念内。虽然纪念馆、陈列馆、历史旧址等在名称上与博物馆有些差异，但它们都是具有博物馆性质的机构，因此也被划为本文的考察范围内。本文是在沈阳22家博物馆基础上完成的，他们分别是：沈阳新乐遗址博物馆、辽宁农业博物馆、盛京碑林陈列馆、沈阳故宫博物院、"九·一八"历史博物馆、张氏帅府、沈阳金融博物馆、皇姑屯事件博物馆、东北陆军讲武堂旧址、沈阳审判日本战犯法庭旧址、沈阳二战盟军战俘营旧址、中国会计博物馆、辽宁古生物博物馆、辽宁省博物馆、沈阳科技、中国沈阳工业博物馆、老龙口酒博物馆、沈阳城市规划展示馆、城市劳模纪念馆、建筑博物馆、中共满洲省委旧址纪念馆和刘少奇旧居纪念馆。这些关于沈阳博物馆的研究对博物馆的参观与地方文化的传播都是非常有必要的。我们把这些博物馆分为历史博物馆、专题博物馆、营利性博物馆，详见表3-1。

表3-1　博物馆研究样本

	历史遗迹	科技博物馆	展览型博物馆	纪念馆、陈列馆
历史博物馆	"九·一八"历史博物馆、皇姑屯事件博物馆			盛京碑林陈列馆、东北陆军讲武堂旧址、沈阳审判日本战犯法庭旧址、沈阳二战盟军战俘营旧址
专题博物馆	老龙口酒博物馆、沈阳工业博物馆	沈阳科技馆、沈阳城市规划展示馆	辽宁农业博物馆、沈阳金融博物馆、辽宁古生物博物馆、建筑博物馆	城市劳模纪念馆、中共满洲省委旧址纪念馆、刘少奇旧居纪念馆
营利性博物馆	沈阳故宫博物院、张氏帅府、沈阳新乐遗址博物馆		中国会计博物馆	

---

① 单霁翔：《关于新时期博物馆功能与职能的思考》，《中国博物馆》2010年。

二、博物馆展陈文案

博物馆展陈文案是能够向受众传播展览相关信息的文本内容。长久以来，《博物馆管理条例》一直强调博物馆是具有社会服务职责的机构，依据主题举办展览活动时，除了弘扬爱国主义、倡导科学精神、普及科学知识外，博物馆还承担着传播优秀文化的职责。[①]而展陈文案贯穿于博物馆展览内容的始终，是博物馆进行信息传播的灵魂，在信息传播中起着加速受众理解的作用。随着人民生活水平的日益提高，利用节假日去旅游成为一种常态，为了快速了解城市积淀多年的文化，博物馆这一相对集中的空间成了受众绝佳的选择。对于参观博物馆的受众而言，博物馆提供了多种媒介形式，具有视觉冲击力的历史图片、呈现真实事件的黑白视频、迅速带动受众情绪的背景音乐，任意一种媒介形式都能向受众传递不同种类的历史信息，但在地方文化内涵的传播上，展陈文案才是首要的。文字内容能对展陈文物进行解释说明，也能为历史事件交代背景，通过博物馆的展陈文案，能够把文物、图片、背景音乐、讲解、场景氛围都连成一体，在与受众互动的过程中，展陈文案都贯穿于地方文化传播的始终。

为了满足受众参观博物馆的文化需求，国内博物馆除了精心筛选有价值的展品陈列外，越来越多地使用文字内容帮助受众对展览进行理解，文字作为博物馆基本陈列的补充内容，向受众提供一种可能的理解思路。博物馆文案种类多样，大致分为以下几种：一是博物馆参观须知。由于各个博物馆办馆理念有所差异，对受众会提出不同的要求，比如禁止在博物馆内进食、拍照等，这类文案常出现于博物馆接待处或入口的位置，当然，在需要受到"特殊"保护[②]的展品前，也会竖立类似的文字说明牌；二是展品功能、性

---

① 《博物馆管理条例》第四章第三十条。
② 博物馆展品由于材质等问题，出于安全性考虑，不能接触到照相机闪光灯的作用，因此需要特别竖立警示牌说明。

质分类的文案。主要是具体展品的介绍，一般包含前言、展品基本信息和结语，但由于单个的艺术品之间缺少相关联性，因此这部分文案内容即使具有内部联系，在受众眼里看起来也是分散的、无关联的；三是以历史为主线，讲述历史事件、历史人物的文案。因其有历史事件作为依托，具体可划分为前言、背景、过程、结果和结语五个部分，这部分文案是按照历史发展进程推进的叙述，因此在前后关联上要优于第二种类型。鉴于第一种文案类型对地方文化的传播较少，因此，本文中主要考察的对象是后面两种类型的文案，换句话说，这里的博物馆展陈文案指的是在博物馆内对地方文化进行解释、说明和介绍的所有文字内容。

三、展陈文案传播地方文化的可行性及必要性分析

博物馆作为一个旨在服务社会、传播地方文化的传统文化机构，既具备传播地方文化的条件，同时又肩负着传播地方文化的责任，既是精神文化需求提升的产物，又将承担起时代赋予它的重要使命。展陈文案是博物馆传播地方文化的重要载体，与博物馆一样，必须履行传播地方文化的义务。

（一）展陈文案传播地方文化的可行性

基于上述分析，不难看出展陈文案具有与博物馆相似的文化传播职能，却又在文化内涵的表现形式上更能接近受众，因此，通过展陈文案传播地方文化具有可能的优势。在20世纪60年代后期，博物馆开始普遍采用香农—韦弗传播模式，认为传播过程是一个简单的线性过程，传播者将信息传播给接受者，该传播模式具有一个强势的假设前提：博物馆是传播的发起者。其中展陈文案是博物馆传递信息的主要方式，因此，展陈文案对地方文化信息的传播同样也可以说是占据主导地位的。

1.博物馆公开的传播场所

根据国家文物局2013年7月发布的《2012年度全国博物馆名录》显示，到2012年底，全国备案博物馆3866家，其中国有博物馆3219家（文物行政部门

管理的国有博物馆2560家，其他行业性国有博物馆659家），民办博物馆647家。为服务社会公众，现将其中专业化程度较高、功能比较完善、社会作用比较明显的划入博物馆范畴内，共有3322家博物馆，包括国有博物馆2843家（文物行政部门管理的国有博物馆2292家，其他行业性国有博物馆551家），民办博物馆479家。此前，中国平均每40万人拥有1个博物馆；到2020年，发展到25万人拥有1个博物馆。中国统计在册的民办博物馆有400多家，再加上未正式注册的，数量已近千家。如此庞大且逐年增长的博物馆数量，承载了不同类型的文化与艺术，为受众提供一个学习和了解地方文化的场所，而博物馆文案通过专业人员的筛选和撰写，为受众提供观点和充分解释。在国家政策的鼓励和支持下，企业、社会团体、个人等社会力量都开始积极设立博物馆。

德洛特纳和施罗德认为博物馆具有收藏、保护、研究、展览和传播五个基本功能，关于传播，他们提出社交媒体使用的传播方法比博物馆更加广泛，包括专家传播和公众传播。[①]全国范围内数量众多的博物馆机构，为博物馆信息的传播提供了集中而广阔的空间，而针对地方博物馆而言，博物馆内包含了大量的地方文化信息，这些地方文化以文字作为媒介载体，在博物馆开放的展陈空间内，向受众传递着类型多样的地方文化，从而为博物馆展陈文案传播地方文化提供可能的信息交流场所。

2.展陈文案的突出作用

罗兰·巴特曾经说过：图像捕捉了无穷多的可能，诉说却固定了某一种特定的可能性。由于展品、历史图像与所讲述的地方文化并不能完全重合，而它传递出的可能理解又是多元的、分散的，策展人为了让受众形成的理解与期望的叙事语境相关联，需要用文字来解说，为展品添加"语言论据的视觉注脚"。[②]在现有的传播手段里，通过展品与历史图片是很难还原历史文

---

① [挪威]安娜·路易莎·桑切斯·劳斯：《博物馆网站与社交媒体：参与性、可持续性、信任及多元化》，刘哲译，上海科技教育出版社2017年版，第26页。

② 刘宏宇：《呈现的真相与传达的策略：博物馆历史展览中的符号传播和媒介应用》，人民日报出版社2015年版，第55页。

化真实又全面的面貌，因此对于地方博物馆而言，为了有效传递更多元的地方文化类型，必须采用文字与展品、图片等元素相结合的手段，利用文字说明的精准性、图片展示的视觉效果、展品自身的历史感，向受众传播地方文化的不同侧面，博物馆通过展陈文案向受众传递固定的展品信息，并尽可能多地呈现历史文化真相。邓肯·卡梅伦认为，"在一个博物馆中有许多的发射器、媒体和接受者，策展专家需要正确地将展品当中的含义'传递'给公众"①。尽管在受众眼里，图片、视频、文字都是展品的附属品，但这些支撑的媒介对于正确解释物品的信息是必要的。尤其是展陈文案，在博物馆中对展品的解释可以避免受众注意到干扰的元素，帮助揭示展品的真正含义，展陈文案是帮助策展人提升传播效果的一种有效的方式。

"声不能传于异地，留于异时，于是乎文字生。文字者，所以为意与声之迹。"②声音受到时间和空间的限制，不能传递到遥远的地方也不能长久流传，古人便发明了文字来记录声音和想法。博物馆展陈文案主要是通过文字形式呈现给受众，既能留存住以往活动时的意念或想法，又能把这些观点传递给后世，展陈文案搭建起了沟通受众与地方文化的桥梁。博物馆展陈文案与地方文化的关系主要体现在两方面：一方面，文字能为事件说明营造一个好的理解环境，加上展品自身的魅力以及背景音乐的辅助，为受众普及关于特定展品的信息内容，是除展品自身传达信息的最好补充；另一方面，博物馆管理人员通过展陈文案传递出的观点，是长期进行该领域研究的专业人员给出的解释说明，符合业务专业性要求与地方特色。因此，地方文化的有效传播又离不开博物馆展陈文案的作用，而展陈文案反映了地方文化精确的、专业的文化内涵，二者相辅相成，互相成就，共同为博物馆受众呈现独具地方特色的文化内核。

---

① [挪威]安娜·路易莎·桑切斯·劳斯：《博物馆网站与社交媒体：参与性、可持续性、信任及多元化》，刘哲译，上海科技教育出版社 2017 年版，第 5 页。
② 语出《书林藻鉴》。

3.展陈文案文化传播的功能

博物馆文案具有和博物馆相似的功能，但又与博物馆三大基本功能稍有区别。随着博物馆事业的蓬勃发展，受众对于博物馆的需求不再局限于它收藏、研究、教育的功能，而是更关注其休闲娱乐和文化传播时所发挥的作用。近年来，伴随着对博物馆文化功能的期待，博物馆的文化传播活动开展得如火如荼。而博物馆文案承载了博物馆地方文化的灵魂，因此，博物馆文案在地方文化传播上同样具有重要意义。"博物馆的功能不仅反映在陈列展览中，也反映在建筑、环境、服务等各方面。"①博物馆文案也是其中一种。一方面，博物馆文案能够帮助博物馆发挥文化传承的功能，文化的交流、传播与传承是一种递进式的关系，传播是文化传承的手段，通过文字内容的传播，使得博物馆文化得到传承，是一种起辅助作用的媒介形式。另一方面，展陈文案本身就是地方文化的表现形式，通过对具体信息的专业阐释以及对事件的细节描述，能让受众更深刻地理解地方文化内涵。本文所论及的"展陈文案"毫无疑问是"博物馆"的一个延伸概念，隶属于"文化机构"的大范畴之下，是博物馆发展过程中不可缺少的重要部分。展陈文案在博物馆中的大量存在，旨在凸显地方文化的文化内涵与叙事手法，重塑文案撰写的思维理念，为受众提供高质量的精神文化产品，从而达到培养社会公众文化素养、传播地方文化内涵的历史要求。

随着博物馆面对受众的开放性程度不断扩大，物质生活的不断丰富使得受众参观博物馆的需求变得越发难以捉摸，但可以肯定的是，受众不再是一味接受博物馆传递的信息，而是根据自身需求和喜好选择信息进行相应的反馈，这在某种程度上影响了博物馆文化传播的过程，从"满不在乎"的灌输式教育到"考虑受众需求"的满足式迎合，博物馆越来越重视其传播效果。展陈文案在博物馆文化传播中起到重要作用，它出现在每一件展品的介绍和

---

① 安来顺、潘守永、吕军、史吉祥、蔡琴：《博物馆藏品架起沟通的桥梁专家笔谈》，《东南文化》，2014 年。

解释说明中，利用文字的力量，为受众答疑解惑，说明展品中与地方文化相关的元素和历史故事，向受众传播地方文化知识。

（二）展陈文案传播地方文化的必要性

通过上述分析，我们基本明确展陈文案对于地方文化的传播是可行的。博物馆展陈文案正执行着新的任务，它像是一个文化策划人，试图让文案内容和地方文化能够与受众互动起来。随着新媒体技术的发展，受众对博物馆里形态各异的媒介应接不暇，导致受众对文化内涵的理解停留在表面，无法深入。面对技术形式的戕害，受众通过博物馆了解地方文化时，更倾向于沉迷在场景设计、艺术创作以及休闲娱乐的博物馆消费中，缺乏对地方文化内涵的思考，缺少深度。近年来，由于博物馆对娱乐功能的重视程度越来越高，使得受众在一定程度上产生精神虚幻和文化自觉的缺失。种种问题的出现都对展陈文案有效传播地方文化提出了更高的要求，即展陈文案应树立"以人为本"的意识，从娱乐性走向文学性、从浅表性走向深度性、从技术走向品质，站在更高的层次表现和反映地方文化内涵，关注展陈文案内容，创造更广泛的地方文化影响力。

1.广泛的受众基础

自1992年起，为了提高博物馆在社会上的影响力，国际博协每年在5月18日的"5·18国际博物馆日"，预先确立一个主题供国内的博物馆进行交流。一方面将博物馆学界的专家汇集到一起，为博物馆事业的发展献计献策，另一方面吸引更多受众走进博物馆，探寻受众喜欢的博物馆参观模式，与公众保持联系。博物馆从高高在上的收藏机构逐渐转变为"与民同乐"的娱乐场所，它成为一个集收藏、研究、教育、娱乐于一体的休闲胜地，这种转变使得受众越来越喜欢参与博物馆的互动。自2008年博物馆实行免费开放的政策以来，无论是周末还是节假日，各地的博物馆都成为旅游的热门景点之一，2017年"五一""十一"期间，苏州博物馆由于参观人数众多，受众平均排队入馆的时间长达1.5—2小时，受众对于博物馆参观的热情空前高涨。鉴于博物馆拥有数量如此庞大的"粉丝群"，对于博物馆而言，意味着进行地方文化传播拥有了广泛的传播对象，在这种情况下，利用展陈文案来传播地方文化就显得十分必要了。

　　广泛的受众基础对展陈文案传播地方文化有重要的意义。从地方文化传播的角度来说，面对全国各地多种优秀文化的冲击，沈阳地方文化要想在本地突出重围，必须抓住本地受众与来沈游客，利用自身现有的地理环境与本土权威性等优势，提供高品质的展陈文案，以此来迎合受众变化多样的需求。从博物馆自身发展角度来说，在受众可接收信息种类多元化的今天，对于娱乐性信息的需求明显高于传统文化信息需求，博物馆作为传统权威的文化机构应当肩负起引导社会成员形成文化自豪的责任，进而推动整个地方文化向全国扩散的重任。

　　2.文化传承的社会责任

　　除此之外，根据《2016年博物馆条例》提出的要求，博物馆应当传播的是我国优秀的文化传统、科学精神、科学知识等能够促进社会发展和和谐进步的主题和内容，这一点在每一座博物馆的讲义里都有要求。博物馆的基本职责是进行优秀文化的传播工作，而地方博物馆，则更多地承担了传播地方文化的职责，应该采用多种形式提供科学、准确、生动的文字说明和讲解服务。18世纪的英国，为了让这些珍贵的物品能够"维持整体性、不可分散"，一位名叫汉斯·斯隆的内科医生将自己收藏的8万余件藏品献给英国王室，为了存放这些珍贵的物品，英国王室在1753年修建了一座国家博物馆，也就是现在的大英博物馆，这也是全世界第一个向公众开放的大型博物馆。由此可见，博物馆存在的价值就是将不同文化类型的珍贵物品聚集在一个公共的场所，不仅能达到存放的目的，还能向受众传达物品本身蕴含的文化内涵。对于地方博物馆而言这种需求尤为重要，否则，博物馆长时间的存放功能，会将博物馆变成一个国家资助的大型"仓库"，一方面不利于文化的传承，另一方面也不利于国家资源的有效利用。在这个层面上来说，博物馆利用展陈文案的形式对地方文化进行传播是非常有必要的。

正如拉斯韦尔在"三功能说"里描述的一样，传播活动具有传承社会遗产的作用。博物馆通过展陈文案传播特定的地方文化，将前人的经验、技艺和记忆以文字的形式记录、保存在博物馆内，并利用博物馆的展陈空间向公众开放展示，后人在了解展陈文案对地方文化的描述后，在此基础上对地方文化有更加深刻的理解，并对地方文化后续的发展形成新的想法和创造。正因为博物馆的传播活动具有传承社会遗产的作用，因此赋予了博物馆传承地方文化的社会责任，博物馆有义务向公众传播地方文化内涵、引导公众关注地方文化的传承。鉴于社会对博物馆的文化要求，这一文化传承的社会责任就落在了展陈文案身上。

第二节　沈阳地方文化类型归纳与特征概括

沈阳地区是辽河流域早期文化的主要起源地，早在10—15万年前的旧石器时期，沈阳就有了人类活动的痕迹，如距今7200多年前的新石器时代，沈阳人民创造的新乐文化，古老的沈阳人类就在此开始繁衍生息。公元前128年，东汉在此设置的侯城县，成为沈阳境内最早出现的城池，经过辽、金发展后，元又重建沈阳土城，改沈洲为沈阳路，属辽阳等处行中书省管辖，至此"沈阳"这一名称终于落定下来，掀开了沈阳城市建设发展的序幕。随着时间的迁移，沈阳这座历史名城积淀了丰富多彩的历史文化类型。一方面，先民的生活、农耕活动、建筑、战争、工业等都在城市的发展过程中形成特定的文化类型，这些地域性的活动，使得文化类型带有浓重的地方特色，形成城市独有且无法被复制的地方文化；另一方面，由于不同类型的地方文化具有明显的地方特色，因此在与各地文化交流和文化传承时会对城市形象的塑造产生一定作用。鉴于此，城市的发展与地方文化之间有着千丝万缕的联系，它们二者不可分割、相互作用。

研究沈阳地方文化的传播，首先必须明确沈阳地方文化有哪些，通过已有的沈阳文化类型作为对照范本，与博物馆展陈文案中呈现的沈阳地方文化进行对比分析，并从中找出地方文化传播的问题和不足。目前国内对于沈阳文化的研究文章和著作数量不多，主要集中在沈阳史前文化、沈阳满清文化和沈阳工业文化三个领域。沈阳文化和其他历史文化类型一样，都是在长期的社会实践中发展而成，并且随着实践的发展经过检验的系统化理性认识。从以往和近期关于沈阳文化的研究内容来看，关于沈阳文化的研究对象主要集中在两个领域，一是文化本身的内容，二是对承载沈阳文化机构的研究。

对沈阳文化内容的研究是在单个具体的文化类型基础上开展的，如新乐文化、工业文化、满族文化、抗联文化和满清民俗文化，但对于沈阳文化类型整体梳理的研究成果基本处于空白。文化元素的表现在城市规划中并不少见，博物馆、地铁标识、名人故居、城市品牌、影视剧中都能发现文化的踪影，通过分析文化机构表现地方文化的形式、内容、传播效果等，探究其中不足的原因与可借鉴经验。此外，沈阳地方文化研究也不再仅仅局限于内容，开始关注并积极参与到公众实践中。例如在提升城市形象方面，地方文化并不是简单地作为文化类型出现，而是更加突出其功能的延伸作用，承担着塑造区域城市形象的职能。研究者对沈阳文化传递的内容和实践给予了更多的关注，对于探究如何更有效传播地方文化所做的研究还不够。在传播学的影响下，沈阳文化无论是在理论或实践上的研究都开始大量引进传播学理论基础和方法论。

学术界对于沈阳文化的研究，通常是把文化依照类型划分，如满族文化、工业文化、宗教文化等文化类型，或是按照历史事件发生的时间，将其分割成几个重要阶段或事件节点来研究。通过阅读分析沈阳文化相关的已有文献，通过对资料重新整合，将沈阳文化总结为三大类，分别是历史文化、民俗文化与宗教文化，在历史文化中又包含新乐文化、城市工业、抗战文化、皇城文化、红色文化五种文化类型；民俗文化中包含满清服饰、饮食特色、民居建筑、老字号文化和关东文化；宗教文化包括道教、藏传佛教和萨满文化，一共13个文化类型。近年来，学术界对于具体的沈阳文化的研究成果颇丰，对其做重新的规划整合，能够帮助我们更加清晰地了解沈阳文化在社会和历史上的重要地位。

一、历史文化——探寻城市之源头

（一）新乐文化：史前文明

从沈阳城市发展历程来看，最早出现的地方文化是距今7200多年的新乐文化。新乐遗址博物馆中展示大量新石器时期的历史物品，其中有历史悠久的炭化谷物、果壳，纹饰各异的陶器以及极其罕见的煤精、石墨，还有精美的玉串珠、穿孔石片、耳环饰品等。馆内还收藏了一件珍贵的木雕艺术品，新石器时代，中华大地出现不同氏族，几乎每一个氏族部落聚集地都拥有自己的崇拜图腾，由于相信它是逝去祖先的化身，或是与自身存在一定血缘关系，所以一般会以动植物名字来命名，氏族首领会要求全体成员对此图腾加以崇拜。这一件鸟型木雕艺术品便是受到新乐人民崇拜的圣物，充分表明新石器时期氏族成员对图腾的崇拜与信奉。同时，这件刀法精湛的鸟形木雕也是中国艺术领域里一份珍贵资料，对中国考古、艺术上的贡献都是绝无仅有的。

新乐遗址在沈阳突出的历史地位是学术界研究的重点，也是本文探究的关键。张芳在《传承沈阳文化符号的城市品牌塑造研究》[①]中从历史时期上明确了新乐文化对于沈阳的重要地位，他认为该村落是新乐先民生活的真实写照，可以说是沈阳城市文明的初始阶段。因其出土文物制作精良、种类繁

---

① 张芳：《传承沈阳文化符号的城市品牌塑造研究》，沈阳航空航天大学，2013年。

多，大量文物彰显出的文化内涵与后来的华夏文明如出一辙，也是华夏文明的初始之一。该文总结了遗址内非物质文化遗产保护项目的数量，由于保护史前文化的机构数量众多，充分表现了新乐文化在沈阳的地位及重要性。刘源在《具有沈阳地域文化特色的地铁标识设计研究》[①]一文中提及新乐文化与沈阳的关联时，认为在中华民族古文明发展研究中，早在七千多年以前，这块传承之地就有人类繁衍生息的痕迹，而沈阳地区早期文化的起源是在辽河流域，东北先民们在这里创造出了新乐文化。周阳生在《浅谈新乐遗址在辽河流域史前文化研究中的地位》[②]中谈到新乐遗址对东北的意义时，总结到以往一直认为沈阳的历史只有5000年，是新乐文化的出现才使得沈阳有人类活动的历史向前追溯了2000年，距今一共有7000多年的历史。此外，新乐文化7000多年的发展使它成为东北新石器时代的重要代表，"在发展之中形成自身特点，并成为沈阳的文化主体"。霍东峰在《新乐上层文化研究》一文中谈到新乐文化的主要分布区域，他认为新乐文化主要分布在辽河以东地区，若从行政区域上划分来看，主要是以沈阳为中心向外扩散，包括抚顺西部部分地区。

（二）皇城文化：龙兴盛京

始建于公元1625年的沈阳故宫是在清军入关之前由清太祖努尔哈赤以及清太宗皇太极所兴建的皇宫，在当时被称为盛京皇宫，清世祖福临便是在此即位并称帝。沈阳故宫是至今为止中国保存最完整的两座宫殿建筑群之一，现今已被设为沈阳故宫博物院，是国家级的重点文物保护单位。中国仅存的两大完整的明清时期皇宫建筑群是由北京、沈阳两座故宫构成，其中沈阳故宫在2004年7月1日，作为明清皇宫文化遗产的扩展项目被列入了《世界遗产名录》，并以其特殊的历史和地理条件，以及浓厚的满族建筑风格而区别于北京故宫。关于沈阳皇城的研究成果主要集中于三个方面，一是沈阳城街区

---

① 刘源：《具有沈阳地域文化特色的地铁标识设计研究》，沈阳建筑大学，2012年。
② 周阳生：《浅谈新乐遗址在辽河流域史前文化研究中的地位》，《史前研究》，2007年。

的复兴规划以及城市设计，二是建都于沈阳的理念以及建都的历史背景，三是故宫建筑的满族特色，后两者是本文研究的重心。

郭大顺在《从牛河梁到沈阳城——一种建都理念的启示》①中从宗教角度总结了努尔哈赤建都城于沈阳，以及清初皇太极对沈阳故宫扩建的理念。他认为，沈阳是按照藏传佛教曼陀罗（坛城）的理念创造而成，故宫即是曼陀罗本尊（皇太极）②应该待的地方。清初沈阳城的设计和建设主要是受到藏传佛教喇嘛教的影响，而方城和故宫也体现了满汉和满蒙藏结合，以满族为主的民族特色。王鹤、董卫在《沈阳城市形态历史变迁研究——从明卫城到清盛京时期》③一文中提到，沈阳在明代是为了抵御东部少数民族的入侵作为卫城而建立的，直到1625年努尔哈赤将都城迁至沈阳，清前时期作为后金的都城，沈阳才在东北城市的历史上占有重要的位置。从卫城到都城的发展，主要是受到汉文化、女真人的传统习惯以及藏传佛教的宗教因素影响。栾晔《东都旧殿美华章——沈阳故宫建筑的民族特色》④呈现沈阳故宫建筑逐渐"汉化"的过程，从具有北方固有的满族游牧特色的高台定居、宫殿分离，再到大政殿的八角重檐攒尖式建筑，兼容并蓄多种传统文化，最后到仿效汉族风格的戏台、太庙、前殿后寝建筑，增添不少汉族江南文化的味道。范明雷《沈阳故宫建筑技术特点及其文化探析》⑤中认为故宫西路和中路扩建的建筑，都是在充分吸收中原文化后的成品，但又尽可能地保留了满族特色。如乾隆在位期间大兴土木修葺的文溯阁，采用蓝绿为主的冷色调，给人静谧安逸的感觉，与红色、金色象征的火焰相对比，也代表一种防火灾的迷信观念，由于色调的缘故，整个文溯阁突出一种清新淡雅的意境，颇有江南楼阁

---

① 郭大顺：《从牛河梁到沈阳城——一种建都理念的启示》，《文化学刊》，2016年。
② 沈阳城的设计和建造者是喇嘛教中的高僧，他们和西藏达赖一起，称沈阳是"莲花之城"，称皇太极为"曼珠师利大教王"，即视皇太极为曼陀罗的本尊，这也同清初沈阳城按曼陀罗布局相吻合。
③ 王鹤、董卫：《沈阳城市形态历史变迁研究——从明卫城到清盛京时期》，《城市规划学刊》，2011年。
④ 栾晔：《东都旧殿美华章——沈阳故宫建筑的民族特色》，《建筑技艺》，2010年。
⑤ 范明雷：《沈阳故宫建筑技术特点及其文化探析》，东北大学，2014年。

的意味。

（三）工业文化：城市记忆

工业发展对沈阳城市发展历程具有功不可没的历史地位，它是沈阳不可或缺的重要组成部分。而其所形成的工业文化，更是对城市的历史记忆有着深远的意义和影响。沈阳由于地理条件得天独厚，自然资源极为丰富，为工业文化的发展提供了充足的前期准备。1896年，清政府在沈阳大东边门里开办主要制造兵器的奉天机器局，开创了沈阳近代工业的先河。新中国成立后，沈阳成为了现代工业的长子，享有"共和国装备部"之美誉，创造了中国工业史上第一台汽车、第一架飞机、第一台数控机床等100多个工业文明经典，因此工业遗存非常丰富。目前学术界对于沈阳工业文化的研究成果集中于三个方面，一是工业文化遗产的历史与保护，二是工业文化与城市品牌塑造，三是以工业文化为元素的设计研究。前两者是本文关注的重点。

鲍明在《沈阳城市文化的结构与特色分析》[1]一文中把沈阳工业传统分为四个历史阶段，分别是早期的家庭手工业、手工工场时代的官营工业、晚清洋务运动开始的近现代大工业以及新中国重工业基地。随着改革开放和东北工业的调整及转型，沈阳工业不断确立信息时代的新型工业。李雯露《以工业文化为主题的沈阳铸造博物馆会战规划探讨》[2]提出，目前国内学者对于工业文化遗产的研究较少，因此对工业文化遗产保护开发的问题就显得十分重要。工业遗产是老工业基地在发展进程中一个历史符号，虽然新兴工业逐渐替代了传统的工业模式，但如果因此而让工业遗迹慢慢消失，就相当于是割裂了工业与城市相关的历史。因而沈阳为了尽可能多地保留下工业遗存留下的印迹，按规划建立了四个工业题材博物馆。

---

[1] 鲍明：《沈阳城市文化的结构与特色分析》，《沈阳师范大学学报》，2007年。
[2] 李雯露：《以工业文化为主题的沈阳铸造博物馆会战规划探讨》，黑龙江对外经贸大学，2009年。

张芳在《传承沈阳文化符号的城市品牌塑造研究》①一文中把沈阳当做一个城市品牌进行研究，认为沈阳工业文化在宣传中存在一定问题，受众对于沈阳城市宣传语的认知度不够，表现力和感染力也不够强烈，不利于沈阳工业文化的传播。鲍宗豪《全球视野下的沈阳文化强市战略》从文化类型和文化空间布局的角度提出战略建议，沈阳作为东北区域性经济文化中心，必须实行文化强市的战略来巩固自身的中心地位，其中沈阳的战略定位是建设传统文化、现代工业文化和创意文化相结合，塑造具有东北区域文化鲜明特色的文化大都市。

（四）抗战文化：沈阳精神

对于抗日战争，多数人印象中仍停留在八年抗战，却不知道事实上中国抗战应该是14年。②据黑龙江省抗日战争研究会统计，东北抗日联军对日作战次数有10余万次。经过历史史料充分证明，中国共产党领导的革命武装可以从1931年九一八事变开始，当日本抱着不良企图做出侵华行动时就开始了，日本的侵华战争爆发的时间就是中国抗日战争开始的时间，一共历经了14年。现在教科书、主流媒体报道都笼统地把抗战总结为8年，实际上忽视了九一八之后的6年抗战历程。对于东北抗联文化的研究成果，主要集中于总结抗联文化特色、突出抗联精神以及密营文化三个方面。

李红娟《东北抗联文化特征探析——以东北抗联歌曲为中心》③从抗联时期创作的歌曲角度出发，总结出抗联文化具有以下特征：从歌曲中表现出亿万同胞，尤其是东北人民强烈的爱国主义情怀；反映了东北抗联文化服务于战争的时代精神和强烈的战斗风格；贴近群众生活通俗易懂的情感表达方式。这些具体特征对于发扬抗联精神有着不可替代的意义。

周知民在《论东北抗联精神文化内涵与当代启示》④一文中强调沈阳是

① 张芳：《传承沈阳文化符号的城市品牌塑造研究》，沈阳航空航天大学，2009年。
② 抗联精神宣传队87岁李敏老人认为：人们对东北抗联的14年抗战史了解得太少了。
③ 李红娟：《东北抗联文化特征探析——以东北抗联歌曲为中心》，《社会科学展现》，2017年。
④ 周知民：《论东北抗联精神文化内涵与当代启示》，《长白学刊》，2013年。

东北抗联文化的"起点"，第一批抗联文化由沈阳军民和沈阳这一块地域组成，它的接受主体是生活在东北的广大人民群众，因而沈阳的抗联文化具有大众化、通俗化的鲜明风格。袁中树《抗联精神与东北文化传承》[①]认为抗联精神具有明显的地域性限制，它是东北这片土地上孕育出来的黑土地文化的组成部分之一。无论什么文化类型的产生都离不开它特有的地域特色，而东北的抗联精神是一种文化内容的实质，在不断发展中会从东北的本土文化中汲取丰富的养分，并且会带有明显的地域文化标记。由于东北人民豪放的人格特质和东北环境艰苦的生活方式，更是给东北地区的抗联文化添上一笔独具特色的"东北风格"。

王航在《简论东北抗联的密营文化》[②]中，首先肯定了东北抗日联军对东北历史的重要价值，并提出东北抗日联军创造了一种具有东北地域特色的生活方式，那就是抗联密营。在战时文化中延伸出来的密营文化充分吸收了东北民俗特色，使其具有了东北风格。

（五）红色文化：革命斗争

红色文化是以马克思主义中国化为核心的先进文化，它在城市革命和建设的不同历史时期都发挥了举足轻重的作用，尤其为城市革命发展提供一种可支撑的精神力量。目前，学术界几乎没有专门针对沈阳红色文化的研究，但沈阳目前开放服务的红色旅游品牌不在少数，如"九·一八"历史博物馆、中共满洲省委旧址、刘少奇旧居纪念馆、周恩来少年读书旧址纪念馆等，共12个红色机构。仅有的研究成果也是针对上述红色机构所展开。

张瑞强《沈阳打造抗战红色旅游品牌的思考》从沈阳发展红色旅游的资源优势入手，认为沈阳是抗战的爆发地以及日本侵华的重要受灾地区，作为历史事件的"见证者"更能体现沈阳红色文化的内涵。根据上述优势，提出应加强对抗战历史文化资源的保护、建设红色旅游景点以及设计合理旅游线

[①] 袁中树：《抗联精神与东北文化传承》，《长白学刊》，2013 年。
[②] 王航：《简论东北抗联的密营文化》，《长春师范学院学报》，2013 年。

路等建议。万宁《整合营销传播视角下的辽宁红色旅游品牌传播研究》从整合营销传播的角度对辽宁省红色品牌进行整体分析，从组织、内容、手段、媒介、受众五个方面详细分析，认为目前辽宁省红色旅游品牌传播存在依赖政府、手段老套、渠道分散、缺乏反馈等问题，为了更有效传播辽宁红色品牌提出加强传播意识、加大传播投入、积极利用媒介手段与精准的市场细分等解决策略。通过对红色旅游品牌的整合营销分析，加强对民众的爱国主义教育的重视，培养沈阳群众保护革命历史文化遗址的意识和决心。除此之外，李海英《沈阳等九市联手打造城际"红色旅游"》同样是把红色文化引入旅游线路中进行传播，划分抗战、缅怀、励志、寻根、振兴共五个板块规划沈阳的"红色旅游"线路，通过旅游活动使青少年了解沈阳红色文化内涵、感受文化魅力、接受文化教育。《沈阳：红色经典进社区》中体现出沈阳皇姑区对红色的重视，针对未成年人开展"红色经典影片"和"红色经典书籍"活动，围绕抗战胜利和长征胜利等传统纪念日，采取老英模面对面的形式，与青少年交流沟通，对表现突出的孩子给予一定的奖励等活动。

二、民俗文化——点亮城市之光

（一）满族服饰：旗头旗鞋

满族服饰具有鲜明的地域和民族特色，它的最终形成与该民族所处的特定自然环境、社会环境、经济发展水平、人文等因素分不开。由于满族祖先善骑射，又受东北寒冷天气的影响，自20世纪30年代开始，满族男女都穿直统式的宽襟大袖长袍，既能起到保暖作用又能随时变到战斗状态。满族服饰主要由旗装、旗鞋、马褂、坎肩、大拉翅、靰鞡组成，其中旗装、坎肩、马褂等在影视剧中的频繁出现，已经被人们熟知并认可。学术界对于满族服饰的研究不多，涉及两个方面：服饰的图案、色彩、织绣技术的美学研究和满族服饰的历史作用及影响，第二个研究方向是本文的研究重点。

高玉侠在《辽沈地区满族文化资源分布描述》①一文中认为辽沈地区满族文化资源丰富且深厚，在服饰方面，他认为满族服饰对现代服饰具有很大影响，比如旗鞋类似今天穿的高跟鞋，另外一些满族人常用的配饰现在也受到年轻人的喜爱。满族服饰与东北地域环境密切相关，一些具有民族特色的服饰只有在东北才有，如靰鞡鞋是为了适应东北寒冷天气，以及适应户外活动和长途跋涉设计而成。

（二）饮食文化：满汉全席

沈阳的饮食文化丰富多彩，尤其是满族的饮食颇具特色。沈阳饮食受到地域、气候、宗教、习俗等特定因素的影响，加之满族、朝鲜族人民长期在此地聚居，形成了具有少数民族特色的饮食文化区域。比如朝鲜族的传统风味小吃打糕、冷面、泡菜，以及在日常食用的"八珍菜"②、"酱木儿"③、咸菜等。除此之外，在沈阳地区更值得一提的还是满族的特色饮食。清代以来，满族的饮食风格逐渐从关外走向关内，为我国饮食文化增添一抹重要的满族元素。如满汉全席、白肉血肠、豆面卷子等。目前对沈阳饮食文化的研究还比较少，但对于东北地区满族饮食文化的研究成果颇丰，主要是针对满族饮食文化的发展与演变、满族饮食的突出特点进行研究。

冷明在《满族入关后饮食文化的演变》④一文中梳理了满族入关后饮食文化的演变。受到女真族传统以及客观条件的影响，女真族形成了独具特色的饮食文化，入关后，原有的饮食文化与中原地区的饮食特色相融合，形成独具特色的满族饮食文化制度，除了继承传统烧、烤、煮的方法外，还掌握了蒸、炸、熘、熬等烹饪方法。入关后的满族饮食文化在传统技艺基础上不断发展，形成了一些新特点，使民间饮食文化和宫廷饮食文化形成明显的差

---

① 高玉侠：《辽沈地区满族文化资源分布描述》，《沈阳师范大学学报》，2005 年。
② "八珍菜"是用绿豆芽、黄豆芽、水豆腐、干豆腐、粉条、桔梗、蕨菜、蘑菇八种原料，经炖、拌、炒、煎制成的菜肴。
③ 大酱菜汤的主要原料是小白菜、秋白菜、大兴菜、海菜（带）等以酱代盐，加水焯熟即可食用。
④ 冷明：《满族入关后饮食文化的演变》，《赤峰学院学报》，2016 年。

别。刘明新、李自然《满族饮食文化的形成与发展》[①]将满族饮食文化划分为三个阶段，首先是保留传统风味的东北满族饮食文化，这一阶段的饮食文化具有稳定性和传承性，方便满族入关后与中原饮食相融合；其次是入乡随俗的直省驻防满族饮食文化，结合了多地区的饮食特色，具有开放性和包容性；最后是高水准的京旗满族饮食，融合多地区优点并形成自己的特色。

唐羽在《沈阳国际化星级酒店满清餐饮文化发展现状分析》[②]一文中认为餐饮文化是中国民俗文化的重要组成部分，其中满清饮食风俗又是满族文化的重要组成部分，由于沈阳是满清文化的发祥地，因此在开发满清特色餐饮文化方面具有一定的优势。此外，虽然在满族入关以后饮食方面受到汉族的影响很大，但其依旧保持着传统的饮食习惯，因此沈阳饮食中仍存留着明显的满族特色。王姝在《东北地区冬季民间饮食文化建构的智慧与策略》一文中提到，由于东北气候以漫长的冬季为主，为了满足东三省人民的饮食需求，在农产品极其匮乏的冬季，必须创造出果腹的食物维持生计，于是就有了"酸菜白肉""猪肉炖粉条""小鸡炖蘑菇"等众多冬季餐桌上常见的食物。在东三省沿海区域，东北先民一直以渔猎为生，呈现渔猎文明特色。随着种植技术和生活水平的提高，高粱、玉米、大豆等粗粮也逐渐走上沈阳人民的餐桌。

（三）民居建筑：口袋房、万字炕

民国时期之后，为了使经济更快发展，对沈阳城内的民居建筑进行大规模的改造，目前现存的民居建筑主要集中在中街北部。沈阳民居建筑主要以院落的小区域为主，如刘家大院、黄家大院等。对于满族民居的研究成果集中于两个方面，一是民居的演变与成因，二是对满族民居特点的概述。

于迪《论满族传统民居文化》[③]详细叙述了从满族的先世肃慎开始，直到清末民初的满族民居演变过程。肃慎所在的先秦时期，为了抵御冬季寒冷的

---

① 刘明新、李自然：《满族饮食文化的形成与发展》，《中央民族大学学报》，2004 年。
② 唐羽：《沈阳国际化星级酒店满清餐饮文化发展现状分析》，《商场现代化》，2012 年。
③ 于迪：《论满族传统民居文化》，《满语研究》，2010 年。

天气，主要选择了地穴式或半地穴式的居住方式，南北朝时期多以半地穴式为主；辽代女真人采用的地面居是满族建筑史上的重大突破，建筑水平也有了很大的提高；明代女真人开始使用瓦墙来巩固居所；明末女真人在简单的地面居上发展成为"口袋房"；清中期逐步形成了四方形的院式民居，也就是现在常见的"四合院"形式；在清末时期，民居为了更加美观实用，设立"影壁墙"。

金正镐《东北地区传统民居与居住文化研究》①对满族民居的形成提出一个解释：满族先民为了抵御寒冷的天气繁衍后代，必须寻找一个适宜生存的场所，因此，满族祖先初期利用自然形成的洞穴或树洞来栖身，随着长期定居生活的开始，满族祖先形成了最初的定居方式——巢居和穴居。对于满族传统民居的基本空间布局，一般是以正房、厢房、院子等"门"字形态设置，并在院内设置有萨满教性质的"索罗杆"②，通常萨满教祭祀的时候，在索罗杆上放食物，祭祀鸟类。曹智慧在《历史文化街区的保护与再设计研究》③一文中提到，满族民居的建筑特点以"口袋房、万字炕、烟囱出在地面上"来总结，沈阳民居一般由三、五间组成。由于满族人讲究几代人同堂共住，因此随着家族人口的不断增加，正房的周围会建成东厢房、西厢房，也就是我们现在看到的"四合院"。除此之外，陈妍《论东北满族民居建筑特点的传承》④认为，满族民居建筑特点对现代建筑具有传承作用。目前房地产开发的标准户型多为正方形和矩形，与满族传统民居"口袋房"的结构形式极为相似；东三省家用的地暖满足了东北人民冬季御寒的需要，地暖的设置可以追溯到满族传统民居的"万字炕"，能让整个房间均匀受热；满族民居的影壁墙充当居住空间的门面，也能起到遮挡作用，它也是现代社会的"玄关"的雏形。

---

① 金正镐：《东北地区传统民居与居住文化研究》，中央民族大学，2004 年。
② 满族固有的萨满教信仰的象征物。
③ 曹智慧：《历史文化街区的保护与再设计研究》，沈阳建筑大学，2012 年。
④ 陈妍：《论东北满族民居建筑特点的传承》，《大众文艺》，2014 年。

（四）老字号文化：盛京品牌

沈阳作为东北的政治经济中心，至今已有370多年的历史，在这段历史中，城街商贾逐年发展，形成商业地区和市场多处，而其中最为繁华、最具有代表性的商业区，当数四平街，也就是现在的沈阳中街。自从1861年营口牛庄开港以来，盛京已由自给自足的自然经济逐渐转向近代商业贸易的方向，经济贸易除了本地、周边区域，还扩散到了山东、河北、山西等地。随着盛京各行各业经济的迅猛发展，需要一个专门的机构维护同业利益，因此在1862年有了"公议会"，管理盛京城内不同行业的商铺。清代发迹的盛京老字号数不胜数，直到今天仍然开门营业的老字号主要有广生堂、老龙口、马氏烧麦、天益堂、老边饺子、萃华金店、内金生等。

目前，学术界对沈阳地区的老字号研究多为品牌传播和对老字号保护的建议与对策。董海浪在《多维度视域下沈阳老字号的繁荣与发展》[1]一文中首先明确了振兴发展沈阳老字号具有重要意义，不仅有助于弘扬中华传统文化、发展民族产业，还有利于提高沈阳城市品牌在全国的知名度。他认为沈阳自建城以来已有2300年历史，在盛京古城中有着一批以商业老字号为主的非物质文化遗产，这也形成了沈阳独具地域特色的城市历史文化。为了更好地保护沈阳地区的老字号文化，董海浪《三重维度下的沈阳"老字号"发展》[2]从政府、企业和社会三个层面提出建议，他认为政府对老字号文化的保护应该提供资金上的扶持，并维护老字号建筑，保留盛京古城的古色古香；企业自身应该提高品牌意识，依靠人才创造营销策划探寻出路；社会层面上，应该依托行业协会平台，利用新媒体的优质传播力度，发扬沈阳老字号文化。

（五）关东文化：沈阳往事

关东文化是指山海关以东形成的地域文化类型，主要出现在辽宁、吉

---

[1] 董海浪：《多维度视域下沈阳老字号的繁荣与发展》，《沈阳工程学院学报》，2013年。

[2] 董海浪：《三重维度下的沈阳"老字号"发展》，《社会纵横》，2012年。

林、黑龙江以及内蒙古部分地区，由于关东文化形成与发展的地域特征，也会被称作"黑水文化"或"长白文化"。关东文化涵盖的范围广泛，其中典型的包括地域性的历史沿革、民俗、旅游、饮食，在对沈阳关东文化的发掘中，我们发现沈阳地域文化历史中，无论是贵族的饮食特色还是平民百姓的生活琐事，都伴随着关东文化的影子，目前学术界对沈阳关东文化的研究大都聚焦于历史、渔猎、移民等方面。

马毅、胡凡在《论关东文化》中认为随着关东地区的农业以及工商业的发展，关东地区兴起一批现代化城镇，其中以盛京（今沈阳）为首，加之清廷对东北地区的解禁措施，使得东北农业、工商业全面发展，盛京也发展成为关东最大的城市。此外，该文章认为关东文化是在明清时期形成的极具地域性的文化类型，长期处于中央政治体制的掌控下，因此在大量关外移民涌入东北地区后，关内外文化相互融合碰撞，形成具有关东特色的流人文化，极具包容性和多元性。

三、宗教文化——遍布城市之角落

（一）道教：太清宫

沈阳是一座拥有历史文化的古城，在宗教信仰的传播上具有长时间的积淀，这在客观上也极大地丰富了沈阳的文化类别。在众多的宗教类型中，最早在沈阳大规模传播的要数道教。学术界对于沈阳道教文化的研究成果不多，主要围绕沈阳太清宫来进行研究。

李硕在《沈阳太清宫》[①]一文中详细介绍沈阳太清宫的布局情况。院内建筑主要是三楼五殿，每一座建筑都有自己的宗教职能，太清宫内会举办一些宗教活动，为善男信女提供一个寄托精神、舒缓压力的场所。李治国在《沈阳太清宫与东北道教》[②]一文中提到，东北地区是方仙道盛行的地方，又加

---

① 李硕：《沈阳太清宫》，《兰台世界》，2011 年。
② 李治国：《沈阳太清宫与东北道教》，《中国道教》，2003 年。

上少数民族多在东北地区聚居，这些少数民族的先民大多崇拜鬼神，奉行巫术。因此，长久以来东北地区与道教的渊源都很深。据《奉天通志》记载的东北道士就有十几位，而道教宫观更是有66座之多。其中最著名的就是沈阳太清宫。袁会元在《东北道教第一丛林——沈阳太清宫》①一文中，将沈阳太清宫喻为东北道教第一丛林，可见道教在沈阳拥有的深厚历史。直到现在，太清宫在省、市宗教部门的指导和帮助下，每周都会组织信奉者政治学习。

（二）藏传佛教：方城布局

佛教距今已有2500多年的历史，是世界三大宗教之一。西方国家普遍认为佛教起源于印度，在东汉时期逐渐进入中国人的视野，在与中国传统文化的碰撞、融合之中演变为现在的中国式宗教。藏传佛教指的是佛教传入中国后，在西藏发展的一支宗教，俗称喇嘛教，喇嘛教也是本文研究的重点宗教文化。目前对于沈阳喇嘛教的研究集中于佛教器物和佛教寺院建筑布局以及佛教的由来三个方面。

吕霁红在《沈阳故宫建筑满族风格中的佛教特点》②一文中提到，元代以后，喇嘛教在蒙古和我国东北地区盛行并得到广泛传播，直到金和明代，女真人普遍崇信佛教，清初愈甚。佛教在进入辽沈地区之后，努尔哈赤为了保护佛教庙宇，特意颁布诏令，不许破坏庙宇的建筑、陈设等，违者治罪。皇太极即位后对礼佛更加重视，沈阳城内建的四佛塔即是最好的印证，分别是延寿寺、永光寺、法轮寺和广慈寺。清初满族统治者崇信佛教的具体反映主要体现在沈阳城内的建筑上，如沈阳故宫大政殿内的梵文天花，出现佛字、梵文等图案。刘霄、张一平、张东旭的《沈阳藏传佛教寺院空间与环境研究——以"四塔四寺"为例》③，选择沈阳地区藏传佛教的最佳代表"四塔四寺"为研究对象，从规划布局、环境和建筑三方面出发，对"四塔四寺"后

---

① 袁会元：《东北道教第一丛林——沈阳太清宫》，《中国道教》，1993年。
② 吕霁红：《沈阳故宫建筑满族风格中的佛教特点》，《满族研究》，1989年。
③ 刘霄、张一平、张东旭：《沈阳藏传佛教寺院空间与环境研究——以"四塔四寺"为例》，《华中建筑》，2017年。

续的保护、修复与重建提出建议。

关于沈阳城内佛教文化的由来，还有一种说法是：随着满族的前身女真族政权在沈阳的渗入，女真族的执政者把藏传佛教带入东北地区。当时东北地区的蒙古部落的宗教信仰正在经历从萨满教转向喇嘛教，努尔哈赤为了赢得更多蒙古部落的支持，多次盛情款待前来传教的西藏喇嘛，并为传教喇嘛修建庙宇。王茂生在《清代藏传佛教对沈阳城市发展的影响》①一文中提出藏传佛教对沈阳城的建筑具有极大影响。盛京由于拥有独特的城市形态，因此被称为"曼陀罗城"②，在喇嘛教的曼陀罗坛城形象中，大都是外圆内方的结构，坛城中心被视为最尊贵的地方，方城四个方位各有一建筑或塔，这种结构和盛京城很是相似，由此可见，由于政权掌控者对于喇嘛教的重视，沈阳城在建设过程中对宗教的考虑程度很深。

（三）萨满教：万物有灵

满族的先世曾笃信萨满教，但随着蒙古族、藏族等少数民族尤其是汉族的影响，满族从单一信奉萨满教逐渐变为了多神信仰。尤其是到了后金时期，萨满教逐渐失去满族"第一教"的地位，皇太极统治时期，更是大力推崇藏传佛教，对于萨满教的沿用，只在祭祀祖先时偶有使用。原始社会中，由于生产力水平低，更多的农耕生活依赖于自然环境，因此人们倾向于崇拜日月、山川、河流等，认为上述自然现象都有神灵庇佑，于是出现了"万物有灵"的观念。而萨满就是在人和神灵之间存在的中介，通过萨满能够与神灵对话，祈求保佑等。目前对于萨满教的研究成果主要在对萨满教祭祀物品的研究。

李云霞《满族祭祖与萨满教的关系》③严格区分了萨满教与满族祭祀的区别，认为目前人们把满族祭祖和萨满教混为一谈是不对的，萨满教在思想基

---

① 王茂生：《清代藏传佛教对沈阳城市发展的影响》，《华中建筑》，2010 年。
② 曼陀罗，梵语音译，意为坛城、坛场，是密教在修法时为了防止魔障入侵而划定的区域或构筑的场地。
③ 李云霞：《满族祭祖与萨满教的关系》，《故宫博物院院刊》，2009 年。

础、祝词、供奉对象、祭祀时间等方面都与满族祭祖具有明显区别。只能说满族祭祖与萨满教之间有关联，但本质是不同的，满族祭祀是适应社会发展的需要相沿成习的一种民族喜庆习俗。[①]栾晔《沈阳故宫与北京故宫的萨满祭祀遗物》从萨满祭祀用品的角度，比较北京故宫和沈阳故宫在萨满祭祀时用具的差异。

四、沈阳文化特征概括

针对目前学术界对沈阳文化类型的研究成果来看，我们给这些文化贴上一个具体的"标签"，为的是强调该文化类型独具的东北特色及其重要的历史地位。纵观沈阳文化类型，我们可以将其特点总结为以下几点：首先，沈阳自有人类活动开始，可以追溯到7200多年前，有悠久的历史文化底蕴和众多古迹遗址，丰富多彩的历史文化在几千年的发展中一直延续至今，为沈阳城市的发展创造了多种文化类型，成为沈阳文化遗产中一块瑰宝；其次，沈阳文化是具有多民族性质的，满族文化的形成是多民族融合的结果，不仅有蒙古族、满族等关外民族的特色，后来统治者进入关内后，与汉族的融合，在文化特色上更是结合了多民族的优势，以饮食文化为例，满汉全席的形成即与多民族的融合发展密切相关；再次，沈阳文化的传承拥有广泛的受众基础，除了沈阳本地人对沈阳文化具有极强的认同感，外地人对于沈阳文化的内涵同样具有极大的了解热情，前者对工业文化形成的城市记忆更有感触，从工人村生活馆、工业博物馆可以明显感受到沈阳人民对工业的重视，后者对满清民俗文化表现出更大的兴趣，如对沈阳饮食、服饰上的追崇；最后，沈阳文化形式多样，具有浓郁的地方特色，这一点尤其体现在皇城建筑、民居建筑和民俗文化中，不仅有物质文化遗产的存在形式，如人物故居、事件旧址等，还有一部分非物质文化遗产，如剪纸技艺、地方方言等。

---

① 傅波：《从兴京到盛京——努尔哈赤崛起轨迹探源》，辽宁民族出版社2008年版，第405页。

　　本文将沈阳文化划分为三个大类，在考察研究过程中，我们发现这三大文化类型也都极具沈阳地方特色。沈阳历史文化具有完整性的特点，它从始至终贯穿于沈阳城市的发展过程之中，无论是新乐先民还是皇城建筑再到抗战斗争，都是根植于沈阳这块特殊的土壤中，它拥有其他城市或地区所无法比拟的优势，因此一代又一代人物选择将它作为部落聚居地、都城、根据地，使得沈阳城市的发展具有完整统一的性质；沈阳民俗文化（满清为主）具有碎片化的特点，民俗文化基本不会采用线性的方式呈现，更多的是以"元素"的集合表现出来，拥有具体实际展品的"依据"、文字性的介绍以及个人生活经验的累积等，在这种意义上沈阳民俗文化表现出的是点滴集合的状态；沈阳宗教文化具有遍布性特点，目前沈阳对于道教、萨满教的崇拜并不广泛，但宗教文化对沈阳城市建设的影响却不可磨灭，无论在城市建筑还是在饮食特色上都或多或少具有宗教的影子，这种遍布性也是长久存在、影响深远的。

第三节　沈阳博物馆展陈文案与地方文化传播的问题分析

　　了解过展陈文案对地方文化传播的可行性与必要性，以及沈阳城市发展历程中已有的地方文化类型后，我们将从叙事学的视角，探究博物馆展陈文案中地方文化突出呈现的问题。展陈文案中的传播问题主要体现在四个方面，一是博物馆展陈文案中呈现的地方文化类型比例失衡，导致部分文化类型在博物馆呈现上存在缺失；二是单维度传播文化的正面形象，对受众需求的忽视不利于城市文化的整体传播；三是展陈文案叙述方式的模式化，难以唤醒受众对地方的城市记忆；四是信息内容以爱国教育为主，消解部分地方文化的独特性与真实性。鉴于上述问题的大量存在，探究问题的成因以及目前展陈文案的现状成为我们思考的重点。

我们利用传播学实证的统计方法，对沈阳地方博物馆展陈文案中体现地方文化的部分关键词进行了词频统计。针对每一种文化类型列举出3个能代表该文化类型的关键词，并对这些关键词进行整体的分析。这些关键词有"石器""努尔哈赤""工业""日本""张作霖""服饰""饮食""民居""艺术""宗教"等，大概涵盖了沈阳自建城以来的文化范畴。在此基础上，本文整理了不同文化类型在沈阳文化中的整体比重，详见表3-2。

表3-2　沈阳博物馆中与地方文化相关词频出现次数统计表（单位：次）

文化类型	文化名称	关键词	词频小计	词频总计	文案组	总计
历史文化	新乐文化	石器	29	42	18	1033
		氏族	4			
		图腾	9			
	皇城文化	迁都	26	103	25	
		努尔哈赤	48			
		八旗	29			
	工业文化	工业	102	222	43	
		厂	113			
		长子	7			
	抗战文化	日本	156	240	56	
		抗日	39			
		九一八	45			
	历史人物	皇太极	46	249	35	
		张作霖	114			
		张学良	89			

文化类型	文化名称	关键词	词频小计	词频总计	文案组	总计
民俗文化	服饰文化	服饰	20	35	21	203
		配饰	11			
		首饰	4			
	饮食文化	饮食	14	46	5	
		宴	30			
		器具	2			
	民居建筑	民居	15	29	7	
		口袋房 万字炕	3			
		大青楼	11			
	艺术与习俗	艺术	31	55	5	
		节日	8			
		习俗	16			
宗教文化	宗教文化	道教	4	23	13	36
		藏传佛教/喇嘛教	15			
		萨满教	4			

依据统计结果我们可以明显得出以下结论：第一，历史文化在沈阳博物馆展陈文案中所占比例较大，民俗文化和宗教文化出现的频次较少，整体上是作为附属文化类型出现在博物馆中，如"迁都""工业""张作霖""九一八""日本"等词汇出现次数较多；第二，展陈文案中与宗教相关的内容出现频次相对较少，这与我们之前的预设差距较大，这个问题与本文考察的博物馆类型有直接关系，沈阳目前对外开放的博物馆中没有以宗教为主题的，仅有的宗教馆舍并不向公众开放，仅作为内部人员交流所用；第三，体现民俗文化的展陈文案数量并不突出，如"饮食""民居""习俗"等关键词出现的次数较少，频次却相对平衡，说明博物馆策展人员在策划展

览内容时有意识地平衡民俗内容的传播。毋庸置疑的是，从沈阳地方博物馆中与文化类型相关的词汇所呈现的直观数据中，可以清晰看到博物馆文案的内容表现具有鲜明的历史特征和地域特色。我们将尽可能多地将这些数据还原到具体的文本之中，从叙事的角度深入分析博物馆展陈文案对地方文化传播产生的作用和影响，并积极寻求有益于地方文化传播的展陈文案表现方式。

一、沈阳地方博物馆展陈文案概况

以沈阳博物馆中能体现出地方文化的文案组作为切入点，并与沈阳历史上存在的文化类型进行对照分析，寻找地方文化类型在沈阳20余家博物馆中的印迹，以此来厘清沈阳已有的文化类型与博物馆展陈文案之间的关系，详见表3-3。

表3-3 博物馆展陈文案组中的沈阳文化类型（单位：个）

	历史文化					民俗文化				宗教文化		
	新乐	皇城	工业	抗战	人物	服饰	饮食	民居	习俗	道教	佛教	萨满
博物馆文案组	18	25	43	56	35	21	7	5	13	13		

关于沈阳地方文化类型的划分，目前学术界更加认可的是结合历史时间与地域特色的分类方式，将文化类型分为历史文化、民俗文化、地域文化以及现代文化四类，由于现代文化距今时间较短，不在本文的考察范围内，本文综合考虑把沈阳地方文化总结为三类，分别是历史文化、民俗文化与宗教文化。带着已有的文化类型依据，我们以博物馆文案组作为一个单位，走访沈阳20余座博物馆机构。

根据沈阳博物馆中呈现的地方文化类型，不难发现四个明显的特征。首先，在文案组分布上多寡差距明显。在博物馆的策展工作上，工作人员偏爱依托历史事件来挑选内容，尤其是抗战往事和工业历程在这一部分相当突出，文案组在数量上占据明显优势，而宗教文化则只占一小部分，除此之外，其他文化类型在数量上略微有差距但并不明显，可见，沈阳博物馆在对历史文化的内容策划上会对部分文化类型有意识地侧重。其次，博物馆展陈文案内容的筛选与城市经济发展水平相关。沈阳素来是以工业闻名全国的城市，整个城市处处都体现出工业元素的点缀，不论是工人村还是工人文化宫，都蕴含着千万工人对城市建设付出的辛勤汗水，沈阳工业发展的成就在全国范围内功绩显著，因此，博物馆在内容选择上拥有丰富的工业文化素材，出于资料收集的便利，就更倾向于策划展出与工业相关的文案内容来唤醒沈阳民众的城市记忆。再次，博物馆文案内容多与地方特色相关联。沈阳作为抗日战争的爆发旧址，以及张氏父子与日本人对抗的主要阵地，许多历史事件都发生在沈阳，如皇姑屯事件、九一八事变等都在沈阳的见证下留在城市记忆中，博物馆有责任与义务将这段历史记录下来，并长期以展览形式呈献给受众。最后，沈阳博物馆展陈文案能充分体现本地人生活习惯。民俗文化中的服饰、饮食、民居和习俗在博物馆展陈文案组上呈现数量相差不大，但比重却不容忽视，鉴于努尔哈赤与皇太极在沈阳的统治时期，为沈阳带来了丰富的满族民族特色，民众生活中琐碎的细节都能映射出满族元素，如万字火炕、口袋房、饽饽等，博物馆展陈文案通过文字与图片的形式为城市保留住这些转瞬即逝的传统民俗与技艺。

综上所述，沈阳博物馆展陈文案能够突出体现沈阳的部分文化类型，但在传播力度上会有所差异。博物馆策展人员根据城市的历史特性和事件节点选择传播内容，一方面能抓住沈阳历史的"灵魂"，但另一方面却不利于其他文化类型的整体向前发展。在对沈阳已有文化类型进行整理的过程中，寻找博物馆展陈文案与文化类型之间关系的同时，还发现沈阳地方文化在博物馆机构中传播存在的问题。

二、文化消逝：失衡的比例差异

博物馆文案本身承载了地方文化的深层内涵，通过博物馆策展人员专业的理解，向受众描述地方文化的历史特征及内核，如描述沈阳工业的发展历程与成就可以渗透出城市的发展状态及工业发展的变化过程。从搜集整理的沈阳博物馆展陈文案中，能够清晰表现文化内涵所具有的时代特征和地方特色。但统计数据显示，关于历史文化、民俗文化以及宗教文化的文案数量比重失衡现象明显，其中描述历史文化的数量是民俗文化和宗教文化的五倍，民俗与宗教文化在全部文案中处于辅助地位，这与沈阳文化构成的比例并不相符。

（一）线性叙事下的工业发展

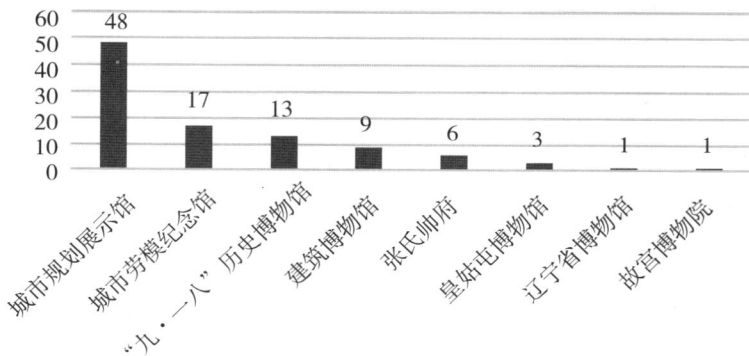

图3-1　各博物馆中"工业"出现的词频统计（工业博物馆除外）

沈阳博物馆展陈文案中描述的工业文化涉及历史时期的多个节点，展陈文案通过对工业发展不同阶段的描述，凸显出沈阳工业文化的不同侧面。（图3-1）从文案的展示顺序上来看，这部分文案的叙述是从1898年沈阳开启近代化作为开端的，按照四个时间阶段的划分，展现了沈阳工业发展的过程。除了沈阳工业博物馆这个本身以"工业"为主题的博物馆之外，工业文化在其他博物馆展陈文案中呈现的比例同样居高不下，尤其是在城市规划展示馆、沈阳劳模纪念馆、建筑博物馆以及"九·一八"历史博物馆中。综合来看，沈阳博物馆文案对工业化进程的描述大致与下述四个时间阶段相契合：对于民族与殖民地工业时期（1858—1949年）进行描述的文案，以张氏父子统治东北时期的工业为主，这是由于张氏父子接触了西方先进的工业理念，认为只有把工业掌控在东北手里，才能抑制住日本企图霸占东北的野心，充分体现日本妄想侵占东北的狼子野心，以及东北人们期望通过工业发展摆脱日本人的殖民统治，警醒人们铭记历史。如"列强据华：率先完成工业革命的西方列强，凭借船坚炮利打开了中国国门，在倾销其工业产品的同时，还开办了金融、房地产、交通运输、工矿等企业，疯狂掠夺中国资源。十九世纪末列强取得在华开厂的合法权，外资企业正式成为帝国主义向中国输出资本的主要方式。甲午战后的50年，俄日角逐东北，日本最终把持了东北工矿企业"①。对于沈阳早期的工业发展，博物馆文案更多倾向于表现工业成就的方面，如在沈阳城市规划展示馆中的描述，"曙光年代与工业先河：沈阳，是东北工业的摇篮，全国重要的装备制造业基地。1896年，清官办机器局（今沈阳造币厂）的创办开辟了沈阳近代工业的先河。随着民族工业的兴起及殖民工业的植入，大东、铁西等工业区相继建设，奠定了沈阳现代工业的基础"②。从这一时期的众多工业成就来看，张氏父子对于沈阳工业的发展起到了至关重要的作用，尤其是张作霖对官办工业的大力发展，从重工业到轻工业再到城市交通建设与国外先进技术的引进，使得沈阳工业一跃成为全国范围内的"领跑者"，这在某种程度上加快沈阳工业发展的步伐，比如"官办工业的发展：奉天军械厂，1921年张作霖建立，1928年扩建后，改名为沈阳兵工厂，成为当时中国最大的兵工厂；1927年，张作霖为了与日本人经营的沈阳站抗衡，开始修建辽宁总站，图为当年的沈阳总站；1922年，张作霖在沈阳北大营建造了迫击炮厂，1926年正式命名为'奉天迫击炮厂'，聘请英国专家沙墩主持迫击炮设计制造工作；皇姑屯机车车辆厂车间内工人的生产机车；奉天省省长王永江创办于1921年3月，从美商慎多洋行引进纺纱机20000锭、织布机200台，图为当时的奉天纺纱厂；奉天纺纱厂车间内使用

---

① 来源于工业博物馆，附录工业文化。
② 来源于城市规划展示馆，附录工业文化。

的美国生产线"①。这一部分文案利用图文结合的形式，通过文字对图片的解释与说明，突出表现沈阳具有代表性的工业成就，尤其是工厂旧址的今昔对比图，让受众站在第三者的角度审视这一座跨越时空的建筑。

新中国建设时期（1949—1986年）的沈阳工业发展，是张氏父子发展东北工业之后的十几年，凭借雄厚的工业基础，在"一五"时期被列为国家重点建设城市，在国家政策支持和苏联专家援助下建设6个重点工业项目，这一时期的文案除了客观表现工业现象，还增加了宣传工业成果等积极侧面。比如沈阳工业博物馆是这么形容新中国成立初期沈阳工业的发展情况，"上下求索：新中国成立后，中国人民着手建立自己的装备制造业。经三年恢复，一些较有基础的装备制造厂生产能力大幅提升。'一五期间'，在苏联的援助下，通过引进、学习、仿制外国先进技术装备，不断谱写中国工业的第一，初步形成重型矿山机械工业"②。由于1958—1977年"大跃进"所受的遭遇，加上市场经济的冲击，不少企业倒闭、工人下岗，沈阳工业正经历不景气甚至出现倒退情况的逆工业化时期（1986—2002年），博物馆展陈文案对这段历史只是偶有提及，甚至用简略的文字一笔带过，这一阶段历史除了作为次要内容展示，策展人还会习惯性将整体内容带回到积极的正面宣传上。如"自主创业：从1958年至1977年间虽经历了'大跃进'，遭受'十年浩劫'的严重破坏，但由于贯彻自力更生、优先发展重工业的方针，重型矿山机械工业并没有放慢前进的步伐，形成了重型、矿山、起重运输、工程机械和大型铸锻件五个制造业，从而使重型矿山机械工业的生产能力有了很大提高"③。虽然在文案中提及了工业逆发展的部分，基本重现了历史事实，但是在展陈文案的撰写过程中为了重点突出沈阳工业正面的部分，策展人倾向于深化这种积极影响，因此逆向发展的历史图片和文字的说明都相对较少。虽

---

① 来源于皇姑屯事件博物馆，附录工业文化。
② 来源于沈阳工业博物馆，附录工业文化。
③ 来源于城市规划展示馆，附录工业文化。

然这种处理方法无可厚非，也可以说是常规性或者必需的操作，但试想展陈文案的描述有选择地"忽略"部分历史，会导致受众对于历史真相的片面理解，甚至模糊、混淆对历史文化的正确认知，在某种程度上受众缺乏逆发展历史的灌输，不利于对地方文化的全面理解和认同。

对于沈阳工业的重振时期（2002年至今），这部分文案主要强调在国家的政策扶持以及一线工人的创造成果以及沈阳工业实现全面振兴的工作汇报。这一时期沈阳工业快速发展，而展陈文案需要经历选择、撰写、修改、印刷等过程，相较于新媒体来说，更新重整的速度相对缓慢跟不上时代发展的步伐，出于更新成本和形式的考虑，这部分内容更多的是强调党和国家对沈阳工业实施的方针、政策一类，如"振兴圆梦创伟业（2003—2015年）：在中央振兴战略的引领下，沈阳着眼于突破制约经济社会发展的瓶颈，围绕建设国家中心城市、先进装备制造业基地、生态宜居之都'三大目标'，扎实推进做优发展空间、做大中心城市、做强县域经济、加强生态建设、着力改善民生'五大任务'，老工业基地振兴发展取得了阶段性重要成果。党的十八大以来，沈阳认真贯彻落实党的十八届三中、四中、五中全会和习近平总书记系列重要讲话精神，科学把握发展趋势，坚持稳中求进工作总基调，主动适应引领经济发展新常态，拼搏进取，攻坚克难，全面完成了'十二五'确立的目标任务"[1]。

博物馆展陈文案依据工业发展的不同阶段，把沈阳工业历程呈现在受众面前，再现工业化进程中沈阳走过的每一步，直到走向了现代工业的康庄大道。但立足于事件发生时间的线性描述结构简单、人物有限，只有工业主线这一个层次，减少或去掉了其他分支，一方面的确对工业文化的传播起到突出和强调的作用，但另一方面对其他文化类型则是一种忽视的态度，这种单层次的线性叙事不利于沈阳地方文化的全面呈现，容易导致部分文化在展陈

---

[1] 来源于沈阳劳模纪念馆，附录工业文化。

文案中的"无辜"消失。

（二）部分文化的突出呈现

回顾沈阳博物馆对于工业文化的描述文案，总体上会给人留下这样的印象：叙事中的主体和主线基本都是围绕着几个重要的历史时期所展开的，所以到这里的历史描述类似于"重大工业事件一览表"，虽然说工业发展对于沈阳的城市建设产生了巨大的积极影响，但是在博物馆文案中过多地强调多年以来沈阳的工业成就，从而在叙事比例上面产生较为明显的不平衡，并直接导致了对沈阳民俗文化、宗教文化等其他文化领域的相对忽视，使得这些领域的发展成果在文案描述中显得破碎和凌乱，无益于受众全面理解和还原沈阳地方文化的历史面貌。虽然仅仅通过博物馆文案想要全面展现沈阳文化的方方面面存在许多困难，但是如果对某一特定历史文化的过度重视，导致其他历史文化的"无意识消失"，那么最终对于地方文化的叙事和展示效果必然会是不尽如人意的。

明显的是，在博物馆文案中占比较少的文化类型并不等于该文化对于沈阳而言不重要，相反，它可能无形地置身于沈阳这座城市中，已经和沈阳融为一体，人们感受不到它和城市之间具有任何形式上的差别，比如满族饮食传统、满族服饰特色、宗教文化等。以沈阳宗教文化为例，在博物馆文案中呈现出来的文案组数量是考察的文化类型中数量最少的，但沈阳故宫的建筑理念、供人们娱乐休闲的室外广场等都与宗教文化有着密切的关系。皇太极继位后大力推崇藏传佛教，由于藏传佛教是藏族、蒙古族普遍崇祀的宗教，一方面为了加强民族之间的联系，另一方面为了赢得其他部族的支持，皇太极下令吸引蒙古和西藏的喇嘛到沈阳进行弘教，将喇嘛教的宗教理念融入城市民俗、建筑中，沈阳故宫的拓建就体现出藏传佛教进入沈阳后在建筑领域的作用。"曼陀罗"（坛城）是藏传佛教推崇的理念，"曼陀罗"的中心是皇帝应该待的地方，也就是目前沈阳故宫所在的位置。整座城市是"内方外圆"的结构，中间方形的部分由原先的"十字街"变为"井字街"，"井"

字的中心属于圣地，是掌控至高无上皇权的位置，外部圆形的东西南北方向修建了具有西藏特色的喇嘛寺庙，即实胜寺和四塔寺，是由喇嘛教有地位的高僧悉不遮、毕力兔朗苏所设计。这么看来，"沈阳都城建筑理念受到宗教的影响，虽然没有明确的文献记载，但以现存的建筑和遗迹分析，还是可信的"①。"1644年，清朝迁都北京后，沈阳地区作为'八旗劲旅'的兵源补充地和清朝皇宫的'龙兴重地'，清政府利用'清柳条边'加以封禁保持满族'国语骑射'的风气，之后康熙、雍正、乾隆等皇帝每一次东巡祭祖都给城市带来新的活力。并在1680年盛京城增建盛京关墙、分设八个边门，最终形成'城方郭圆、内部井字街、宫殿居中、周边四塔寺'，具有藏传佛教'曼陀罗'特征并体现了满汉蒙藏等多民族文化的独特都城格局。"②这一部分文案即能体现宗教文化藏身于著名建筑之中，虽然并未在展陈文案中体现出来，但与城市发展却密切相关。文化的重要性不仅表现在建筑上，还在习俗节日中有所体现，如这一段文案描述，"合卺：或称'饮交杯酒'，满语称'阿察布密'，即合卺。主要流行于东北及北京地区，新人入洞房后，饮交杯酒，从此开始共同生活"③。直到现在，合卺这种形式的交杯习俗在婚礼、聚会等场合中仍然频繁使用，可见从满清时期沿袭下来的传统习俗对现代生活的影响深远，只是由于没有固定的形式和专门场合记录保留它们，才导致这部分传统文化越来越不受重视，直到被人们忘记，但并不代表它对城市的形成和发展没有起到作用，相反，其意义和影响已深入人们生活的点滴之中。

　　在考察不同文化之间相互作用的博物馆文案时，我们发现，博物馆文案具有双重属性甚至三重属性，比如上述文案，在皇城建筑中能体现一定的宗教文化，皇城的建筑布局中充分考虑宗教的因素。再如这则文案，"宰割猎

---

① 郭大顺：《从牛河梁到沈阳城——一种建都理念的启示》，《文化学刊》，2016 年。
② 来源于城市规划展示馆。
③ 来源于故宫博物院，附录艺术与习俗文化。

物：氏族成员围坐在由木头架子搭建而成的火堆旁，生火宰割猎物，有明确的分工，母系社会女性地位高，多为男性工作，女性上身不穿衣服，已有头饰、衣饰"[1]。除了能表现出史前新乐人获取新鲜食物进行狩猎的渔猎文化，又同时呈现出母系社会在进行食物分割时女性的地位及服饰文化。描述历史人物的文案中也能体现出双重属性的作用，比如皇姑屯事件博物馆在描述伊达顺之助第一次刺杀张作霖时的文案，"刺杀张作霖：返回奉天督军署途中，在小西门遇袭，图为当时沈阳小西门；张作霖在省立图书馆再次遇袭，图为奉天省立图书馆照片；张作霖被刺杀的当天，日本载仁亲王从莫斯科途经奉天返回东京，张作霖到沈阳车站迎送；与张作霖同行的汤玉麟掩护张作霖逃走，图为汤玉麟戎装照"[2]，不仅通过图片的形式呈现了沈阳历史上的标志性建筑，小西门、沈阳车站、奉天省省立图书馆、奉天督军署等，还提到了与事件相关的人物，张作霖、汤玉麟、载仁亲王等，最重要的是这则文案涉及具体的历史事件，日本谋划第一次刺杀张作霖失败，对于皇姑屯事件的爆发是一个铺垫，因此也属于抗战文化中的一部分。类似具有多重属性的文案在博物馆中不占少数，我们认为，由于博物馆场地限制和文案制作成本等原因，利用最简洁的文字，呈现出最多元化内容的文案，才是博物馆展示地方文化时最有效的文案，这也是设法全方位呈现地方文化的方式之一。

（三）工业文化的地位与属性

在沈阳博物馆文案组的整理中，与工业相关的文案组出现频次较高，这与沈阳城市的属性特征相关。工业文化在博物馆文案中的表现主要有四个方面：工业发展历程梳理、工业成就展示、典型人物树立以及集体记忆找寻。沈阳作为"共和国工业长子"，自然在工业城市形成伊始就承担了发展工业的重任，沈阳的工业之路走过了民族及殖民地工业时期、新中国建设时期、

---

① 来源于新乐遗址博物馆，附录新乐文化。
② 来源于皇姑屯事件博物馆，附录人物历史。

逆工业化时期以及重振时期。[①]自1898年俄国人在盛京城内修建中东铁路开始，沈阳城正式进入铁路交通时代；1920年以后，东北的工业主要依靠日本提供资金和技术支持，但奉系势力逐渐与北洋政府、南方政权以及英美资本主义有了更多的接触，为了防止日本侵占东北的野心扩大，张作霖开始发展东北工业，如奉天纺织厂、皇姑屯机车车辆厂、奉天机械厂等；1948年11月2日东北人民政府接管沈阳工业时，沈阳工业基本处于从零开始的状态，大批工厂机器设备被苏军视作战利品拆运回国，直到1952年底，沈阳工业才得以恢复，重新投入生产；20世纪90年代，随着市场经济的汹涌大潮，沈阳大部分国有企业难以适应新的发展模式，不少企业在改革中纷纷停产、数十万职工面临下岗；再到2003年10月，党中央出台《关于实施东北地区等老工业基地振兴战略的若干意见》，沈阳市政府打出"振兴东北，沈阳先行"的口号，届时，沈阳开始了加快全面振兴城市的步伐。

与其他文化类型相比而言，工业文化可以说是贯穿于沈阳城市发展的近现代时期，尤其是在新中国成立以后，现代化工业奠定了沈阳这座城市在全国的整体形象。由于工业文化具有时间延续性，可以依据重要历史时期或标志性事件对其进行阶段性划分，因此博物馆在设计文案内容时更倾向于传播此类型的文案。一方面，描述历史过程的文案有具体事件作为依托，资料数据便于策展人收集和整理；另一方面，沈阳工业发展时间跨度大，对于沈阳城市建设具有举足轻重的地位，拥有丰富的内容材料和发挥视角可以撰写。

三、内涵偏颇：一面倒的正向传播

历史是有偏向性的，多年以来博物馆文案一直都想将全面的历史情况呈现给大众，但由于各博物馆的定位和传播政策的不同，博物馆文案内容更倾

---

① 高雨辰：《城市文脉保护视野下的沈阳铁西老工业区公共艺术设计实证研究》，《设计》，2017年。

向于呈现积极、正面的值得为人称道的文化成就。回顾沈阳博物馆展陈文案中的文案组，我们可以清晰感受到对正面城市形象的宣扬以及对负面形象的避而不谈。

（一）单维度叙事下的沈阳往事

博物馆文案在描述历史事件进程或介绍具体展品时主要会考虑两个原则，一是要强调辉煌的民族文化传统和爱国主义精神，二是要突出展品的历史价值。鉴于博物馆一定会从民族主义的视角出发，因此必然会导致博物馆策展人员对展品的选择、布展方式、叙事内容、叙事结构等方面形成甄选机制，那些无法清晰表现积极正面民族传统文化或无法产生巨大激励作用的文案信息就会被淘汰，不允许呈现或是较少呈现在博物馆对应的展示区域中。这也表明博物馆工作人员策展的一种策略，即在肯定自我的文化的同时，不会刻意尽可能详细地说明自身文化的具体内涵，而是直接剔除那些不利于表现文化内涵的内容。沈阳博物馆文案的这种侧重性，集中表现在对历史人物和工业成就的文案描述之中。

对于历史人物的定性或评价，我们不能用简单的"好人""坏人"去评判，因为在历史人物所经历的一生中，他可能一方面是为了蝇头小利给日本人通风报信的奸佞小人，另一方面又是四处筹钱给年迈父亲治病的孝顺儿子，由于所处立场角度不同，所以无法片面形容一个人物的好坏，尤其是对历史进程有着重大影响的人物。但博物馆展陈文案则不同，对历史进程具有推动作用的人物，基本都被描写成了积极正面的形象，即使他们在其他领域有负面的影响，博物馆展陈文案中也会被隐藏起来。如对于张作霖的描述，"张作霖，字雨亭。1875年3月19日出生于辽宁海城县城西小洼村，祖籍河北省大城县。道光年间祖父张永贵带儿女闯关东来到辽宁凌海谋生。祖父去世后，父亲张有财带家人来到海城。张作霖出身贫苦，十三岁时父亲被仇家债主害死。他聪明好学，但迫于家境，卖过包子、做过货郎，还曾跟着养父学习兽医，医术远近闻名；他戎马一生，雄心勃勃，由一介草莽到民国新贵，直至称王东北，逐鹿中原，登上中华民国陆海军大元帅的宝座"①。"1902年，清朝招抚张作霖，图为招抚公文（局部）；刚刚接受招抚的张作霖，时年27岁；日俄战争期间，张作霖与沙俄马队合影；张作霖与俄军合影；因剿匪有功，清帝溥仪御赐张作霖的蟒袍；1907年，张作霖计擒辽西匪首杜立三有功，升为奉天巡防营前路统领，图为张作霖率部清剿杜立三匪巢。"②这部分文案高度赞扬了张作霖对于东北的巨大影响，并主要向受众呈现了他一路走来受到清政府嘉奖、赞许的表现。但实际上，在第一次世界大战期间，由于西方帝国主义忙于战争、无暇东顾，给了日本人侵占中国资源的好机会。1921年1月26日，张作霖主政东北期间向日本人表达了愿意亲近日本之意。"本人认为与其将东北委于南方人之手，毋宁让予外人更为了当。当时此刻，日本国如对本人有所指令，本人自必奋力效命，等等。"③张作霖对日本的这段"表白"，在某种程度上鼓动日本扩张南满洲的权益，这种示好是为了求得日本在以后的日子里帮助他巩固现有的地位。张作霖向日本示好这种类似的历史内容并没有体现在博物馆文案中。而对于张作霖与日本关系的说明，大部分是站在共同利益基础上的，如下述描述，"占据奉天的张作霖，利用武装势力，不断发展壮大自己的派系，先后排挤走赵尔巽、张锡銮、段芝贵等奉天政府要员，最终坐上奉天督军的宝座，独揽奉天省军政大权。张作霖独揽奉省军政大权后，在日本政府驻东北的殖民势力帮助下，在一年内先后取得黑吉两省的统治权，最终和平统一东北"④。这里的文案仅强调日本对于张作霖的帮助，却隐藏了日本同意帮助张作霖背后所达成的"私下协议"。对于人物的理解，受众在参观过程中会形成自己的理解，但博物馆文案在呈现内容大量具有倾向性或侧重性的方面，不利于受众对于历史人物、历史事件的全面理解。

---

① 来源于皇姑屯事件博物馆，附录历史人物。
② 来源于皇姑屯事件博物馆，附录历史人物。
③ 邹会之：《日本外交文书选择——关于辛亥革命》，中国社会科学出版社1980年版，第72页。
④ 来源于皇姑屯事件博物馆，附录历史人物。

对宣传人物正面形象的文案内容而言，一开始就被植入了英雄人物塑造的狭窄叙事语境中，这部分内容就被理所当然地进行大量宣传，总体看来，这样的文案组集合形成了一个"人物歌颂展"，通过博物馆展陈文案，给予展品和历史事实极为有限的解码空间，因为展陈文案在策划编码的过程中已经剔除不愿意受众看到的内容，对于人物本身不够了解的受众而言，除了接受文案内容传递的信息外，无法从整体的环境中对历史人物有全面、整体的理解。

除了在描述历史人物的文案中呈现出"歌颂式"的文案内容，在沈阳工业文化的表述中同样有上述问题。比如文案，"主要成就（1958—1979年）：1958年5月，沈阳重机厂、大连工矿车辆厂等制成我国自行设计制造的第一套年产60万吨的700/500毫米初轧机，开创了我国生产大中型轧钢设备的新时代。1959年，沈阳重机厂为武钢制造生产100万吨型钢轧制机组。1964年9月，由太原重机厂、沈阳重机厂、第一重机厂等192个企业共同承担生产的整体煅轧火车车轮、轮箍生产线在马鞍山钢铁公司建成投产，结束了中国的火车车轮和轮箍依赖进口的时代。1974年，沈阳重型机器厂研制成功摆式飞剪，不仅是国内首创，而且达到当时国际先进水平。获得了比利时布鲁塞尔第36届尤里卡金奖"[1]。直接使用"成就展示"的四字标题，呈献给受众一种"共和国长子"之名实至名归的感受，从某种意义上来说，这种教育效果是策展人在布展时的一种基本意图，变相探索出了一条宣传正面信息的新路子，也表现出其观念是从属于当前的政治和文化秩序的。

（二）受众需求的模糊把握

仅仅通过博物馆文案力求最大限度呈现城市发展的全部过程使得博物馆的工作困难重重，但侧重从某一个方面去讲述历史文化，而导致其他历史角度被刻意地弱化或忽略掉，那么最终很难向人们呈现完整全面的历史文化进

---

① 来源于工业博物馆，工业文化附录。

程，且不利于加大史实丰满程度。再以抗战文化中对人物形象的描述为例，中国人民的形象塑造主要有两个类型，一是在日本人侵略东北时期饱受战争摧残，表现出社会动荡的苦难形象；另一种是毫不畏惧日本人的残暴手段，积极与日本人抗争的英雄人物形象，在表现日本士兵毫无人性的同时，大力赞扬无私奉献、牺牲自我的英雄角色。相应地，对于日本侵略者的描述，则基本上呈现负面残暴的"妖魔化"形象。虽说含有情绪化的文案内容在博物馆中展现并非不可，但是以这样单一的视角来表现和还原历史面貌难免有些视野狭窄。博物馆中塑造的饱受摧残的中国人和残暴的日本人形象无可厚非，站在民族主义角度上来说，这么表现是正确且受众喜闻乐见的，但对于英雄人物的描述则显得不那么理智和冷静了。这里可以拿出抗战文化中的一则文案来说明，"一对男女的骸骨：1997年在沈阳东华门原日本宪兵队本部地下发掘出的部分遗骨中，铐在一起的一对男女尸骨"①。这两具骸骨被深深地埋在土里，两人却紧紧握住对方的手，可以想象这一对男女在英勇就义前，怀抱着的是一种视死如归的心情。这一对骸骨复制品的工艺以及历史故事在这里并没有当做核心观点和讯息来重点对待，相反，策展人有意识把它当做抗战神话的证据来加以说明。对于这对骸骨带有神话性的解读方式是：即使在战乱纷飞的社会环境中，面对日本人的残暴行径，他们仍然能坚守自身，不屈服于日本人的暴力威胁，宁可和心爱的人（或者是战友）一同死去，也不向日本人低头。再如东北人民抗日斗争中的一则文案为例，"巩天民夫妇使用过的雅马哈风琴——1932年，九人爱国小组在巩天民家秘密收集整理日军发动九一八事变的罪证材料时，为防止特务突然闯入，巩天民夫人以弹琴作为掩护，保证他们顺利工作。"②这里的戏剧性解读是：爱国小组领导者巩天民是沈阳商界名人，在一辈子的潜伏生涯里，为了保护自己和一同

---

① 来源于"九·一八"历史博物馆，附录抗战文化。
② 来源于"九·一八"历史博物馆，我们在考察时，正巧碰上博物馆工作人员对雅马哈风琴展出的位置进行调整，工作人员直接用手（未戴手套）触碰文物，感觉是对展品的不尊重，更何况是在馆内仍有受众的情况下。

从事地下工作的同志们不被敌人发现迫害，躲过了日本特务一次又一次的突袭。这种对于显性信息的模糊描述，容易导致受众在理解潜在信息时出现夸张想象的画面，虽然这种想象是受众根据自身社会经验自发形成的，但这与博物馆展陈文案表述的内容也有极大关系。

由此可见，在博物馆展陈文案中对苦难中国人的描述是具有延伸意义的传奇形象，同时也说明他们的抗日决心是非常坚定的。面对博物馆中大量具有潜在意义的文案信息，受众将中国人的苦难形象、日本人的残暴形象以及各领域的傲人成就当做唯一正确的理解来看待。经过不同程度的说明、强调、延伸后，展品或用于强调策展人观点的艺术创作很大意义上失去自身的意义，延伸出受众思维里臆想出的新意义。对于历史人物的好坏、工业成就的大小、英雄人物的形象塑造，受众在参观中会根据自身的知识构成形成相应的理解。而通过博物馆文案传达的编码，会在一定程度上限制受众的解码可能性，从而不能让受众自行理解历史、了解地方文化内涵。博物馆策展人出于策略性考虑，有选择地呈现给受众他们应该看到的内容，并有意识地避免部分不想被人们了解到的历史。这种"灌输式"的单向信息传播与早期的"子弹论"具有类似的意义，通过博物馆文案这种媒介形式传递出来的信息，具有令人难以抗拒的力量，就好像打进人身体里一样，能够产生"控制"人思想的神奇魔力，受众在这里能够自由发挥的地方很少，并且他们也不可能去对策展人传递的信息有所质疑。也可以说，这种效果正是策展人在布展时想要达到的效果之一，即完成对受众的信息传递工作，并让他们心服口服地接受。

如果从"受众中心"的角度去分析这个现象的话，沈阳博物馆文案目前的尝试可能还有些欠缺。"媒介的一切传播活动均以受众为中心，受众的传播系统的主体，传播系统的其他要素均围绕受众展开。"[1]博物馆的信息传播

---

① 王璐：《基于受众中心论的我国博物馆展览模式研究》，《赤峰学院学报》，2015 年。

活动应该从满足受众需求出发，传播受众感兴趣、想了解的内容，而不是站在策展人的立场上，传递方便搜集或具有明显侧重的内容。博物馆的文案传播应该从"传者"中心转向"受众"中心，只有受众从博物馆接收到的信息才算真正意义上的传播，否则只能称之为"告诉"。"受众是否愿意接受传播内容是制约传播效果的根本原因。"①由于受众的接收程度直接影响最终博物馆对地方文化的传播效果，因此，博物馆文案中呈现的内容应该更多地满足受众的需求，不仅从内容、形式上，还包括对文案内容的甄选上。从这个角度上看来，在博物馆文案的实践中融入"以人为本"的理念是十分有必要的，不论博物馆的存在处于何种职能要求，其传播的对象一定是博物馆受众，即那些来博物馆参观的人，只要抓住受众的兴趣点和眼球，那么博物馆地方文化内容的传播就成功了一半，"'以人为本'成为博物馆陈列和服务的理念"②。

（三）文化传播的责任与义务

博物馆最初的雏形是作为贵族们"家族式"收藏而形成的，映射着藏品持有者的上层社会地位和尊贵的身份，那时的"博物馆"只在少数人的圈子里流传，如各部族或大臣向皇帝进献的珍贵玉牒收藏于故宫"敬典阁"内，这时的"敬典阁"即是作为初期博物馆发挥着收藏功能；由于珍贵的藏品数量逐渐增多，其可获取性也逐渐增加，人们开始把精心"藏"在家里的宝物拿到更多人面前分享，方便有共同爱好的收藏者进行欣赏及研究，此时的博物馆则发挥着展示和研究的功能；随着博物馆规模的不断扩大，受众对于博物馆的要求不再只是陈列、保管，而是期望通过博物馆的信息分享增长一定的知识，这就是博物馆的教育功能。而收藏、研究和教育也是博物馆的三大基本功能。但随着博物馆的发展，其功能也得到扩展，如娱乐功能、保存集体记忆的功能等具有传播性质的功能。"无论是收藏、研究、教育、娱乐、

---

① 乐俏俏：《从受众角度探析博物馆的信息传播功能》，《世纪桥》，2007 年。
② 龙泉：《新媒体在地方综合性博物馆信息传播中的运用研究》，西南大学，2012 年。

文化、休闲，都是博物馆满足公众需求的一个侧面，他们共同构成博物馆社会功能。"①可以说，博物馆具有传播信息并提供教育的职责。除此之外，由于博物馆中承载了大量的中华传统文化，因此，长期以来博物馆会举办各种形式的高校参观活动，或是以服务机构的形式组织社会人员参观。

基于上述分析，博物馆首先是作为一个传播媒介而存在，具有信息传播的功能和职责，它可以选择传递正面或负面的内容，而博物馆又是一个大型的公共文化场所，拥有大量有组织且定期参观的受众，于是在选择传播信息时会倾向于传播能塑造出正面形象的部分，在博物馆文案中最直白的体现就是大量宣扬成就、塑造英雄形象的文案出现。

这些文案往往倾向于强调沈阳的城市地位及意义，从政治、经济、文化等角度突出沈阳历史发展的"积极"方面，这里的沈阳是被视作具有生机的城市、具有开放性的国际大都市和重要的文化中心来加以表现的。策展人期望通过这样的描述使沈阳市民对自己的城市和自身的地域文化感到骄傲，正是出于这样的原因，博物馆展陈文案中所展现的沈阳文化景观就必须同时富有传统和进步积极的，同时是独一无二和向世界开放的，同时又是成熟有活力的，以便每一位来参观的人都能从中找到对所属文化的认同之处。出于这种内在诉求，策展人一方面主要使用赞扬的文案内容表现沈阳的地方文化，另一方面最大限度地隐藏城市历史、历史人物的阴暗面，并且避免去展开可能的批评。

四、记忆尘封：模式化的文案阐释

综合回顾博物馆展陈文案对地方文化描述的叙事结构来看，总体上呈现相似的叙事模式。比如按照历史发展过程为线索的文案，往往把重要的历史事件"挂"在这条"线索"上，串联起来呈现给大家；或者是关于历史人

---

① 江海静：《博物馆信息传播活动研究》，南京师范大学，2016 年。

物的文案，会从人物的生平开始描述，同样以重大历史事件来串联起人物的一生；至于有关民俗文化的文案则更倾向于归为"知识科普"一类，简单介绍该展品的使用价值、历史意义等。这样的文案描述虽然在内容方面能够较为准确地体现地方文化的内涵，但由于模式化的表述方式缺乏新意，因此受众很难在"一次性"浏览阅读后形成记忆，尤其是把博物馆当作旅游景点参观的受众，而这部分受众又是博物馆受众的主要构成部分。有研究对市一级博物馆受众参观目的进行实证调查，发现"主流受众的参观目的多为观光旅游，这占抽样调查的 83.33%"[①]。为了让博物馆传递的地方文化能够对受众产生一定的影响，博物馆展陈文案中的模式化现象是值得我们深入思考与反思的。

（一）解构叙事下的"碎片"历史

展陈文案可以简单地划分为两个大类，一是对展品使用价值进行描述的文案，属于"解构式叙事"。它只会对展品进行简略的片断式说明，即使受众在此基础上发挥主观能动性，借助现有的信息呈现也是很难建构、还原完整历史的。二是对事件依照时间来记述的文案，属于"线性叙事"，它会为受众的参观规定"固定"的路线，文案内容根据事件发生时间依次排列，受众没有机会跳过某一部分内容，只能按照策展者既定的路线行走，接受预先设定好的内容灌输。这两种形式也造成了文案模式化的两种形式，前者会出现简单介绍型文案，后者会形成"流水账"型文案，无论是哪种形式的模式化，都不利于博物馆通过文字媒介吸引受众眼球，并在激发兴趣的基础上高效地进行地方文化传播。

从沈阳博物馆文案中挑选典型的部分来看，我们认为新乐遗址博物馆中的文字说明比较有代表性。新乐遗址是沈阳目前保留的一处原始母系氏族繁荣时期的村落遗址，房址密集，距今已有7200多年的历史。新乐遗址博物

[①]　黄惠惠：《历史类博物馆主流受众分析——以西安市三家一级博物馆为例》，《博物馆研究》，2016 年。

馆最具特色的地方在于馆内设置的史前建筑复原区，这与新乐史前文化的内容息息相关，通过复原区里直观的原始场景还原，能够清晰地看到史前新乐人是如何生存、母系社会的氏族会议现场以及史前建筑样式等能体现新乐文化内涵的场景，这部分建筑场景的确使人感到震撼。它改变传统的场景搭建方式，没有把受众阻隔在展台外，而是创造条件吸引受众走进场景，模拟场景角色从而产生身临其境的感觉，这种复原场景理念本意是为了加强博物馆与受众之间的互动，并帮助受众理解新乐文化内涵，但尽管创造了如此有利于受众参与互动的条件，在文字描述上相对而言就显得后劲不足，如下述文案，"七号房址（site of house NO.7）：发掘时间：1991年；房址规格：长7.38米、宽8.28米；场景内容：宰割猎物场景""十七号房址（site of house NO.17）：发掘时间：1992年；房址规格：长6米、宽5米"①。博物馆内对于全部的17个房址介绍使用了相同的"套路"，分别是编号、发掘时间、规格和场景内容，唯一能体现地方文化的场景内容也仅仅使用概括性的事件名称来代替。沈阳当地人都知道，"太阳鸟"形图腾对于新乐文化是具有重大意义的，博物馆文案对象征着母系社会权利的图腾是这么描述的，"木雕艺术品（复制品）：木质 下层文化 新石器时代"。对于新石器时期人们制作图腾的工具的描述如下，"圆凿式雕刻器（复制品）：玉质 下层文化 新石器时代；双刃凿式雕刻器：玉质 下层文化 新石器时代；斧式雕刻器：玉质 下层文化 新石器时代"②。类似的文案描述简短但并不能呈现更多的内容，受众看到这样的文案内容，理解不到更深层次的地方文化内涵意义。同样是对于木雕艺术品进行描述，大英博物馆在文案中会加入不同的元素，从不同的角度更多表现与展品相关的文化内涵，如"这一罕见的木雕有近2500年的历史。这类雕像在中国古代的楚国通常作为守护者被放置于墓穴中。楚国相当于今天的湖南和湖北省。在这个雕像制作的年代，楚国统治着中国一大片广

---

① 来源于新乐遗址博物馆，附录新乐文化。
② 来源于新乐遗址博物馆，附录新乐文化。

大的地域。楚人崇敬并敬畏很多神灵，通过巫师与神灵的沟通与协调。头戴鹿角似乎在萨满教仪式中有着重要的作用。有类似干漆鹿角的木雕可能代表了巫师，或者他们的权力。楚人以悠久的雕刻传统和木雕工艺而闻名，其中包括许多现实动物的雕塑，例如鹤和鹿等"[①]。这则文案则交代了展品所处的时代背景及使用功能，并对可能的宗教意义有根据地进行猜测，这必然是仰仗于长期研究这部分历史的专家才能得出的结论，因其猜测所得的结论有理有据，在文字表现上则显得可信度要高出很多。

简洁的说明文案在博物馆中的存在同样具有意义，尤其是在这里加上补充性的音频信息，形成对原有文字的详细补充，这对地方文化的高效传播具有两个明显优势。一方面，字数过多的文案内容需要受众花费大量的时间去阅读，我们知道，博物馆展品一般都是面向受众陈列的，由于博物馆展馆空间有限，有时只有一个方向可供受众参观，相对重点的展品可能会在展厅中间空地上展出，在四个方向都能供受众欣赏，如果博物馆内展陈文案全都是大段的文字描述，在馆受众数量多的时候会造成展馆拥堵的情况。为了避免出现"交通拥堵"的问题，简短的文案内容反而不会造成受众在狭窄的展品空间面前的尴尬局面；另一方面，利用听觉信息来补充文字形式没有涉及到的内容，能够达到意想不到的效果，受众的视觉感官此时能尽可能空出来仔细欣赏展品的细节部分，不用在展品和文案内容之间频繁切换，对于更好地理解地方文化内涵是有帮助的。

我们认为博物馆讲解员向受众讲解的内容同样属于文案的一部分，这是一种通过工作人员的麦克风传递的文案形式，是一种"鲜活"的文案表现形式。一般而言，博物馆讲解员的串词是有严格规定的，在讲解员正式接待受众前会进行统一培训，呈现给受众的讲解词是对已有文本内容的再现，而不是对其进行扩展或延伸，这种标准化的解读方式不仅不能拓展受众对于文化

---

① [英]J.D.希尔：《大英博物馆珍品之旅》，陈超群译，上海交通大学出版社2013年版，第51页。

的理解，反而进一步限制受众根据自身经验进行感知和解码。这种意义上，博物馆讲解员只能被称作历史的"复述者"，并不能达到为受众答疑解惑的高度，长此以往，标准化的讲解模式缺乏创新与互动，受众走进博物馆接受地方文化熏陶的意义也就变得模糊不清。但我们在走访过程中，遇到一些讲解员在工作之余阅读相关书籍或资料，当受众向讲解员提出疑问时，她会把这些阅读经验与受众分享，沈阳二战盟军战俘营旧址就是这样。跳脱出标准化的"你说我听"模式，让传播者与受众之间形成个性化的互动，这种新型的"你有问我必答"讲解模式，是一种根据受众自身情况量身定制的文化传播，对受众了解地方文化能达到查漏补缺的作用。

在能体现地方文化的博物馆文案中，简单地对展品使用价值进行介绍的文案出现的频次也比较高，尤其体现在皇城建筑以及满清民俗文化的介绍说明中。上述两种文化类型，主要体现于沈阳故宫博物院中，策展人"希望尽量避免对于历史空间和物品的政治背景的可能诠释，并且不鼓励受众从政治层面上深入探求和追问"[1]。因此在对建筑或民俗文化进行介绍时，一般会使用简洁的语句描述展品的使用价值，避免受众对"皇权政治"有过多的臆想猜测。如对皇城建筑的描述，"颐和殿：建于乾隆十一年至乾隆十三年（1746—1748），是皇太后行宫中举行典礼和召见王宫官员女眷之处；介祉宫：建于乾隆十一年至乾隆十三年（1746—1748），东稍间为皇太后随皇帝东巡在盛京驻跸期间的寝宫，皇帝每日率妃嫔到此问候皇太后起居；烟囱：建于清太宗天聪年间（1627—1635），是典型的具有满族特色的'跨海烟囱'，也是盛京皇宫内唯一的一座烟囱"[2]。对于皇城建筑的描述更多是其建成年份以及以往的使用价值，这部分文案内容往往会限制受众的解码意图，起到"避重就轻"的作用，受众参观时只能通过信息了解其建成时间、以往的使

---

[1] 刘宏宇：《呈现的真相与传达的策略：博物馆历史展览中的符号传播和媒介应用》，人民日报出版社 2015 年版，第 75 页。

[2] 来源于故宫博物院，附录皇城文化。

用功能等，但对于这座建筑里曾经发生过的故事却一无所知，这完全只能依赖受众自身掌握的知识和博物馆讲解员对文物的解释说明。考察沈阳故宫永福宫时，这是皇太极的庄妃居住生活的地方，在保留的场景上有一处悬挂的摇篮，受众对这个与众不同的房间装饰有些摸不着头脑，经过讲解后才知道这里是孝庄文皇后生下顺治皇帝福临的宫殿，该场景模拟的是庄妃抚养福临的场景，但永福宫内并没有设置文案展示牌向受众展示这一历史信息。

目前博物馆的讲解服务分为两种，一种是免费讲解，这种服务有时间限制，博物馆开放时只在规定时间为在馆游客进行讲解，如在免费讲解时间之外，需支付额外费用才能享受服务；另一种是付费讲解，这部分服务是针对错过免费讲解的游客设置的，沈阳博物馆中只提供有偿讲解的博物馆有两个，故宫博物院和张氏帅府，这是由于这两座博物馆主要以吸引外地游客、以旅游发展为主要目的。讲解服务平均收费在100元/次左右，从收费标准上来看，讲解费用并不算低，对于以游览为目的的受众而言，有意愿请讲解员讲解的情况不在多数。出于旅游成本层面的考虑，这种只对使用价值进行描述的文案内容不利于地方文化的传播。

除了明显的皇城建筑特色之外，沈阳故宫博物院的宫殿还具有双重功能，一方面它是作为展厅为展品提供展陈空间，如"十王亭"对八旗制度、清代武器、清代马具的展出；另一方面它本身就是展出的展品之一，建筑本身具有供受众参观的价值，如"大政殿""永福宫"等。出于对博物馆建筑群的保护，在沈阳故宫博物院中文案的介绍内容较少，这是由于策展人不希望展示牌影响故宫原状陈列①带给受众的感受，因此重要的宫殿建筑只会在殿外设置一块说明牌。原状陈列的确尽可能地为受众还原了真实的历史原貌，但只陈列无说明的介绍方式，在地方文化传播上仍然存在一些局限，受众的

---

① 原状陈列指的是博物院工作人员通过翻阅丰富的历史资料，还原故宫宫殿中物品的布局和装潢，以此呈献给观众一个与历史原貌几近一致的空间。但由于部分原始建筑可参考的历史资料有限，因此精细而准确的还原历史状态变得困难重重。

理解还需要博物馆发挥其教育职能，对受众进行适当引导，否则对于参观博物馆的受众而言，展出的文物只是"死板"的物品，而没有故事来丰富展品的文化内涵，使得展品只有历史的沉淀却缺乏故事的灵性。

民俗文化中的文案中模式化现象同样严重，民俗文化的讲述不以历史事件为线索，博物馆文案撰写者把它当作一种特殊的文化现象呈现，对于历史的整体发展起到辅助和增色的作用，因此在展陈文案中更多强调它的物品属性和价值功能，这里的民俗文化更多被视作民俗学的内容对待。这一层面来看，博物馆展陈文案的模式化指的是仅在文案中强调所展示物品的使用价值，介绍基本情况的现象。如故宫博物院文案对满族服饰的描述，"旗袍：满族男女皆喜穿着，清初之式无领、箭袖，大襟左衽、四开衩、系纽袢。入关后渐受汉人影响，居常袍改为两开衩或不开叉，马蹄袖改为平袖，春秋季外加马褂或马甲，女服外罩坎肩；大拉翅：此发式盛行于光绪、宣统年间，顶发梳成圆髻，脑后发呈燕尾式，另以黑稠，绒式纱制成'不'字形皂板，学名'头板'。底部以铁丝制成扣碗状，谓之'头座'，扣于发髻上，并用发缠绕。头板上加饰各种首饰"①。抑或是对满清饮食特色的描述，"切糕：满族著名食品，以黄米面加小豆蒸熟，蘸糖而食，色黄如玉，味腻如脂，香甜可口；火锅：吃火锅是具有悠久历史的饮食习惯，女真人行军出猎都要带着火锅，各种飞禽走兽都可入锅，风味独特。清入关后，火锅风靡全国"②。这几则文案虽说都是对沈阳地方民俗尽量细致地描述，并在内容中表现出地方文化的特色，但此时的博物馆文案仅仅是作为知识科普性质，发挥着博物馆的宣传教育功能。表现出的叙事结构比较混乱，受众需要对陈列展出的内容重构具有个人特色的历史叙事，才能对博物馆展陈文案表现出的内容形成深刻的理解。除此之外，还需要注意一个事实，在网络迅猛发展的今天，相似的知识科普内容通过互联网搜索即可轻易获取，那么对于博物馆受众而

---

① 来源于故宫博物院，附录服饰文化。
② 来源于故宫博物院，附录饮食文化。

言，走进博物馆的意义就显得不那么重要了，因此博物馆策展人对于介绍性质的文案内容呈现方式需要融入本地特色，是区别于互联网已有的信息内容，为博物馆参观的受众提供一个走出家门、走进博物馆的理由。

（二）难以唤醒的集体记忆

据法国社会学家莫里斯·哈布瓦赫（Maurice Halbwachs）的观点，"集体记忆指的是某群社会成员的共同记忆"[①]。在这种共同的集体记忆里，有一种重要的"文化记忆"，主要以文字、符号以及介质来加以保存。博物馆就是这样一个保存记忆的场所，它是一种"代表地点和身份认同的地点"，同时也是这种集体记忆的"文化客体化"。博物馆中展出的文物被精心保存并向受众公开，最终使得文化记忆得到传承。

能体现集体记忆的文案设计颠覆了传统博物馆展览的叙事结构，不仅没有严格按照时间顺序记录重要历史事件的线性叙事，也没有规定明确的参观顺序，受众可以根据自身兴趣自由选择想要了解的历史信息，不再是"移动的靶子"，策展人打到哪里就停在哪里。从故宫博物院对饮食文化和服饰文化的叙事结构可以看出，文案中没有呈现完整的历史叙事，只有各种历史实物的"碎片"以及大量历史图片，策展人并不希望受众通过参观达成完全一致的体验，而是期待受众能结合自身记忆与经历，将这些零散的碎片粘贴起来，组成具有个性化的亲历场景和生活叙事。

本文考察的博物馆多为沈阳地方性质的博物馆，面向的受众构成除了外地游客，还有一部分是生在沈阳长在沈阳的正宗"沈阳人"，这部分人群对沈阳有深厚的感情，在多年的生活经历沉淀下形成了属于自己的"城市记忆"，它可能是一间茅草屋、儿时玩过的嘎拉哈、一张剪纸又或者是小时候过的添仓节。我们认为沈阳博物馆传递出的地方文化都能唤醒受众对城市

---

① 刘宏宇：《呈现的真相与传达的策略：博物馆历史展览中的符号传播和媒介应用》，人民日报出版社 2015 年版，第 6 页。

的记忆，但在民俗文化中更加突出，如服饰、饮食、民居、建筑①等。关于集体记忆的突出展示，是经过策展人精心挑选，却又随机布局的，把受众的注意力从传统的叙事结构中释放出来转移到具体的文化内涵上。

沈阳博物馆文案中对城市记忆的体现也有成功的尝试。不仅仅局限于向受众传递模式化的内容说明或知识科普，而是更多地对该物品的历史意义和功能价值进行富于文学性的描述。因为这样的文案内容含有浓厚的情感，并能迅速感染受众的情绪，便于他们在参观过程中结合具体的展品和图片产生强烈的情感共鸣，借助这种情感上的契合拉近博物馆与受众之间的距离。如"这里收藏的不仅是一段历史，还有这座城市变迁的足迹，历久弥新、催人奋进……穿越时空，重温过去平凡沧桑的岁月，领略如今已发生巨变的新沈阳。过往，越久远，记忆愈醇香。规划带给我们的不仅是美好的城市，还有更幸福的生活。"②"感谢送老照片的每一位热心市民以及为本次展览做出贡献的各界朋友，再见！"③沈阳城市规划展示馆策划的《老照片记忆展》对沈阳建筑、工人生活状态、服饰等方面进行展示，通过照片呈现出真实可信的"记忆"，全面还原沈阳城市发展的过往历史。在文案中注重呈现"集体记忆"是一种另辟蹊径的方法，"这个观念在西方博物馆界已经逐渐成为潮流，并被简称为'将当代注入博物馆'或'将新近历史置入博物馆'"④。目前，沈阳博物馆文案的撰写逐渐开始尝试这类"散文叙事"的方法，但成果并不多见，尤其对于文案更新频率慢的传统博物馆而言，这种叙事风格暂时还不能被广泛接受，我们只能期待未来能够在博物馆中看到更多类似的文

---

① 沈阳建筑博物馆内关于沈阳现今标志性建筑的对比图，不仅对比呈现了不同历史时期同一建筑的历史风貌，还提供已经被拆除建筑的原貌图像，描述对于重点建筑的修筑理念、当时的时代背景等。我们考察该博物馆时，看到老照片后，结伴而来的受众会主动谈起关于该建筑的个人记忆，并与身边的朋友分享。

② 来源于城市规划展示馆，老照片展览。

③ 来源于城市规划展示馆，老照片展览。

④ 刘宏宇：《呈现的真相与传达的策略：博物馆历史展览中的符号传播和媒介应用》，人民日报出版社2015年版，第126页。

案。值得确信的一点是，传统模式化的文案应该及时审视发展现状，积极探寻能够吸引受众、留住受众、感动受众的文案写作方式，只有这样，才能在更大范围内把地方文化传递给别人，同时也为"自己人"对自己的文化内涵搭建成一个公共的意义空间。

（三）创作思维的守旧与欠缺

以"中国通史"为主题的博物馆在展览设计和文案撰写上，大都偏爱以时间为节点，梳理和再现从原始时期以来，到近现代社会中国历史的发展历程。从全国各地汇集到博物馆的历史文物，在全国性抑或地方性性质的博物馆通史展览中，都能找到一个属于自己的"玻璃展柜"，这样一来博物馆收藏库里所有的文物都能被安插进叙事结构中。"在展览中形成的'通史陈列'模式以及从中表现出的历史理念，很快就在全国范围内推广开来，基本所有的地方性博物馆后来都效仿其经验，陆续设计了具有本地特色的'地方通史展览'并向公众开放。"①根据地方文化的具体内涵不同，所塑造出的文化形象也会有所差异，但整体上表现出来的叙事结构却大体相同。再加上有些地区没有能够覆盖地方整个发展历史时期的文物，只能聚焦于一个方面，导致对地方文化的宣传具有侧重性。另一方面对于空白的历史用仅有的资料填充，这样一来被用来"补缺"的历史信息就缺少了独创性，博物馆文案内容也属于一类特殊的展品，当展品的独一无二性被掩盖的时候，它所蕴藏的光韵也会随之枯萎凋零。故宫博物院目前在国内属于领先发展的博物馆，在迄今为止的展览工作中，这样的国家级大馆还没有建立起可以称为模范或者样板被长期效仿，那么地方博物馆只能依托于自身地方特色和不断更新的媒介技术，才能巧妙地在全国性的博物馆中崭露头角。

由此衍生出博物馆文案中出现的历史文化断代现象也不在少数。由于历史事件发生的年代距现在太过遥远，在取证、考察时存在较大的困难，博物

① 刘宏宇：《呈现的真相与传达的策略：博物馆历史展览中的符号传播和媒介应用》，人民日报出版社 2015 年版，第 15 页。

馆策展人对详细具体的历史信息无从考证，导致呈现出历史文化的缺失、历史环节的跳跃等问题。比如，关于沈阳名称的演变，可考证的说法是：侯城（西汉）、沈阳（辽）、沈阳郡（元）、沈阳中卫（明）、盛京（清）、奉天（清）、沈阳（民国），但有些博物馆文案中并不准确描述具体名称所处的时期，甚至直接忽略清朝时期以前对于沈阳名称的演变过程。再比如辽宁省博物馆"古代碑志展"中的历史时间跳跃的问题，该展依据所处时代的不同划分了五个部分，分别是东汉时期（25—220年）、北朝时期（439—581年）、隋唐时期（581—907年）、辽朝时期（916—1125年）以及金元明清时期（1115—1912年），从其对时间阶段的划分可以明显看到部分是有重合的、部分是缺失的，这种历史的缺失和断代在博物馆中的出现是不适合的。博物馆的这种无视，直接导致了两种严重的后果，一是历史文化重要环节的断裂，造成"东北无文化""东北不重视文化保护"的主观印象，最终造成缺失的历史"漏洞"越来越大，为重新调查考证增加难度；二是由于历史资料的严重匮乏，缺乏有钻研精神的研究人员对其历史进行还原，只能把已有的内容借鉴过来直接使用，这样一来，博物馆文案中就形成了大同小异的文案模板，或许在展示形式上略有创新，但实际上都是换汤不换药的同质化内容。

除此之外，博物馆文案的模式化问题还与策展人的专业程度相关。对于博物馆文案的撰写人员，主要有两个基本的要求，一是文案写得有感染力，二是对地方历史研究得透，只有这两个要素同时具备，博物馆文案才能最大限度地传播出地方文化的内涵。但目前博物馆文案普遍存在这么一个两难的现象，文案写得优秀的却不太了解沈阳历史文化，了解沈阳地方文化的在文案撰写方面又有难度，特别是涉及专业问题的时候，撰写起来显得心有余而力不足，文物的制作工艺、技艺的传承等细节问题为文案的撰写设置了重重障碍，使得专业与文字之间割裂，连接起来需要双方共同的合作与努力。即使同时满足了以上两个条件，还需要考虑文案内容是否能够被受众理解，如果文案"文学性"太强，也不能称之为一则成功的文案，如张氏帅府对张学良生平的描述一样，"兵谏救国：拥蒋剿共，举步维艰，抗日复土夙梦难圆。骊山脚下，披肝沥胆，兵谏义举震惊天下。共商大计，一致抗日，国共双方冰释前嫌。义无反顾，送蒋回宁，将军品格光耀乾坤"①。过于强调文学性的文案内容，对于受教育水平较低、以一次性游览为主要目的的受众而言，其内容的感染力可能会大打折扣。但通常，博物馆之间的相互学习倾向于和最先出现的文案内容保持相对的统一性，博物馆文案在撰写时会有意识地借鉴、参考已经展出的文案内容，在此基础上更容易导致博物馆展示文案内容的同质化。

五、真实消解：强制性的教育输入

根据2016《博物馆条例》第三十条规定，博物馆举办展览的主题的内容应该符合弘扬爱国主义的要求。②文章前面也提到博物馆文案在描述历史事件进程时一个主要原则是强调民族文化传统和爱国主义精神，再加上沈阳有不少建立在历史事件基础上开设的博物馆，如"九·一八"历史博物馆、皇姑屯事件博物馆、沈阳审判日本战犯法庭旧址、沈阳二战盟军战俘营旧址等，它们在承载历史事件记忆的同时，还肩负着爱国主义宣传教育的职责。

（一）二元对立下的爱国教育

博物馆文案的宣传教育功能是三大基本功能之一，策展人除了有责任向受众传递地方文化以外，还有爱国主义教育和宣传的任务，本文考察的沈阳博物馆文案中，以抗战文化中的爱国主义教育居多。抗战文化中的主题是沈阳抗战史，该部分文案再现从日本侵华开始一直到抗战胜利结束，沈阳解放的发展历程。从这个视角出发，博物馆文案中对沈阳抗战史可以以九一八事

---

① 来源于张氏帅府，附录历史人物。
② 博物馆举办陈列展览，应当遵守下列规定：主题和内容应当符合宪法所确定的基本原则和维护国家安全与民族团结、弘扬爱国主义、倡导科学精神、普及科学知识、传播优秀文化、培养良好风尚、促进社会和谐、推动社会文明进步的要求。

变为界限，划分为九一八事变前的沈阳、事变爆发与东北沦陷、东北军民的抗日救亡运动以及抗战胜利共四个阶段。在其叙事过程中突出的是日本侵略者与中华人民战士的斗争以及中国人民为反抗侵略者压迫作出的努力，这种建立在抗日战争史上的历史叙事体现了当时的社会环境。对于抗战文化的描述使用得最多的是二元对立的叙事方法，将残暴的日军和苦难的中国人形象对立起来，这部分展示将文案内容和图片结合在一起，极具震撼力。比如下面这一组文案，一边是图片展示："轻取承德 侵占热河省：日军放军犬咬我同胞；日军用铡刀杀害我同胞；日军屠杀我国同胞，把首级挂在电线杆上示众；1933年3月，日军侵占承德，至此，东北四省一区全部沦陷""东北民众流离失所：东北难民逃亡在路上；东北开往关内的货车里，拥挤着逃难的人；辽宁难民乘装煤货车逃入关内的情形；无家可归的难民被迫移居到深山居住"①，另一边是日军使用过的军用物品展示，"日军用'八八式短延期信管箱'；日军用过的'九四式'山炮；日军用大衣；日军用风帽；日军用棉帽；日军用皮鞋；日军用手提式子弹箱"②。对于历史照片的描述，撰写人将这些场景视作民族耻辱并带有文化观点呈现给受众，这里所展示日军的用品是作为暴力和残忍的直观符号来使用的，某些方面具有神化性或戏剧性的夸张。一旁同板块中的历史照片中可以清晰看到中国人民流离失所的生存局面和极度痛苦的面部表情，这些物品都被当做日本侵略者对中国的经济和文化侵略的证据来对待。

博物馆文案中的爱国主义教育还通过对日本侵略者使用的物资来映射，一方面呈现出日军所使用的军需物资的优越性，表现日军战争装备的精良，另一方面是表现中国战争环境的艰苦以及人民流离失所的惨状。如图片展陈"北大营墙壁上的弹痕；被日军强占后的北大营门前；被日军炸毁后的北大营鸟瞰图；被日军炮火破坏的北大营，已成残垣断壁；中国军队慌忙撤出的

① 来源于"九·一八"历史博物馆，附录抗战文化。
② 来源于"九·一八"历史博物馆，附录抗战文化。

情形"　"关东军向沈阳集结兵力状况表；日本关东军司令部由旅顺迁至沈阳，本庄繁接受祝贺；1931年9月20日，关东军奉天特务机关长土肥原贤二就任'沈阳市长'；中国军警、职员被看押在街头；日军在沈阳城残杀无辜；日军装甲车横行街头"[①]。通过对日本军用装备的描述以及中国战败的惨状，利用两条对立的视角呈现"我方"和"敌对方"之间的区别和冲突，沈阳战争后的环境与日本侵略者的残暴密切相关，其中的中国和日本、受苦难者和侵略者、被动应战方和主动侵略方的对峙关系，通过相互对照的文案内容和图片、展品进行强调和重点突出，展示的侵略者形象大都残暴无道，甚至连妇女儿童也不放过（图片展示中多呈现对弱者的侮辱）。比如对于日军侵华所使用军刀的描述，表面意义是想说明日军武器的多样性及装备精良，但策展人在悬挂军刀的下方铺设了一层白布，在白布上又点缀了几滴"鲜血"。对于一把日军所用军刀的解读有多种可能性，但戏剧性的引导方式，将受众思维引到策展人希望达到的地方，如此一来，策展人虽然能更大概率达到爱国主义教育的目的，却在某种程度上限制观众解码的可能。

博物馆文案通过对抗战文化中中日战时状况的对比展示，一方面希望调动受众参观时的情绪，勿忘国耻，每一则文案、每一件展品、每一张图片都是对历史的佐证，积极完成着爱国主义教育基地的任务；另一方面使用具有引导性的文案内容，加强受众对历史的主观印象，并引导受众思维朝着策展人的意图发展。这里策展人并不单单是为了激发受众对日本的民族仇恨，而是希望以此警醒来参观的人们勿忘国耻，不要再让悲惨的历史重演。该意图通过板块结束时的反问句表现得尤为明显，"当我们即将走出展厅，大概每个人的心中都在滴血，而且每一滴血似乎都凝固成一串问号：日本帝国主义何以敢对我泱泱大中华举起屠刀？这里的每一幅图片，都是一串铁打的事实，为何有人至今不敢正视它？甚至歪曲它？篡改它？落后就要挨打，何以

---

① 来源于"九·一八"历史博物馆，附录抗战文化。

落后？这里的每一尊遗容都在呐喊。这呐喊在告诉我们什么？是告诉我们'忘记英雄的民族是堕落之邦'？还是告诉我们'忘记苦难，苦难就会重扣国门'？是告诉我们'从我做起，从现在做起'？还是告诉我们'振兴中华，人人有责'？"①受众在走出展厅时，内心的情绪久久难以平复，在走向出口的狭窄长廊中不断在脑海中回忆过去。策展人希望受众能够对历史进行反思，通过反面宣传的方式，以及所呈现历史事实的残酷性，来激发受众的民族精神，引导受众以自强、自立的心态面对历史、对抗历史和铭记历史。

通过对沈阳博物馆中抗战文化的整体描述来看，有一个问题一直困扰着我们，博物馆展陈文案的内容是不是在尊重历史事实的基础上编写的？不仅仅是文案内容，在历史资料的展陈上也有不够严谨的地方。博物馆中把大量复制品和艺术创作当做历史资料呈现给受众，以此来创造博物馆与受众之间更好的互动效果。不可否认的是，博物馆展陈的这种做法效果不错，我们发现受众在艺术创作前停留的时间通常会长于一般展览文物前停留的时间，比如"九·一八"历史博物馆中对抗联密营的大型场景还原设计，再现了东北抗联战士在东北密林"火烤胸前暖，风吹背后寒"的艰苦环境下，同日军展开长期、顽强、艰苦、卓绝斗争的历史画面。对日本"七三一"部队进行细菌试验的场景还原，这里展示了地道实验室一隅，面对这里的场景，完全可以用恐怖、血腥、恶心和残忍这种词语来形容，这样一来，结合展陈文案的介绍，对于触发受众的爱国情绪有所助益，但由于这里展示的内容过于暴力，使得部分受众在参观过程中有不适。为了改善这种现象，2016年12月"九·一八"历史博物馆尝试探索适合儿童、青少年受众参观的场景还原设计，在此基础上设立了"九·一八"儿童体验馆，将新媒体和现场游戏等新奇的方式引进博物馆展陈中，用寓教于乐的方式来完成博物馆对儿童和青少

---

① 来源于"九·一八"历史博物馆，附录抗战文化。

年的爱国主义教育功能。

博物馆展陈文案对抗战历史具有引导性，运用戏剧化的叙事手法重构历史现实，并使用历史照片的局部特征作为佐证，更加侧重于强调中国人所受的苦难、日本人行为的残暴，从而忽略从其他侧面审视历史的角度。但这并不代表博物馆文案内容、历史图片以及展品不是真实的，而是策展人为了加深受众对其观念的印象，在筛选这些要素时，会使用戏剧性的内容和叙事方式表达观点，向受众展示出最赤裸、最触动人心的部分。当博物馆文案内容表现出一定的民族主义色彩后，对于历史真相的把握往往会有些偏颇，当博物馆展陈文案撰写者对历史的看法超越了事实本身，发挥教育功能时会产生意想不到的效果，但在真实、完整地还原地方文化历史上，还需要策展人平衡把握情绪与事实二者之间的关系。

（二）教育宣传的弱效果

国内博物馆，特别是地方博物馆是由各级地方政府机关直属管理的文化机构，经费来源需要依赖政府资助。"目前，国内博物馆经费来源分为三个类型：全额财政拨款、差额财政拨款和全部经费自筹。"①根据《博物馆条例》对经费的规划，国有博物馆正常运营经费纳入本级财政预算。而对于其他级别的博物馆采取部分补贴或完全不补贴的政策。博物馆文案的撰写人员很大可能是由政府部门指定的，因此在工作的过程中，博物馆文案撰写者会有意识地考虑到政府的意图，并在此基础上积极配合地去宣传政府要求的观念。这种意图在某种程度上限制了策展人工作上的自由度，导致博物馆文案过度重视爱国主义教育功能的发挥，正确、谨慎却又缺乏观点。博物馆会出于策略性的考虑，加大对爱国主义教育的宣传，相应地，对于地方文化的内容比例自然会减少，对地方特色的描述也只是偶有涉及，属于次要的考虑对象。

---

① 李梅：《对博物馆经费来源的一点思考》，《首都博物馆论丛》，2015 年。

　　以教育功能为主的博物馆文案偏爱使用文字和图片相结合的手段去加强自身的观点，一方面使用带有观点的文字内容向受众灌输既有观念；另一方面陈列的展品和历史图片充当着"见证者"的角色，是对文字说明的一种实物佐证。在我们的考察过程中，受众参观的基本步骤主要有三个：粗略阅读总结性的文字内容、仔细观察感兴趣的展品、精细阅读展品的文案内容。由此可见，博物馆大部分受众的参观习惯认为文案内容要比展品本身更加重要，这里的展品可能是作为补充信息或历史见证者而存在的。正因为如此，具有引导性的文案内容在受众参观过程具有极大的影响，容易造成先入为主的感受，并且自然而然接受博物馆文案所传递出的观点。策展人希望传递给受众唯一正确的解码，受众的自由解码是不受欢迎的。换句话说，这里的展品是为博物馆文案而服务的，因此，当文案和图片在同板块展示时，会出现对应性不强或违和感等问题，导致文案内容与历史图片、历史文物之间的关联性大打折扣，也不利于整体历史叙事结构的构建。

　　博物馆文案大多是和图片配合起来向受众展示的，但文字描述的史实在数量上明显要多于真实图片，因此，在描述某一历史事件时，博物馆更倾向于用文字陈述事件，再利用图片、展品插入相关的人物、地标性建筑等元素到文字的叙事线索中，这就相当于把原本完整的叙事线索打乱插入零散的元素，构建成一个全新的叙事关联。但由于新插入的元素与原先叙事结构并不能完美契合，因此导致完整的结构被打散后难以形成新的叙事结构。这里可以拿描述抗战文化的一则文案作为例子，"九一八事变前的东北局势：日本为了急于攫取中国东北，1928年制造皇姑屯事件。为了维护国家主权和民族利益，张学良改旗易帜，积极抵制日本势力。日本国内乘机掀起'满蒙危机'的舆论，东北局势日益危机"。下方的图片文案为，"大本营——张氏帅府；张作霖统治东北后，立足关内，争霸中原，图为直皖战争中直奉联军合影；自1916年起统治中国东北的奉天军阀首领张作霖；1925年11月郭松龄反奉，因遭日本横加干涉而失败，这是倒戈时的郭松龄；日本提出的'满蒙新五路'示意图"①。这部分体现的是张学良东北易帜前的东北局势，文案中明显说明主要压力来自于日本的侵略，但在插入的图片解释中更多的是奉系军阀在统治东北时期的史实，对于日本的"犯罪证据"的罗列反而很少，这可能是由于政治原因或图片证据难以搜集造成的，但这种文案内容和图片说明的弱关联性，是对沈阳抗战文化是否尊重历史事实的一个考验。

博物馆展陈文案的撰写要注意一个事实是：博物馆展陈文案中的强制宣传是对传播效果无益的。与新闻联播对比，博物馆的文化传播与新闻联播的信息传播有明显差异，新闻联播在职能上也承担着信息传播和宣传教育民众的工作，它所传递的内容必定是符合当前政治思想意识的，并且需要毫不动摇地坚持这一思想，因此在信息的表达上比较生硬。但博物馆却不完全是这样，博物馆除了教育功能之外，还肩负着文物研究、文化传承和休闲娱乐的功能，受众在博物馆中不单单是接受教育的人，还是享受服务、期望娱乐的人，而博物馆也需要关注受众的喜好，想方设法地迎合受众的口味。鉴于受众对这两种信息平台期望的需求不同，在博物馆文化传播中注入过多强制的教育信息，是不能被受众乐意接受的。

（三）真实保护的尝试与成果

地方文化的真实性不是指的历史事实的真假，而是在博物馆文案描述中尽可能尊重历史事实的原貌，一方面是对沈阳发展历程中所取得成绩的客观描述，另一方面是对日本侵略者行为的"去妖魔化"描述。对于前者，虽说塑造积极正面的形象早就在历史书写的传统中成为无可厚非的事情，但博物馆作为城市的文化储存机构，理应展示更多侧面的文化内涵；对于后者，一直以来日本侵略者多数是被作为残忍的敌人并加以仇视的"妖魔化"对待的，不论是日本撰史人还是中国史学家都没有严格寻找原始事实来展现具有民族矛盾的文案，对于这部分历史的真实描述应该是多角度、多侧面的。对

---

① 来源于"九·一八"历史博物馆，附录抗战文化。

于西方博物馆而言，这种虚构的行为慢慢不被人们接受，"在博物馆历史中占有很重要比重的虚构传统，已经受到博物馆的抵制"①。

目前，沈阳博物馆文案中对于抗战文化的描述普遍倾向于在陈述事实的基础上稍加戏剧性元素，但也有能全面呈现抗战文化的典型案例。"九·一八"历史博物馆中对于文案的编写使用了三种语言——中文、日文和英文，这种多语言的文案内容，带给受众更加真实的感受，仿佛在用不同语言告诉受众，我们的历史内容是真实客观的，并能够随时应对各个不同国家的人检验。这里再以沈阳二战盟军战俘营旧址中的文案内容进行分析。沈阳二战盟军战俘营旧址是二战时期日本在沈阳设立的一个专门关押太平洋战争中受俘盟军的场所，时称"奉天俘虏收容所"。在博物馆的长期宣传中，战俘并不是作为核心的历史人物去纪念、铭记的，他们在公开的历史书写中一直处于被遗忘或忽略的状态。建川博物馆群落的创建人樊建川认为："应当把战俘们也视作战争英雄，因为他们同样也为国家做出了巨大的贡献和牺牲。"②与南京大屠杀纪念馆相似的是，这里专门把240名死去战俘的名字记录在了展馆内的一面墙壁上，被俘期间他们饱受死亡折磨、寒冷、饥饿的痛苦，目的并不是把战俘们当做英雄来纪念，而是承认了每个个体的功绩和存在的价值，他们在历史中长期被主流的文化宣传忽略甚至遗忘，现在是能够为他们正名的时候了，这种做法也能够消解一部分戏剧化的效果。沈阳二战盟军战俘营旧址中展示的许多关于战俘的历史照片和被关押时使用的物品外，几乎没有日军的历史物品，但在其中仍然能感受到日军对战俘们的残忍对待。强调战俘个人的故事，也强调个人持有的物品（照片、视频、实物、

---

① 帕里（Ross Parry）还认为：虚构传统使用诡计（基于原作）、错觉（基于证据）、伪装（基于验证）。包括模仿（使用、展示复制品）、说明（提供实物之外的想法）、沉浸（戏剧性的、通过行为方式构造概念）、反语（隐喻，甚至为了效果故意表达一些错误的内容）《新媒体环境中的博物馆》，第 6 页。

② 刘宏宇：《呈现的真相与传达的策略：博物馆历史展览中的符号传播和媒介应用》，人民日报出版社 2015 年版，第 157 页。

讲述者声音①），这些内容被编撰成文本后情感更为强烈。由此可见，即使在博物馆文案中不使用二元对立的叙事方法，仍然可以表达出策展人希望传达的政治意图。沈阳二战盟军战俘营旧址的文案中心不在事件本身，也没有把侵略者和受难者放在两个对抗的阵营去解释，而是从普通的个人角度出发，单纯地讲述战俘们身上真实发生的故事，这些小人物的形象可能并不那么惹人关注，但对于他们的描述，没有划在集体单位里，称他们为"战俘们"，每一个战俘都有自己的名字和编号，由于在文案介绍中没有把他们概括进抽象的概念中，讲述的故事也是细致的、琐碎的，因此也没有体现出有戏剧性的表现。这里文案中呈现的内容虽然还是历史遗留物品，如衣服、工具、徽章、编号牌等，但这些物品大多数还是和个人相关，并且起到佐证这些人物的经历是真实存在的作用。例如其中有一系列表现战俘营生活的漫画，是由营中1475号威廉·克里斯蒂·沃特克、438号巴顿·富兰克林·品森和1658号马康·弗蒂尔用手中的铅笔创作的大量的绘画作品，大都是漫画形式，真实记录了自己的经历以及看到其他战俘遭受过的痛苦回忆。这些展品都是属于遗留物留存到现在，尤其是在当时的环境下，战俘们要想把这些东西保存下来，必须躲过日军每日的搜查，出于这样的原因，这些遗留物是被评价为第一手信息，并且是由当事人自发制成的，与肩负政治宣传目的而被"刻意"完成的文案完全不同。不仅能从当事人的口中"听"到真实发生的历史，还能从历史物品的细节中受到爱国主义教育，这种形式既能完成教育任务又能展现历史的真实性，值得在抗战文化的文案描述中宣传。

---

① 沈阳审判日本战犯法庭旧址循环播放审判法庭上证人的证词，我们对其中一名女性受害者印象尤为深刻，她的丈夫亲眼看到她被日本人侮辱，而后日本人又在她面前把她丈夫杀害，从当事人口中讲述的历史，给人感觉更为真实，其中的情感更为强烈。

第四节　基于传播视角的反思与启示

追溯我国博物馆的发展历史，自近代第一座博物馆南通博物苑创办至今，我国博物馆事业已经历了一百多年的发展历程。伴随博物馆机构的发展，博物馆展陈文案在受众学习、知识传播、公共服务等方面同样扮演着越来越重要的角色。但随着信息技术的不断发展，社会发展轨迹和受众思维方式的不断变化，对博物馆展陈文案的发展既是机遇也是挑战。博物馆展陈文案要做到"内外兼修"，为受众提供优质的文化内容，为社会营造良好的文化氛围，是未来展陈文案的前进方向，我们从传播者、传播内容、传播媒介和传播渠道四个大方面对展陈文案的发展进行反思并提出可行的建议。

一、以人为本：传播思想的视角转换

博物馆文案的功能存在一个两难的困境：文化传播还是提供娱乐？博物馆文案中的内容并不完全是为了传播地方文化，但尽可能最大限度传播地方文化是博物馆文案的最终结果与历史使命。因此，当博物馆文案被印刷成展板，悬挂在博物馆展厅中的那一刻起，地方文化就已经悄无声息地参与到了传播过程之中，这时，博物馆文案和地方文化就建立起了关系。在这个过程中，由于各个博物馆办馆理念、宗旨以及目的各有不同，博物馆文案的撰写者会从机构视角（博物馆想传播的）出发，而相对忽略受众视角（受众想看的内容）。但随着网络媒体的发展和人们生活水平的提高，受众的口味越来越难以捉摸和把握，审美品位也越来越注重文化的质感，缺乏更新、枯燥乏味的文案内容逐渐淡化出受众关注的焦点中心，为了让受众通过文字内容感受到地方文化内涵，博物馆管理者不得不另寻出路，打破传统守旧、缺乏创新的思想，转向以受众为中心，编写适应更多受众知识水平和兴趣点的文案内容。一些博物馆已经开始以新的方式研究观众，他们会依据类型而不是年龄来对观众分类，通过对受众兴趣点的分类，找出受众关注的内容深入展现，这种做法更能让受众有所获益。除此之外，下一步要做的就是让受众看得懂文案，一则文案如果连起码的字面意思理解起来都困难，那么就更谈不上对于地方文化的传播是否有效了。1967年，麦克卢汉就提出，博物馆可以使用其他利益相关者的观点来代替从藏品角度出发的观点，这是一种将参观者作为历史编写者或是创作者的做法，在一定程度上凸显了传播过程中参观者的重要地位。

忽略受众另一个重要的表现是博物馆文案中鲜有与受众互动的地方，导致大部分受众认为博物馆内容枯燥乏味，像一本走着阅读的"历史教科书"。由于博物馆日常开销的经费是由各级政府负责，导致部分博物馆管理者往往只是应付交差式地完成博物馆的文化传播工作，因此缺乏立足于受众的创新和竞争意识。此外，文化体验市场的竞争日益加剧，博物馆转向更多关于受众的"动机、需求和满意度"变得尤为迫切，有学者提出"在21世纪的今天，我们正在以更具社交性和参与性的方式将物品、内容和语境联系起来"①。位于武汉市园博园内的长江文明馆在重视"受众体验"上所做的尝试值得沈阳博物馆借鉴，长江文明馆不仅从听觉到视觉甚至到触觉上都提供了与受众互动的机会，如馆内的4D体验区以"最长江"为主题，为受众提供"黑暗骑乘"②服务，还为受众提供足够的休息区域，把整个展馆打造成一个兼具休闲娱乐的文化场所，让受众在休息的间隙，利用大屏幕上的滚动字幕回顾整个长江流域重要的建筑、项目、节事活动等，充分体现"以人为本"的思想意识。虽然博物馆内对于高科技的应用需要依靠资金和技术的支撑，

---

① ［美］朱莉·德克尔：《宾至如归——博物馆如何吸引观众》，王欣译，上海科技教育出版社2017年版。
② 参与"黑暗骑乘"的体验者化身探险者，能够从长江上游的格拉丹东雪域高原出发，沿着长江一路探寻，穿越一段长江文明的时空之旅。

但这种满足受众需求的意识是值得学习的。再以辽宁省省内位于义县的中德古生物博物馆为例，该博物馆向受众提供了一次用手触摸展品的机会，经过讲解员对整个博物馆化石的介绍后，受众凭借参观过程中对展陈文案的记忆，用手触摸藏在黑匣子里的化石标本并回忆还原该展品在文案上的具体名称与信息，不仅能检测受众参观博物馆后的习得成果，还能加强博物馆讲解员与受众间的互动，加深受众对所参观展陈文案的印象。

尽管目前在以受众为中心上的成效并不显著，但沈阳博物馆的宣传自身的意识是很强烈的，不仅表现在博物馆线下利用艺术设计、场景复原等手段深化受众对历史文化的理解，还在线上利用各种新型媒体对博物馆进行宣传，这在提升博物馆影响力和知名度上起到了极大的促进作用。相对而言，博物馆对地方文化的传播意识以及旅游意识则显得稍稍淡薄，目前的观念仍停留在传统的从机构角度出发，并未转向"以人为本"的新型博物馆传播理念，从目前沈阳博物馆地方文化传播现状中看来，博物馆转变观念变得十分必要，这种意识上的转变以故宫博物院为例尤为恰当。一直以来北京故宫都被看做"皇权"的象征，处于高高在上、与普通老百姓毫无关联的高度，但随着故宫博物院改变的新思想融入，充满调侃意味的"故宫娃娃"、精致传统的文创产品一批一批地生产出来，普通受众日常使用的笔、胶带、书签、扇子等工具都能在其微信公众号——"微故宫"中购买，将文案内容寄托在各式各样新颖的文创产品上，以可爱、颠覆的玩偶形象，吸引受众了解人物的历史故事以及事件的发展过程。由此可见，转变机构视角为以人为本，不断迎合受众的需求与期望，实现地方文化的有效传播是地方博物馆共同努力的方向。

二、尊重史实：沈阳过往的真实反映

博物馆文案内容存在一个两难的困境：陈述事实还是适度想象？博物馆展陈文案的内容之所以能够打动受众，是因为它承载的是真实的历史物品、历史事件和历史人物。受众通过博物馆的内容，能够畅游在沈阳皇城的古老建筑里，回味努尔哈赤率领满族人从部落到建国的历史，了解张作霖从土匪变为"东北王"的曲折经历，感叹东北人民英勇抗击日军的勇敢以及欣赏具有满族特色的风俗人情。这些历史是真实的、能够打动人心的，由于博物馆具有宣传和教育的功能，因此在文案内容中必须承担信息传递的职能，长期处于"教育"受众的情况下不利于人们对历史形成全面理解，对于地方博物馆而言，撰写博物馆文案时，应该更多地聚焦于地方文化本身，并尽可能多地与受众搭建起沟通的桥梁，而不是对其身后的历史背景有过多的描述。对于关注文化、展品本身的尝试上，大英博物馆的做法值得借鉴，比如它在对英格兰诺福克郡出土的一把青铜匕首的文案描述上，首先对其发掘地进行了富有文学性的描述"它在大约3500年前垂直刺入了柔软的泥土中，但是长期的腐蚀使得它的剑柄暴露在外，碰到了这个发现者的脚"，首先对匕首的外观进行客观描述并对其使用价值进行有理由的猜测，通过直接解答受众心中的疑问来实现与受众的互动，最后向受众陈述同类型藏品在世界其他地区的发掘情况，以此表现其展品的珍贵性。

由于沈阳博物馆中大量场景设计和艺术创作的存在，尤其是在艺术创作说明不明显的时候，容易导致受众对其真实性有所质疑。"博物馆中艺术作品的实践会导致关于其真实性的重新评估。"[1]艺术创作应该是归于艺术实践的延伸，但在国内博物馆中并没有明确限定作品和历史资料的界限，经常能在博物馆中看到一边是历史遗留物的展柜，一边则是根据该历史背景创作的艺术品或人工制品，这种做法容易误导受众把艺术创作作为历史资料素材加以理解。在西方博物馆中，博物馆公开展出受版权保护的艺术作品属于违法行为，如果艺术创作使受众对历史的理解产生偏差，是会造成极其消极影响的，但归根结底，这种对权威性、真实性的质疑是针对博物馆策展人员的。

---

① [英]简·基德：《新媒体环境中的博物馆——跨媒体、参与及伦理》，胡芳译，上海科技教育出版社2016年版，第82页。

与国内不同的是，国外博物馆中对于藏品真实性的质疑主要是针对受众参与博物馆展览设计的行为，国外博物馆注重充分利用用户自己的力量，允许用户以及内容生产者自由进入，这容易构成由于不专业成员的参与导致内容真实性的质疑。

除此之外，从沈阳博物馆文案中对地方文化的呈现上来看，内容上存在比例失衡的问题，导致沈阳地方文化遗产保护缺失，许多类型的文化由于不被重视，随着时间流逝逐渐消失，这种做法直接导致地方文化的断代与缺失，对学者后期研究地方文化是一种挑战。博物馆是一个保存人类有形或无形文化遗产的场所，因此必须全面地收集与地方文化有关的内容，才能更好地完成保存、展示人类遗产的任务，展陈文案以文字形式为历史事件限定更可能详细的意义，具有优于图片的定性性质。从传播内容层面对展陈文案的要求是在保证真实性的前提下，尽可能全面、细致地表现出地方文化的内涵与特征，只有这样才能填补地方文化存在的空白，更好地保护沈阳地方文化遗产。

目前，受众基本将国内博物馆归为"一次性"项目，认为去过一次就没有必要再去第二次，这与国外博物馆的状况相去甚远。归咎其原因，是国内博物馆展陈内容以及文案模式常年不更新或更新频率慢所导致的。我们从2015年对沈阳地方博物馆进行实地考察，在这两年的时间里，基本上没有发现对展陈设计或文案内容的创新，只有中国工业博物馆在2017年3月份对展馆进行全面修整，但对于展馆内部设计，尤其是文案内容并没有大范围的更新。我们认为，文物的固定展出难以做出改变，它是博物馆存在的核心，但展陈文案应该积极与时俱进，固定模式的文字内容在传播过程中会稍显枯燥，只有在展陈文案中融入新的元素，迎合受众当前的阅读习惯与喜好，创造出独具特色的内容风格，在文案表述中注入活力，才能赋予固定的文物展品第二次生命。

三、跨媒技术：地方文化的多元表现

博物馆文案在媒介使用上存在一个两难的境地：利用传统文字传播知

识还是多种媒介形式提供娱乐？随着博物馆功能的不断延伸，从以往单纯的宣传、教育功能，逐渐扩大到娱乐、休闲等功能，博物馆为了迎合更多受众的需求，积极模仿国内外优秀博物馆的展陈形式，并积极结合已有的新媒体手段，丰富博物馆文案的表现形式。多元的媒介形式把博物馆从一个储藏室变成了与文化邂逅的场所，这个转变为展陈文案打开机遇与挑战的潘多拉盒子，重新定义了博物馆展陈文案、媒介技术与受众之间的关系。目前沈阳博物馆正在使用的新媒体手段主要有移动APP客户端、微博、微信及场景设计、移动显示屏等。详见表3-4。

表3-4　沈阳博物馆新媒体使用情况统计表

	新乐遗址博物馆	辽宁农业博物馆	沈阳故宫博物院	九·一八历史博物馆	张氏帅府	沈阳金融博物馆	皇姑屯事件博物馆	沈阳审判日本战犯法庭旧址	东北陆军讲武堂旧址	沈阳二战盟军战俘营旧址	辽宁古生物博物馆	辽宁省博物馆	沈阳科技馆	沈阳工业博物馆	沈阳城市规划展示馆	城市劳模纪念馆
APP客户端												有				
微信平台	有		有	有	有			有	有	有		有	有	有	有	有
微博平台	有		有	有	有							有	有	有	有	
语音导览			有	有		有	有					有	有			
场景设计	有			有	有		有	有		有		有	有			有
电子触屏				有		有		有		有	有	有	有	有		有

正如布拉德伯恩（Bradburne）所说的："在博物馆环境中几乎不存在无媒介的瞬间。"①口述历史被制作成展板上的文字、历史场景做成的图片，馆内的灯光设计、背景音乐等都是作为媒介形式在刺激观众的感官系统，可以毫不夸张地说，当代博物馆就是一个媒介空间，在这个媒介空间中博物馆尝试着给受众讲述一段又一段历史故事。但这些叙事相当宏大，通过单一的媒介平台可能难以承载全部内容，单一的媒介平台也不能完全满足受众的好奇心和使用习惯，基于这种层面，博物馆必须通过不同的媒体讲故事。同时利用多种媒体平台各自的优势讲述历史，为受众提供不同的入口，提供各种各样可用于对比的视角，最关键的一点是，它开启了娱乐的可能。不仅对于受众而言，使用多媒体平台具有明显优势，对于博物馆自身而言，运用新媒体能轻松地解决博物馆文案更新频率慢的问题，在新媒体平台下，博物馆文案内容更容易调整和改变，除基本的文字信息外，还能加入更加复杂的材料，比如图片、视频、音频，甚至在线游戏等，受众有更多机会通过不同的媒体选择适合自己阅读习惯的信息。

传播学学者詹金斯认为跨平台讲故事就是"跨媒体"。②我们根据沈阳地方博物馆文案在不同媒体平台的运用，总结了沈阳博物馆文案使用"跨媒体"的两个特征：第一，新媒体下的展陈文案是遍布的。不仅能通过传统的展品陈列介绍、知识讲座、博物馆出版物和讲解来呈现，还在不同的新媒体上有所表现，如微信公众号、微博、官方网站、论坛等。尤其是随着智能手机的发展，受众能够一边身处博物馆中阅读文案，一边能利用手机了解延伸的信息，与博物馆、其他受众之间形成互动。比如受众与受众之间的互动，受众A发布了一条参观博物馆的微博，受众B通过微博定位搜索发现了这条微博，并在下方留言，与受众A交流参观后的体验。再如受众与博物馆的互动，

① [英] 简·基德：《新媒体环境中的博物馆——跨媒体、参与及伦理》，胡芳译，上海科技教育出版社 2016 年版，第 5 页。

② [英] 简·基德：《新媒体环境中的博物馆——跨媒体、参与及伦理》，胡芳译，上海科技教育出版社 2016 年版，第 3 页。

博物馆通过微信平台发布与展品介绍相关的文章推送，感兴趣的受众可以通过文章底部留言功能与博物馆进行互动，或是直接通过微信向博物馆提出疑问，受众的留言和对话通过该公众号后台都能及时看到。微博也被认为是为受众提供能接触机构幕后工作的最佳渠道，策展人和受众能站在平等的层面上，以开放的姿态参与到博物馆文案内容、展览设计等工作中。从这里可以看出，博物馆的文案内容不仅仅局限于受众在博物馆内看到的文字内容，还包括参观前甚至参观后的互动，体现博物馆文案具有延续性。因此，博物馆文案在编写的过程中不能只在乎馆内文案的呈现情况，对于网络上，尤其是社交媒体上的文案内容也需要用心运营，这部分是吸引外地游客来馆参观的一个重要渠道，博物馆官方账号需要对发布内容进行"风格化"调整，以适应微博或微信等平台的要求，发布内容也应该是受众在博物馆中难以见到的或十分经典的。第二，新媒体使得博物馆文案变得更加娱乐化。传统的博物馆文案是枯燥的、呆板的、令人费解的，它们往往被印刷在展板上，等待着受众去阅读去理解。但通过新的媒介形式呈现的文案内容却使得受众逐渐沉浸在里面，博物馆提供的语音导览系统（微信功能），能让受众的眼睛从展板文字上解脱出来，聚焦于展品本身，关于展品的介绍内容则通过语音导览系统通过听觉实现，这样一来，受众对于展品的理解会比单纯阅读文字要更深刻、更轻松。再如，辽宁省博物馆提供的在线游戏功能，在展厅休息区内设置触摸屏"知识问答"游戏（根据展厅展出物品的不同，游戏内容也会有所不同），引导受众在一个展厅参观完毕后，通过游戏的方式回顾这一展厅文案中传递的内容。[①]许多受众在发现别人使用触摸屏完成"问答"游戏时，也会被吸引过来，考查自己的"学习"成果如何。

　　博物馆文案跨媒体的应用中，值得思考的一点是对于社交媒体的运用。

---

① 我们在考察过程中，遇到一家三口正在尝试使用该游戏功能，主要参与者是父亲与孩子，相对而言孩子在游戏环节中更加注重结合文案内容答题，而父亲则是依据以往个人生活经验对游戏进行回答，因此，孩子回答的正确率要相对高于父亲。由此可见，博物馆文案使用多种媒介形式对青少年会具有更大的吸引力。

社交媒体上的文案内容用一种积极的方式改变着博物馆，它们让文案内容变得更加有意义，并利用展览形式的创新来丰富受众参观博物馆的经历，帮助受众之间、受众与博物馆之间建立联系，直接地、抓重点地以及更广泛地接触社交人群，由此来加强它们的社会使命。"在博物馆传播中，社交媒体从根本上改变了博物馆的传播模式。"[①]"2015年1月21日，第二次举办博物馆自拍日活动的时候，推特上的数据量非常惊人，有超过27000条推文，超过169600000次浏览量，超过13000位参与者，以及超过57600000次转发量。"[②]博物馆逐渐开始从机构视角转向受众视角，除了优先传递受众希望看到的文案内容，对于受众之间的交流也是尤为重视，不过也有部分受众认为在博物馆使用社交媒体是妨碍其他观众参观体验的行为。在这种情况下，博物馆的文案内容必须开始重新寻找新的传播内容、传播方式和传播时机。西方博物馆传播在2012年就把社交媒体当做一种"实践工具"对待，他们认为受众通过社交媒体频繁地社交、消费和组织，受众乐于花时间在社交媒体上，博物馆工作人员在传播时必须认清这一点。由于博物馆是西方近代社会发展遗留下来的产物，虽然我国博物馆事业近几年也进入了快速发展时期，但与西方相比，仍是起步晚、基础弱，因此我国博物馆文案在进行地方文化传播的过程中可以充分学习西方博物馆利用社交媒体的成功案例。但在运用社交媒体的过程中，我们必须明确一点，博物馆是一个大型的文化机构，不能"任性"地肆无忌惮地表达自己的观点，因为这种"放任"的交流，容易导致受众对博物馆信任度的下降，权威性受到质疑，因此更需要博物馆在社交媒体中进行专业的引导，呈现历史的真相。以微信平台为例，我国博物馆微信比较成功的是故宫博物院"微故宫"，该账号分为三个板块，"看一看""逛一逛"和"聚一聚"，通过这三个部分，受众可以通过微信公众平台了解故

---

① [英]简·基德：《新媒体环境中的博物馆——跨媒体、参与及伦理》，胡芳译，上海科技教育出版社2016年版，第15页。

② [美]朱莉·德克尔：《宾至如归：博物馆如何吸引观众》，王欣译，上海科技教育出版社2016年版，第5页。

宫资讯、利用智能手机观看展览或展品的高清大图，并与博物馆进行互动，这是一种投入少但效果明显的方式，微信发布的内容是博物馆内固定已有的，博物馆只需要安排一名微信运营人员对已有内容排版并发布即可，受众通过这个渠道即能通过微信与博物馆取得联系。

博物馆展陈文案中加入社交媒体的操作可以以音频作为起点。员工的对话、策展人的采访、受众的疑问与解答，利用这些记录创建简短的音频合辑，是对展陈文案的一种听觉补充，多媒体的便捷性能够保证音频素材的方便整理与及时更新。另一个选择就是与教育机构的合作。目前博物馆学、传播学、艺术设计专业的招生热潮，标志着博物馆相关职业受到学生们的追捧，博物馆应该积极利用这一优势，一方面能节约博物馆社交媒体的运营成本，另一方面能为学生们提供创作和实践的机会，将专业课程与视频创作结合起来，对博物馆展陈文案内容进行延伸或加强解释，并在社交媒体上传播，对于吸引大学生群体同样具有积极意义。最后，外包视频制作给专业机构，为即将开展的展览制作纪录片、宣传片，并利用专业的社交渠道进行传播，当然，这也是一种制作成本较高的做法。

四、紧凑情节：历史事件的故事讲述

博物馆文案在叙事上存在一个两难的困境：虚构还是模仿？根据第三部分分析的结果来看，沈阳博物馆文案中存在戏剧性和模式化的内容，要想改变博物馆文案的这种现状，可以从叙事视角、叙述者、叙事结构以及叙事文本四个方面探讨。

首先，从叙事视角上，博物馆文案应该使用全知型视角结合"第一人称主人公回顾性"视角来看待历史。前者指的是叙述者可以从任意一个角度观察被叙述的故事，有一种统领全局的感受，叙述者对人物的命运、故事的结局了如指掌，而博物馆文案中讲述的故事都是已经发生过的历史，必然是站在一个"居高临下"的位置进行描述，因此在细节上的处理容易限制受众

思想的自由发挥；后者指的是叙事者站在目前所处的角度来回顾往事，以往的"我"处于故事之内，属于内视角，而现在的"我"处于故事之外，属于外视角。这种形式既有大局视野也有亲历事件人物的描述，所以更加具有可信性和真实性，博物馆文案需要这种真实的视角呈现历史。其次，从叙述者的角度来看，博物馆可分为两种叙事者，一是博物馆文案的撰写者，二是历史事件相关人物。不过，博物馆这两种叙述者的角色有些矛盾：历史相关人物的叙述也是经过撰写人根据主题精心筛选后而得来的。因此，博物馆故事的叙述者是以文案的撰写者为主，但相关人物的叙述视角也不容忽视，由于人物本身和历史事件二者都与地方文化关系密切，因此，利用事件相关者的角度讲述地方文化是一种双重传播。再次，从博物馆文案的叙事结构来看，主要以线性叙事为主、二元对立叙事为辅。线性叙述结构能体现历史事件中最重要、最突出的部分，但大都是按照事件的时间发展顺序来记叙，会给受众全面但少特点的感受；而二元对立的叙事结构是两个阵营的冲突和矛盾，错综复杂的情节描述是受众喜闻乐见的，其中富有的故事性情节也让事件变得不枯燥，有高潮有起伏。在传统事件描述上应当多将上述两种叙事结构结合起来使用。但博物馆文案中只存在两种主要的叙事结构是远远不够的，沈阳博物馆文案应在选择合适历史事件叙述的同时，丰富文案叙事结构的多样性，如解构式叙事，从突出个别展品开始，使特定展品得到高度关注和集中解读，通过对特定展品或文化现象的展开描述，不断将范围扩大，呈现给受众有主题、有深度的地方历史文化内涵。最后，从博物馆文案的文本来看，由于博物馆受众受教育程度不等，为了让更多数量的受众有效接受博物馆地方文化的传递，因此采用简洁、易读的文案内容是十分有必要的，清晰、统一的文本内容有助于加深受众对地方文化的理解。除此之外，散文性文案对博物馆也是非常有必要的，使用富有文学性的描述能够加深受众的感性理解，以此拉近博物馆传递的地方文化与受众之间的距离。如建川博物馆对警示牌的设立"嘘，不要盖过历史的声音"，一方面提醒受众尊重历史，另一方面也强调了历史的重要性。相比较而言，"九·一八"历史博物馆警示牌上写着"禁止拍照！禁止大声喧哗！"，两种表达方式同一个意思，却让受众理解的感受大不相同，这也是一种割裂受众与藏品关联的行为。这种新形式的尝试都对博物馆有效传播地方文化有很大的帮助，是通过情景设置来向受众讲故事，因此，类似"禁止拍照""禁止落座""禁止大声喧哗"等标语应该被移出博物馆，以此搭建藏品与受众更好的沟通空间。

展陈文案中各具特色的叙事方式，主要是为了将机构工作人员的观点与受众聚集在一起。展陈文案不是专门对公众服务的，它存在于策展人与受众之间，在历史久远的时间与地域空间的间隔中发挥沟通桥梁的作用。

五、博物馆聚落：馆际传播的意义终点

博物馆文案在撰写上存在一个两难的困境：独立策划还是协同合作？就沈阳博物馆的性质而言，综合类型的博物馆占少数，以辽宁省博物馆为代表，且其所表现出的沈阳地方文化也仅限于个别临时展览，并不是本文研究之重点。大部分博物馆还是属于主题类的，如人物故居、历史事件旧址等，但由于主题类博物馆只能表现出沈阳文化的某一个方面，因此单个的博物馆不可能呈现沈阳文化的全部内涵，在这个层面上，建立博物馆聚落就显得十分必要了，这里的"聚落"指的是这一大型机构是由众多单个博物馆组成的，并构成一个复合的文化景观。在未来沈阳博物馆聚落中，每一座博物馆都有自身关注的主题和侧重的方面，受众能够根据自身需求选择不同博物馆参观。这样一来，通过20—30个单个博物馆的侧面反映，即可全面呈现沈阳地方文化。

为了避免在博物馆聚落中出现展陈文案或主题内容同质化的问题，沈阳博物馆聚落在建造时应当首先考虑博物馆关注的主题是什么，想要传递的地方文化内涵是什么。只有明确博物馆聚落传播的主要目的，才能在迎合受众需求的过程中，达到预期传播效果的最大化。博物馆聚落的文案撰写者和策

展人应该事先聚集在一起商讨出博物馆聚落想要传递的文化核心，并尽量将地方文化的多样性都呈现在沈阳博物馆聚落中，这样才能完成博物馆基本的教育功能和延伸出来的传播功能，让外地受众形成对沈阳文化的新鲜感、让本地受众形成对沈阳文化的认同感。目前，"沈阳拟计划用3—5年的时间，在中山广场周边建设博物馆群落，涵盖古玩文化博物馆、银行博物馆、警察博物馆等十大博物馆"[①]。沈阳有逐渐转向旅游城市的趋势，因此在省政府的支持下，博物馆群落的建立，是带动沈阳旅游业发展的一大助推力量。与同类博物馆伙伴的合作是博物馆馆际交流重要的一步，只有在各方之间形成互惠互利的关系，让所有参与方都得到益处，才能让馆际合作变成有目的有意义的活动。

但仅有馆际间的合作也远远不利于博物馆文案传播地方文化，与受众的公开沟通也是博物馆展览活动被公众知晓和喜欢的一种方式，在展览前咨询观众的意见，结合馆际间的办展宗旨，对博物馆展览活动价值非凡，这也为博物馆策展人提供一种审视受众重要地位的思路。

当前博物馆展陈文案在表现上对地方文化的传播出现了严重的不平衡，受众在满足基本的生存需求后开始寻求精神上的填充。博物馆作为传承文化、以宣传教育为主要职能的传统文化机构，在对地方文化传播效果上具有明显不足，归根究底，博物馆展陈文案的呈现方式难辞其咎。我们通过对沈阳博物馆展陈文案的文本进行详细整理，通过对目前在地方文化传播上存在的具体问题分析，通过与全国范围内地方文化传播效果明显的博物馆进行对比的分析，提出沈阳博物馆展陈文案需要转变传播观念、尊重历史、利用跨媒体、叙事结构多样和建立沈阳博物馆群落的想法。

博物馆展陈文案是传播地方文化的一种重要媒介形式，但由于策展人的不重视，在长期的发展中出现不少问题，站在叙事学的高度上，我们对博

---

① 沈阳晚报：沈中山广场周边拟建博物馆群 打造旅游一带一路 http：//ln.qq.com/a/20161127/002260.htm。

物馆展陈文案提出了更高层次的要求。首先，为了表现沈阳文化类型的多样性，在沈阳博物馆展陈文案中应该适当平衡不同文化的比重，只有这样才能全面呈现给受众沈阳多彩的文化种类；其次，对地方文化的正面宣传是博物馆策展人必然会选择的方向，但在受众拥有自由选择权的时代，强制宣传积极面是无益的，博物馆更多发挥的是娱乐大众的功能，在进行地方文化传播时应着重考虑受众的需求和喜好；再次，模式化的展陈文案对地方文化的传播是缺乏吸引力的，我们提出通过使用跨媒体的方式，唤醒受众对沈阳文化的城市记忆，以新鲜的表达方式和创新意识，引导博物馆实现其地方文化传播的职能；最后，博物馆文案应该在尊重历史事实的前提下，利用不同的叙事结构，对地方文化的情节进行适度创作，使其达到文化宣传和爱国主义教育的目的。同时，对博物馆展陈文案的深入思考还有助于加强地方各馆际之间的交流互动，引导博物馆在合作竞争中，创造与传播更有价值的地方文化。

第四章　工业遗产文化品牌传播策略研究
——以沈阳为例

工业遗产文化品牌比起民族文化品牌、国际文化品牌这种具有明确范围和准确价值的品牌，是一种更具空间意义的聚集品牌，是将同一工业遗产创意空间内集聚、与带有工业遗产特征的文化产业相关的创意企业视为一个整体来打造而利于传播工业文化的集群品牌。这是工业遗产文化创意产业在市场竞争中的必然选择。工业遗产文化品牌作为一个集群品牌，带有区别于其他品牌的集聚特点，但其在传播过程中仍然带有品牌的公共特征，以质量和服务为主要手段，以建立良好声誉、吸引受众为主要目的。因此工业遗产文化品牌在传播过程中也会像非集聚品牌一样采用利用品牌发展与文化传播的品牌传播策略。

第一节　工业遗产文化品牌传播理论概述

一、工业遗产文化品牌

工业遗产文化品牌并没有像工业遗产、文化品牌一样明确的概念界定，它是文化品牌的一种具体呈现形式，主要依靠在市场竞争中的品牌差异点发展而成，是同一工业遗产创意空间内的创意产业集聚而成的聚集品牌。我们在讨论工业遗产文化品牌的品牌传播策略之前，需要对工业遗产文化品牌作出明确的概念界定。而对于工业遗产文化品牌的概念界定，可以参考工业遗产和文化品牌的概念，并对它们的概念进行整理借鉴，从而得到工业遗产文化品牌的概念。

（一）工业遗产文化品牌概念界定

工业遗产文化品牌可以认为是依托工业遗产而形成的文化品牌，那在明确工业遗产文化品牌的概念之前，就要先了解工业遗产和文化品牌的概念。

工业遗产，在2003年国际工业遗产保护委员会发布的《关于工业遗产的下塔吉尔宪章》中被详细地定义为："工业遗产是由具有历史价值、技术价值、建筑价值或科学价值的工业文化遗迹所构成，这些遗存由建筑于机械、工厂、磨坊与工厂、矿山与从事加工与精炼的厂址、仓库与货栈、产生于输送能源的地点、交通运输及其基础建设，以及有关工业社会活动（诸如居住、宗教信仰或者教育）的遗址。"[1]这一定义成为工业遗产的国际标准。而2006年4月，我国通过《无锡建议》也对工业遗产进行了准确定义，其认为工业遗产是具有历史、社会、建筑、科技、审美等综合价值的与工业生产活动相关的建筑物、设备、场地、交通设施等物质文化遗址，以及工艺流程、数据记录、企业档案、企业文化等非物质文化遗产的总和。[2]依据国际和国内对工业遗产的概念界定，我们可以认为工业遗产是具有历史文化价值、对工业发展具有见证意义的有关工业社会活动的一切重要的场所及其非物质形式。

而文化品牌，是指一切与文化产业相关的品牌，在消费过程中满足消费者的文化消费或者意义消费，一般呈现为"品牌产品文化化"与"文化产品品牌化"两种情况。"品牌产品文化化"是品牌物质产品背后所体现出具有满足消费者精神追求的品牌文化，是消费者通过拥有承载品牌文化的物质产品来表达自我文化倾向；而"文化产品品牌化"是消费者满足物质需求后，

---

① 王新哲、孙星、罗民：《工业文化》，电子工业出版社2016年版，第32页。

② 王新哲、孙星、罗民：《工业文化》，电子工业出版社2016年版，第331页。

为满足精神层面追求而消费的产品，消费行为本身就代表着最纯粹的精神满足和最直白的文化倾向。本文中所讨论的工业遗产文化品牌更为偏向于"文化产品品牌化"的情况，在特定空间内满足特定的文化消费和提供具有明显特色的文化服务，是在满足文化需求的同时顾及消费者的心理情感的文化品牌。

文化品牌"与商业品牌相比，具有意识形态性，注重树立产品个性，注入品牌精神和企业情感，具有独特性和唯一性"[①]。其独特性和唯一性来自于对特定时代的生活方式和社会文化的反映。那么，工业遗产文化品牌，是对工业时代生活方式与社会文化的反映。

因此，工业遗产文化品牌是在依托工业遗产建筑而打造的满足消费者工业文化追求和心理情感的创意空间内聚集发展的一系列文化创意产业，其在传播过程中共同体现工业遗产文化的内涵和形象。

（二）工业遗产文化品牌的特点

工业遗产文化品牌一般是依托于工业遗产建筑、地域特色文化、经济、技术以及社会环境而建立起的带有工业遗产文化特质的创意融合型集聚品牌，它有着一般品牌的共性，又有着自己独特的文化品牌个性，通过笔者分析归纳，认为工业遗产文化品牌主要有以下五个特点：

1.依托地域工业遗产资源而形成工业遗产文化特色

工业遗产的开发依托着各个省市具有差异性的政策、文化、技术水平、人口环境等多种因素，当前工业遗产文化品牌的创建大多需要依靠政府的支持，其品牌定位主要基于各省市对已有资源进行差异化定位的基础上，比如利用成都国营红光电子管厂旧厂房而建成的东郊记忆音乐公园和利用合肥柴油机厂旧建筑而建成的合柴·1972文创园，虽都是对工业旧址的改造与利用，但地域文化上的差异使得工业遗产文化品牌具有很强的地域性。

---

① 柏定国：《文化品牌学》，湖南师范大学出版社 2010 年版，第 48 页。

2.创新工业遗产建筑而增添工业遗产文化识别意义

文化品牌在市场中以满足文化消费需求而存在，其在传播过程中被赋予明显的人文识别意义，以便消费者"在认同独特品牌意义的同时也认清了自己的社会地位、社会价值与文化意义上的一种归属"[①]。工业遗产文化品牌的打造立足于工业遗产建筑利用与创新的基础上，在改造建筑的过程中保留工业厂房原有框架，在风格鲜明的建筑内增添当代元素，让历史在与当代文化碰撞中被保留，将新潮文化呈现在承载城市记忆的历史空间中，以展示品牌个性而被赋予工业遗产文化所特有的识别意义，便于消费者在接触过程中对工业遗产文化有清楚的感知，在消费过程中满足文化需求和心理情感期待。

3.转变工业遗产空间职能而形成工业遗产文化体验场所

工业遗产文化品牌既可以是文化产业集聚的公共区域，也可以是具有文化业态的消费场所。因此，工业遗产文化品牌所具有的基本服务性要求是特定空间与周边环境的体验感，目标受众在接触和了解工业遗产文化品牌的过程中可以从视觉、听觉、触觉等感官角度和情感、文化、态度、需求等心理角度体验到工业遗产文化品牌的产品特色以及服务质量。

4.打造工业遗产文化品牌而促进工业遗产文化价值联动

文化品牌是一切与文化相关产业的品牌，其背后是蕴含着特有价值和组织机构的文化产业，上海市社科院研究员认为文化产业是一组同心圆：其核心部分是文化内容的创作，内核外围是文化产品的制造业，最外围是文化产品的销售业。这样一个由内而向外的同心圆，足以说明文化产业具有很强的扩张性和分散性，可以涵盖几乎所有行业，而其中发挥核心作用、产生价值的是文化内容创作部分。文化内容使得文化价值赋予在其他行业之中，从而使得制造环节、销售环节都被赋予特定的文化价值。而工业遗产文化品牌具有文化品牌的共性，即工业遗产文化品牌的人性化与大众化决定了其容易扩

[①] 王钧、刘琴：《文化品牌传播》，北京大学出版社2010年版，第42页。

散到各个行业、各个市场的必然性，带有工业遗产文化价值的消费品会以最快的速度被寻求文化认同和社会价值的消费者所选择。而工业遗产文化品牌在发展之初带有一定的特殊性，是一种吸引创意产业集聚在工业遗产空间内而形成的文化品牌。这样的文化品牌会使得同一空间内的众多创意品牌必然被空间内的既定风格与文化影响，从而增加创意品牌的附加文化价值，实现工业遗产文化价值联动。

5.协调工业城市品牌关系而形成工业遗产文化传播体系

工业遗产文化品牌的系统性，一方面在与城市品牌的协调发展方面体现为文化品牌与城市发展的互动协调。一般来说，某个地区的文化品牌是城市品牌所传达的主要内容，主要体现为地域性文化资源和城市定位的紧密融合。另一方面体现在工业遗产文化品牌对文化品牌内部创意企业和个体的背书作用。工业遗产文化品牌依托工业建筑遗产为创意企业或个体提供可租赁的物理空间，两者之间产生联系，在一定程度上工业遗产文化品牌成为一个整体，而入驻的创意企业或个体成为组成整体的各个部分，这就意味着创意企业或个体入驻的工业遗产文化品牌的知名度在很大程度上影响工业遗产文化品牌进驻的创意企业或个体品牌的知名度。在此过程中，入驻工业遗产文化品牌的创意企业或个体在发展过程中所形成的子品牌必然会反哺工业遗产文化品牌。

二、工业遗产文化品牌传播

品牌的传播过程是品牌拥有者与品牌评价者即消费者产生联系的关键因素。在提出品牌研究之初其传播研究广泛涉及管理学、设计学、营销学、法学等多个学科，这些学科在研究品牌传播时多考虑立足于消费者的感受与评价，而忽视了品牌拥有方在传播过程中的主动性和能动性，因此，舒咏平认为品牌研究应侧重于传播学，提出"品牌传播"概念，并将品牌传播的研究主张在传播学的范畴内专门化，这引来大部分传播学学者进行系统化研究。

　　舒咏平认为品牌传播"首先应该是一种操作性实务，即通过广告、公关、新闻报道、人际交往、产品或服务销售等传播手段，极大提高品牌在目标受众心目中的认知度、美誉度、和谐度"[1]。沈铖也将它表述为："指企业以品牌的核心价值为原则，在品牌识别的整体框架下通过广告传播、公共关系、营销推广等手段将企业设计的品牌形象传递给目标消费者，以期获得消费者的认知和认同，并在其心目中确定一个企业刻意营造的形象的过程。"[2]沈铖从商业品牌面对消费者的角度对商业品牌的传播进行定义；而舒咏平在对品牌传播进行内涵阐述的时候使用目标受众，意在强调非商业品牌即社会品牌的传播也在该定义考虑范畴内。因此，本文中讨论的工业遗产文化品牌在舒咏平所阐述的品牌传播内涵内，可借助品牌传播的相关理论来讨论工业遗产文化品牌的传播。

　　根据以上品牌传播的概念，可以认为品牌传播的实质是品牌信息通过各种传播手段和传播媒介而被目标受众接受。那么品牌方在传播过程中可以通过把握品牌信息、传播手段、传播媒介这些要素来制定详细、系统的传播策略。舒咏平在《品牌传播策略》一书中对品牌传播的过程加以说明，并认为品牌传播需要从品牌定位、品牌设计、品牌营销、品牌广告、品牌公关、媒介选择、传播整合几个方面来进行研究。

　　品牌定位是品牌在传播之初对品牌信息进行整理的重要依据。品牌在进行传播实践之前一定要在市场中为品牌寻找最合适的位置，以便被受众发现与选择，同时品牌定位还影响着品牌传播过程中内容策略的选择与实施，它在传播开始之初就起到了确定品牌传播方向、传播效果的关键性作用。因此，定位策略是品牌在传播策略中必不可少的重要环节。

　　品牌设计是将品牌信息符号化，也是将品牌内容精练化的结果。品牌所包含的信息与文化内涵是巨量的，是不能在传播之初就被受众所全部接收

---

① 舒咏平、吴希艳：《品牌传播策略》，北京大学出版社 2007 年版，第 20 页。
② 沈铖、刘晓峰：《品牌管理》，机械工业出版社 2009 年版，第 240 页。

的，需要品牌通过进行品牌设计与构想，将其内容精简化形成受众接触点，激发受众兴趣而引导受众主动产生了解、消费等行为。品牌设计的符号是品牌最为重要且直接的传播内容，是品牌在传播中必然会应用的符号传播策略。

品牌营销是强调品牌产品或服务流通的重要手段。企业大多在品牌打造之初通过试用、体验、削减费用等方式增加受众接触可能，扩大销售或服务范围，以提高受众认知度与识别度，在另一方面提高产品或服务销量，通过良好的产品或优质的服务为品牌树立良好形象，提高受众美誉度。品牌营销是品牌接触受众的一种可能性，也是树立亲民形象的重要方式，其在文化产业或服务业中呈现为体验传播策略。

品牌广告主要从品牌卖点和品牌形象两方面对品牌信息进行整合与传播，以达到快速激发受众欲望或塑造良好形象的目的。品牌广告是品牌所有者通过一切传播手段传递受众对品牌期待的所有信息的总和，以艺术手段提高受众对品牌的认知度和美誉度。而对于文化品牌来说，广告所传递的信息更为偏重品牌中所蕴含的文化与推崇的生活理念，这意味着文化品牌的广告传播策略注重对内容的创作与传播，也可以认为文化品牌在传播实践中需要更偏向内容的传播策略。

品牌公关是处理与品牌相关的各方社会关系的手段，其中包括处理品牌内部关系的内部公关手段，稳定内部工作关系，提高品牌内部凝聚力，还包括处理品牌外部各方社会关系的外部公关手段，维护合作关系，提高受众美誉度，是品牌在传播过程中不容忽视的传播策略。

媒介选择是品牌依据不同层面受众的媒介偏好对不同媒介进行不同内容的投放并将所选媒介优化组合从而扩大传播范围的传播策略。正确的媒介选择与信息投放意味着品牌信息可以被具有不同媒介使用习惯的不同层次的受众有效接触，尽可能地吸引受众，这是品牌在传播过程中需要依据品牌受众所思考的重要环节。

整合传播的内涵是整合传播信息，统一品牌形象，是具有长期性和高效性的传播策略。通过在战略和战术两个层面对品牌传播的信息进行整合，在适合的媒介传播精练的品牌信息给有需求的目标受众，进而推动目标受众产生喜爱情感与消费行为。

第二节　沈阳工业遗产文化品牌的发展与传播现状

沈阳作为重要的老工业城市，集中力量开发和利用丰富的工业遗产资源，并陆续颁布关于发展工业文化产业的相关政策。在政策引导和支持下，城市内利用工业遗产改造的博物馆、文化创意园、休闲广场已纷纷建成，在此基础上所形成的工业遗产文化品牌初具规模。

一、沈阳工业遗产文化品牌的发展现状

2003年，国家出台《东北地区振兴规划》中提出"振兴东北老工业基地"战略，沈阳工业优化升级，东搬西建，众多企业搬离城区，众多老旧厂房也因此被留下来，而城区内的老旧厂房在工业遗产认定中被评定为重要的工业遗产。沈阳政府在城市发展中认识到保护工业遗产、传播工业文化的重要性。在2006年出台的《沈阳市社会事业发展与改革"十一五"规划》和《沈阳市国民经济和社会发展第十一个五年规划纲要》中都提出工业遗产的保护与开发以及打造工业遗产旅游品牌相关的内容。同年，沈阳铁西区政府在对铁西区的工业遗存状况进行全面普查后，出台了《铁西新区关于工业文物保护管理意见》，明确阐明了工业文物保护工作的重要性和紧迫性，并提出了打造工业文化旅游线路的利用方案。政府积极引导企业注资，大力开发工业文化旅游，并在2008年发布《沈阳市人民政府关于推动文化大发展大繁荣的决定》，以铁西区的工业博物馆为基础，进一步挖掘沈阳特色工业文化

资源，并将工业文化纳入特色文化品牌中，积极向外界传播沈阳的工业文化，努力打造属于沈阳特有的文化标志。2010—2014年的《铁西区政府工作报告》中展示了铁西区近几年对工业文化的保护与传承主要的方式是发展工业文化旅游、修建工业文化景观、改建工业文化展览馆、举办工人文化周等。从《政府工作报告》中可以看出沈阳铁西区对工业遗产的保护和利用形式呈现出多样化。而2018年，沈阳出台《关于保护利用老旧厂房拓展文化空间的指导意见》（以下简称《指导意见》），对具有工业遗产价值的老旧厂房，提出"原则上不应改变原有建筑容积率、建筑密度以及外轮廓线"的意见；而对具有文化价值的危旧厂房，提出"鼓励进行保护性修缮和利用"的意见，并在《指导意见》中明确，对于保护利用老旧厂房改建，完善非营利性公共文化设施的企业给予相关支持。《指导意见》中对工业遗产的保护与利用使得沈阳工业遗产保护开发工作逐渐呈现出品牌化，沈阳工业遗产文化品牌逐渐呈现稳步发展的态势。2020年沈阳政府在《沈阳市文化旅游业发展"十四五"规划》中，提出加强工业遗产保护基础性工作，并全面提升文化旅游公共服务水平，走"文化+"发展之路，而对于沈阳工业遗产文化品牌来说，正是大力发展与传播品牌文化的良好机遇。

（一）沈阳市现有工业遗产文化品牌的数量及分布情况

结合工业遗产的定义，将沈阳全市范围内的工业遗产进行信息采集和整理，考察工业遗产的存留与开发情况发现，沈阳工业遗产文化品牌的开发与打造工作开始于2007年，并在2018年出现了改造高潮持续至今，呈现出稳步发展的趋势，其增长数量与沈阳工业遗产文化保护利用政策密切相关，详见表4-1。

表4-1　沈阳现阶段已有工业遗产文化品牌

工业遗址名称	工业遗产文化品牌	开发时间（年）	地址
铁西区工人村	工人村展示馆	2007	铁西区西南部

工业遗址名称	工业遗产文化品牌	开发时间 （年）	地址
沈阳重型机械厂旧址	重型文化广场	2010	铁西区兴华北街 8 号
沈重集团二金工车间旧址	沈阳 1905 文化创意园	2012	铁西区兴华北街 8 号
沈阳铸造厂大型（翻砂）车间旧址	中国沈阳工业博物馆	2012	铁西区卫工北街 14 号
沈阳铝材厂旧址	沈阳朝鲜族民俗文化产业园——韩帝园	2014	铁西区沈辽路路官一街 12 号
沈阳飞轮厂旧址	奉天记忆·铁西印象	2016	铁西区北四中路 22 甲号
沈阳纱布厂旧址	铁锚 1956 文化创意产业园	2016	大东区大东路 47 号
沈阳红梅味精厂旧址	万科·红梅 1939 文化创意广场	2018	铁西区卫工街北三路
沈阳电机厂旧址	电机厂文化创意产业园	2018	铁西区卫工北街 20 号
沈阳冶金机械厂（二分厂）	城市之梦·冶金公园	2018	铁西区北启工街 1 号
原长城风机厂旧址	工巢文化创意园	2018	铁西区沈辽路 56 号
第二防爆电器厂旧址	31 街区	2019	铁西区重工街 31 号
奉天大亨铁工厂	大东区民族工业文化博物馆	2019	大东区大东路 178 号
沈阳人民机械厂原址	奉天记忆三期文化创意产业园	2020	铁西区北一西路 21 号
沈阳高压开关厂	沈阳 Z 广场文化教育产业园	2020	铁西区景星北街 38 号
奉天纺纱厂旧址	东北近代纺织工业博物馆	－	和平区抚顺路 60 号

在对沈阳的工业脉络进行梳理后，得到了工业遗产文化品牌大致的分布结果，与沈阳工业遗产分布情况类似，主要是分布于铁西和大东两个区域之内。截至目前，沈阳的工业遗产文化品牌较多集中在沈阳铁西区。

大东区虽是沈阳工业起源地，有众多的近代工业遗产，但在厂房搬迁和城市规划过程中，并未重视工业旧址的保存，部分建筑已被损坏或拆除。而铁西区是现代重工业的典型代表区，曾有"东方鲁尔"和"机床之乡"的美誉，铁西区的旧厂房是沈阳发展特色产业的重要资源，沈阳市将重工街到卫工街、北一路和北二路涵盖众多老工业厂房的区域规划为铁西工业遗产保护区，并在着手世界遗产的申请工作。因此工业遗产文化品牌多集中在铁西区。

（二）沈阳工业遗产文化品牌的类型及其特点

沈阳出台《关于保护利用老旧厂房拓展文化空间的指导意见》后，依托工业旧厂房的工业遗产文化品牌应运而生，其数量在近年来逐步增长，类型也丰富多样，在考察过程中发现，沈阳现阶段工业遗产的开发形式大致有三种：展览馆、创意产业园和基本公共设施。这些工业遗产文化品牌又在传播过程中呈现出不同的产业性质，主要有文化教育、艺术、特色和休闲娱乐四种类型。不同开发形式和不同产业性质的工业遗产文化品牌在发展与传播过程中呈现出各自独有的特点。

1.开发形式：展览馆、创意产业园和公共设施

沈阳工业遗产在开发之初，会根据工业遗产的地理位置、占地面积、社会价值、破损程度等进行评估与开发：地理位置优越、交通便利、占地面积较大的旧工业厂房一般会投入商业价值，开发为创意空间，引进相关文化产业，形成创意产业园；所在区域具有重要纪念价值、占地面积适当的厂房或居住用地，一般会保留和修复，还原为工业时代生活或工作的场景，开发为具有纪念、教育意义的展览馆；相对占地面积较小但具有重要建筑、雕塑的工业遗产会被保留修建为公共设施。现阶段，展览馆和创意产业园是沈阳工业遗产文化品牌的主要存在形式。

展览馆形式下的工业遗产文化品牌是在展示沈阳工业生产的历史、文化、技术等方面的同时衍生出来的文化产物，主要以展览馆纪念品为主，其中包括：中国工业博物馆、工人村展示馆、东北近代纺织工业博物馆、大东区民族工业文化博物馆；创意产业园形式下的工业遗产文化品牌是以工业旧址为建筑依托，重新注入各种文化产业，主要是为各种文化形式产业化提供

聚集空间，其中包括：沈阳 1905 文化创意园、沈阳 Z 广场文化教育产业园、沈阳朝鲜族民俗文化产业园——韩帝园、奉天记忆·铁西印象、电机厂文化创意产业园、铁锚 1956 文化创意产业园、万科·红梅 1939 文化创意广场、铁西梦工厂文化创意街区、城市之梦·冶金公园、31 街区。而公共设施形式下工业遗产并不可以独立成为工业遗产文化品牌，但可以将这种形式的工业遗产作为沈阳工业遗产文化品牌的重要组成部分，是工业遗产文化品牌下的基础设施，其中包括：重型文化广场、铁西工业文化走廊。

2.产业性质：文化教育、艺术、特色和休闲娱乐

以不同形式进行开发的工业遗产文化品牌在品牌塑造的过程中，会依据市场空缺和自身特色而对自身产业内容进行选择，这就意味着沈阳工业遗产文化品牌具有不同的产业性质，大致可以分为文化教育、艺术、特色和休闲娱乐四种类型（表4-2）。文化教育型工业遗产文化品牌以"文化普及、教育游乐"作为品牌理念，突出品牌内建筑、产品、项目、体验活动等的教育特性。艺术型工业遗产文化品牌主要以"艺术、体验、分享"为品牌理念，为多种艺术提供展示平台，也可是艺术家集聚地，在传播过程中强调活动、设计等艺术性质。特色型工业遗产文化品牌主要以特定民族或特定时代为品牌特色，重点打造体验特色商业品牌，突出特色体验性质。休闲娱乐型工业遗产文化品牌主要以"观光休闲、主体游乐"为品牌理念，打造满足受众文化消费需求的品牌，强调休闲娱乐性质。

表4-2　沈阳工业遗产文化品牌按产业性质的分类

类型	工业遗产文化品牌	特点
文化教育型	• 中国工业博物馆 • 工人村展示馆 • 东北近代纺织工业博物馆 • 大东区民族工业文化博物馆 • 沈阳 Z 广场文化教育产业园	• 多为政府投资打造或政府提供政策支持 • 多为免费展览（Z 广场除外），其目的是保存城市文化 • 以文化科普、学习教育为主要特色

类型	工业遗产文化品牌	特点
艺术型	• 沈阳 1905 文化创意园 • 红梅 1939 文化创意广场 • 城市之梦·冶金公园 • 31 街区	• 以企业注资打造为主 • 艺术展览、艺术品售卖、剧场演出为主 • 收入来源，艺术类文化产业发展较为系统
特色型	• 沈阳朝鲜族民俗文化产业园——韩帝园 • 奉天记忆·铁西印象 • 电机厂文化创意产业园	• 多为企业注资打造 • 多以特定地域或特定时代的风格为品牌定位 • 多为包含美食、住宿、会议等多方面的商业综合服务体
休闲娱乐型	• 铁锚 1956 文化创意产业园 • 铁西梦工厂文化创意街区 • 工巢文化创意园	• 企业注资打造，以盈利为主要目的 • 以休闲娱乐为消费理念，满足多方位文化消费需求

（三）沈阳工业遗产文化品牌的定位

品牌定位是品牌运作发展过程中统筹全局的中心环节，是品牌传播策略制定的基础和标准，对品牌发展具有重要的指引作用。品牌定位在确定之初需要确定目标市场与消费者，并依据市场需要和消费者心理需求来精准确立品牌自身在市场中的位置以及在消费者预期中的位置。沈阳市工业遗产文化品牌在塑造与传播之初，对工业遗产的利用方式决定了其市场定位和受众定位，而市场定位和受众定位在一定程度上决定了品牌的内容定位。

1.差异化的市场定位

品牌定位意在打造品牌价值，以产品或服务形式为载体实现对受众的承诺，满足受众心理期待。发展文化产业是现阶段众多城市促进本地经济发展的首要选择，打造文化品牌也已经成为各大城市完成产业转型的必要方式。沈阳依据自身工业遗产的文化特色打造出工业遗产文化品牌，所应用到的定位策略主要是文化定位策略。

文化定位策略是指将文化内涵融入品牌之中，形成品牌的文化识别，区别于其他品牌，文化定位更为突出品牌的特色形象。沈阳工业遗产文化品牌是将不同的文化与工业文化相结合以突出品牌特性。例如，沈阳铁西梦工场文化创意街区通过对市场竞争环境进行分析，即东北地区尚未打出体育文创园的工业遗产文化品牌，再结合对体育行业的企业和创意人才、热爱体育活动的青少年群体的特点和消费需求的了解，把其定位于"青少年体育文化培养街区"和"东北首家体育文创园街区"，其核心定位是创造具有专业性体育文化的文创园形象，以与其他工业遗产文化品牌形成差异化，强化品牌对目标受众群体和潜在受众传播的信息内容，从而形成品牌的核心竞争力，在工业遗产文化品牌中脱颖而出。除铁西梦工场文化创意街区将体育文化与工业文化相结合外，还有奉天记忆·铁西印象主要突出民国的工业文化，它主要依据特定时代的文化特征进行定位；沈阳 Z 广场是将教育特质与工业文化相结合，致力于打造一站式教育游乐文旅小镇以区别其他工业遗产文化品牌；沈阳 1905 文化创意园是将艺术文化与工业文化相结合，搭建艺术体验和文化消费的工业风格的空间。不同的文化定位使得沈阳工业遗产文化品牌分别服务于不同的目标受众群体，满足不同消费者的消费心理与需求。

　　2.年轻化的受众定位

　　受众定位是品牌以受众诉求为思考基础的重要策略，品牌依据受众心理确定可服务的目标群体，方便品牌在传播品牌信息的过程中，选择最直接和快速的方式提供给满足目标受众心理诉求的信息。受众定位一般按照人口学特征如年龄、性别、文化层次、居住地、收入等多个方面进行划分。受众也因此而形成具有不同特征的社会集合体，而集合体内部具有相似的价值观、消费需求和理念。因此，他们一般情况下会使用相同的传播工具，对相同的信息产生兴趣，也会对特定的信息产生类似的反应。工业遗产文化品牌一般会在品牌定位过程中确定目标市场，目标市场内的消费者也就成为了品牌的主要信息接收者。但在品牌的实际传播活动中，一般不会只关注目标市场中的核心受众，同时也会加强对边缘受众的关注。而品牌在进行受众定位时，一般会考虑用户来源、用户对品牌的需求以及用户忠诚度等情况。有了准确的受众群的定位，再针对其特定的受众阶层来规划园区服务内容，并把其作为主要的品牌信息宣传点，找到品牌传播中符合受众群体的媒介接触习惯，把受众自身利益的特点和品牌传播信息结合起来，才能使品牌传播做到有的放矢。沈阳市工业遗产文化品牌根据自己的品牌定位确定了各不相同的受众定位。沈阳铁西梦工场文化创意街区定位于"青少年体育文化培养街区"和"东北首家体育文创园街区"，其主要受众群体是喜爱体育的青少年群体；沈阳 1905 文化创意园以"艺术、体验、分享"的艺术理念服务于喜爱艺术、向往艺术生活方式的青年群体；沈阳 Z 广场的定位是"一站式教育游乐文旅小镇"，其目标受众是处于受教育阶段的儿童的父母，他们是 Z 广场的主要消费人群。沈阳工业遗产文化品牌以不同定位套用大致相同的品牌发展模式，在具有工业遗产特色的文化产业集中的文创园经济下，品牌受众定位均偏于年轻化。而针对具有纪念和教育价值的展览型品牌其受众目标为全体市民。

二、沈阳市工业遗产文化品牌的传播现状

品牌传播是一个品牌到达市场的必经过程，需各要素之间的衔接与配合。本节将从传播主体、传播内容、传播手段与传播媒体四个方面对沈阳市工业遗产文化品牌的传播要素进行分析。

（一）沈阳工业遗产文化品牌的传播主体

根据调研发现沈阳市将工业遗产开发为文化产业的起步较晚，加上人们对文化品牌的认识不足，因此工业遗产文化品牌大多需要政府引导。而对于政府引导大致需要分为两种情况：一是政府出资开发工业遗产，塑造文化品牌；二是政策支持开发利用工业遗产，吸引企业塑造文化品牌，除政府引导外，是企业自主开发工业遗产品牌，政府干预少之又少。由此来看，沈阳市工业遗产文化品牌的传播主体主要有三种情况：第一种情况是政府作为品牌的传播主体；第二种情况是企业作为品牌的传播主体，但需要得到政府的政策支持；第三种情况是企业作为品牌的传播主体。从品牌内部的运营机制和

政府对传播主体的干预程度来看，沈阳工业遗产文化品牌的传播主体是政府和企业。

（二）沈阳工业遗产文化品牌的传播内容

品牌在传播过程中所传递的信息内容直接或间接影响着受众对品牌的接受程度。现阶段，沈阳工业遗产文化品牌的传播内容主要分为品牌视觉符号、品牌文化理念以及品牌业务信息三个部分。

1.品牌视觉符号

视觉符号是沈阳工业遗产文化品牌在传播过程中直观且重要的传播内容，也是最先被受众所接触的传播内容。沈阳工业遗产文化品牌的视觉符号大致有品牌标志、品牌包装、品牌文字、建筑造型、色彩搭配、人物形象、代表雕塑、设计元素、海报图画等。视觉符号在传播过程中除最先被受众所接触外，还会营造氛围，激发受众记忆，进而引发受众遐想。以沈阳铁锚1956 文化创意产业园为例，铁锚 1956 的品牌标志主要由黄色的建筑剪影、镂空的半个铁锚与棕色的反向"L"、文字"铁锚 1956 文化创意产业园"共同组成，黄色的建筑剪影是翻新后的厂房，代表着新潮；镂空出来的半个铁锚是原纱厂名称的保留，也是文化继承；棕色的"L"代表着别具一格的 loft 建筑群，是创新与特色；而棕色也是铁锈经历岁月而沉淀的颜色，是工业遗产文化的寄托；数字"1956"是纱厂成立的年份，是对建筑历史的记忆，也是对工业生活的记录。

除此之外，园区内有大量工业视觉符号，比如铁锚雕塑；以沈阳纱布厂旧厂房为基础改造的带有历史建筑风格的现代建筑，建筑上仍保留着原建筑的色彩搭配，砖墙红与水泥灰的搭配，留下强烈的视觉冲击；园区醒目位置上讲述铁锚 1956 文化创意园发展历史的展示板、在创意店铺之间挂满生锈铁链的引导牌，展示板和引导牌在极简风格店铺中保持着独有的工业风格。沈阳铁锚 1956 文化创意园通过标志、文字、建筑、色彩、雕塑等视觉符号传播品牌中所蕴含的工业遗产文化，激发受众工业时代的记忆和体验感受。

2.品牌文化理念

品牌文化是品牌在发展过程中沉淀和积累下来的品牌理念、价值观念、仪式规范等，代表着品牌所特有的各个方面。余明阳在《品牌文化》中通过对大部分学者关于品牌文化的界定进行总结时发现，虽学者对品牌文化的理解各不相同，但终有相似之处，因此他认为"品牌文化是品牌在经营中逐步形成的文化积淀，代表了企业与消费者的利益认知、情感归属、文化价值观，是品牌与传统文化以及企业个性形象的总和"[1]，其作为一种文化现象，具有承载社会物质形态与精神形态的文化价值，应主要包括三个层面，第一个层面是外层文化，包括品牌名称、品牌包装、品牌标志等将品牌文化物化于外在的表现层面；第二个层面是中层文化，包括口号、广告语、公关活动、销售传播方式等在品牌传播过程中所借助的社会文化成果；最后一个层面是深层文化，包括品牌个性、品牌理念、品牌价值观、情感等在长期发展过程中所形成的品牌所特有的文化内涵，是"品牌价值观念、生活态度、审美情趣、个性修养、时尚品味、情感诉求等精神象征"[2]。

沈阳工业遗产文化品牌作为因历史选择、社会经济而发展的地域性文化品牌，其品牌文化，除包含品牌在社会文化中所凝练出来的社会价值、在发展过程中展现的个性审美和在传播中提倡的生活态度外，还具有在地域范围内所特有的情感倾向。沈阳工业遗产文化品牌选择改造承载着工业时代集体记忆的遗产建筑，是对工业工作场所的保留与转化，是在品牌发展范围内对工业遗产文化的继承，而在发展过程中提倡极简工业风格是对工业文化在当代审美视觉下的改造与创新。沈阳工业遗产文化品牌通过外层文化与中层文化所表达出的文化内涵是工业遗产文化，其也因此而成为满足老旧工业城市内成长起来的一代人的心理追求和情感释放的重要消费场所。

---

① 余明阳、戴世富：《品牌文化》，武汉大学出版社2008年版，第10页。
② 余明阳、戴世富：《品牌文化》，武汉大学出版社2008年版，第11页。

3.品牌业务信息

品牌业务信息是品牌在传播观念、文化以外的，具有较为明确指向性的活动内容或租售信息，其主要为受众提供的文化商品、举办的活动以及提供的服务内容作出明确界定与公示。沈阳工业遗产文化品牌的业务信息有产品信息，这种信息主要针对工业文化创意产业园区来说，意味着园区招商信息和商品售卖信息两种招商信息是面对创意企业或个人的入驻园区信息，商品售卖信息是面对消费者的艺术品展览门票、剧场演出信息等。也有服务信息，在文化创意产业园区中包括对入驻园区的企业或个人的政策信息，也包括对消费者的有偿或无偿的课程信息。还有活动信息，是指在园区举办的文化公益活动或商业活动信息，多以提高品牌形象为目的。

（三）沈阳工业遗产文化品牌的传播方式

品牌获得受众关注的程度是品牌选择与受众交流的方式也就是传播方式所决定的，沈阳工业遗产文化品牌大致有以下三种传播方式：

1.利用新闻报道进行传播

由于工业遗产文化品牌的塑造对沈阳市的经济发展和产业转型具有重要的促进作用，所以在品牌塑造之初就会受到新闻报道媒介的关注，利用新闻报道进行传播一方面是在利用新闻报道准确、详细的表述形式对工业遗产文化品牌进行介绍，会激发受众对工业时代的集体记忆，强化情感，增强品牌受众好感度；另一方面是在利用新闻报道的真实性和时效性吸引思维能力较强且有主见性的受众，提高受众质量，从而有助于保证品牌的权威性和专业性，提高工业遗产文化品牌在受众心中的信任度。

2.印刷宣传海报和宣传手册

印刷海报与宣传手册是文化品牌直观展示品牌信息与风格特色的重要方式，其在展示过程中直接表现出品牌特有的文化倾向和文化态度。沈阳工业遗产文化品牌在场馆内会张贴活动相关或传播工业文化的海报，海报风格会依据活动内容而进行改变，海报内容大致可以分为两种：一种是对沈阳工业遗产文化品牌自身的内容展示，另一种是沈阳工业遗产文化品牌承办文化活动或举办比赛的内容，一般会涉及活动或比赛时间、地点、形式以及部分内容。海报是直接在场馆内展示给受众的传播手段，具有直观性和创意感，具有工业风格的海报是唤起受众城市记忆传递工业文化的直白方式。

而宣传手册是品牌方在品牌所属空间内直接将品牌信息传递给目标受众的传播手段。它作为对品牌最直接的介绍方式，所传达给受众的信息更为直观和有效，一般会帮助受众快速地了解所在空间；发放方式可以灵活多变，既可以有针对性地对目标受众进行邮寄、面对面发放，也可以放置于场地入口处，受众自取等。同时，宣传册摆脱品牌所属空间后，可被受众反复翻看或传播，可以保证信息宣传的持久性和广泛性。

3.开展工业遗产文化相关的公益活动

公益活动是沈阳工业遗产文化品牌塑造品牌形象，提高品牌地位的重要传播方式。工业遗产文化品牌在拥有一定规模的空间时，会对沈阳的社会经济发展和产业转型有一定推动作用，在受众心中具有一定的品牌影响力。工业遗产文化品牌发展良好的社会公共关系，是在传播品牌信息的同时，提高品牌的社会地位，增强受众好感度。

（四）沈阳工业遗产文化品牌的传播媒体

沈阳工业遗产文化品牌的传播媒体选择主要与其发展环境与目标受众的媒体习惯相关，其在传播过程中所应用到的传播媒体主要有以官方报道为主的主流媒体和以传播信息咨询为主的社交媒体。

1.主流媒体

主流媒体是沈阳工业遗产文化品牌在各个发展阶段都会应用到的传播媒体，因为主流媒体在受众心目中具有一定的权威性，同时也会吸引一些具有社会影响力的受众。沈阳工业遗产文化品牌传播作为政府大力支持和引导发展的文化产业，对其报道的主流媒体既有辽宁日报、沈阳日报、辽沈晚报等在地区范围内具有较强影响力的地方性媒体，相关报道有《旧厂房长出产业新"芽"》《"内容+设计"让老厂房活起来》《沈阳鼓励保护利用老旧厂房兴办公共文化设施》等，还有人民日报、"学习强国"学习平台等在全国范围内极具影响力的全国性媒体，其中有《中国工业博物馆：见证沈阳振兴足迹》《东北沈阳铁西区：这些旅游打卡地不要错过》的报道，并对地方媒体的报道内容进行转载，其报道的内容也是遍布主流媒体的新闻、文化、社会民生、地区新闻的各个板块，涉及工业遗产文化传播的各个方向。

2.自媒体

互联网发展到移动网络阶段，自媒体成为大部分受众获取信息的首要选择。工业遗产文化品牌为了顺应媒体市场的发展和适应受众应用媒体格局的转变，在微博、微信公众号等自媒体平台创建自己的官方账号，以求最大程度地与目标受众接触。在自媒体平台直接自主传播品牌理念和热门活动的相关内容，同时在自媒体平台搭建购票、导航、售后等服务窗口，以自媒体的综合能力带给受众便捷体验。除此之外，还在自媒体中与平台内粉丝数量较多的意见领袖合作，借助"大号"的引流作用，达到为品牌"造势"的目的。

沈阳工业遗产文化品牌是沈阳响应国家号召对工业遗产进行保护开发、改造利用的重要方式，也是积极促进城市产业转型的重要手段。而在文化传播角度，沈阳工业遗产文化品牌不但承载着老工业城市的集体记忆，同时也承担着传播城市文化、工业文化的重任。其在发展与传播过程中必然会得到政府和主流媒体的关注与支持，与此同时，沈阳工业遗产文化品牌在传播自身品牌文化、品牌理念、品牌形象等方面也在积极探索和尝试着有利于文化发展与传播的传播策略。

第三节 沈阳工业遗产文化品牌的传播策略分析

现阶段，沈阳市工业遗产文化品牌在传播过程中表现出明显的工业符号传播策略，利用独具特色的工业符号强化受众的工业文化记忆，在创意方面突出"工业遗产文化+"的内容策略，将品牌文化融入特色内容中，潜移默化影响受众文化喜好，同时积极主动地利用主流媒体与自媒体组合传播策略，全面又精准地投放品牌信息，偶尔会通过与工业遗产文化相关的公益活动借势传播，并会在特定时间打造工业体验场景，使用贴合受众感受的体验传播策略。

一、工业符号传播策略

符号在被赋予品牌意义之后就是品牌被指代的基本识别，符号作为品牌传播的载体，在传播过程中具有强烈的认知与识别优势，能够更加直接而有效地被消费者认识和记忆。品牌符号在传播过程中承载着品牌的文化理念，代表着品牌形象，展现着品牌个性，帮助受众形成品牌记忆。通常情况下，识别传播是指视觉符号的传播，重视对品牌形象的发掘与设计，强调鲜明、突出、具有辨识度的画面效果，比如品牌名称、品牌标志、品牌颜色、品牌包装等。对于沈阳市工业遗产文化品牌而言，在传播实践中所呈现给消费者的视觉传播符号，主要体现在品牌名称和品牌标志两个方面。品牌名称和品牌标志通过语言、图案、造型等向消费者传播该品牌的信息，引起消费者的兴趣，对品牌产生好感，并依据名称或标志信息引发消费者对品牌的文化联想，了解品牌意义，在一定程度上帮助消费者强化品牌记忆。

（一）品牌标志：生动形象，承载历史

沈阳现有 16 家工业遗产文化品牌中，具有明确品牌标志的共有 7 家，其中包括以产业园区的建筑轮廓作为品牌标志的沈阳 1905 文化创意园和万科·红梅 1939 文化创意广场；以品牌名称的创意符号作为品牌标志的铁西梦工场文化创意街区；以代表图形作为品牌标志的沈阳铁锚 1956 文化创意园、沈阳 Z 广场文化教育产业园和沈阳朝鲜族民俗文化产业园——韩帝园，还有通用奉天记忆文化创意产业品牌标志的奉天记忆·铁西印象。三种类型的品

牌标志以不同形式将品牌内涵和品牌形象呈现出来，以铁西梦工场文化创意街区的品牌标志为例，铁西梦工场文化创意街区的品牌标志是一个现代主义风格标志，它以 M、梦工场和 DREAM WORKS 为元素，组合出简单的美感，设计简单，运用红配灰的颜色搭配，给人极强的视觉感受。红与灰分别指代"梦"与"工场"两个元素的关系、工业遗产与当代建筑艺术的关系，带给受众一种历史与艺术的关系联想，在一定程度上增强品牌识别和深化品牌记忆。

（二）工业元素：丰富多样，保留记忆

沈阳工业遗产文化品牌最为明显的特征是对工业建筑遗产的改造和利用，因此其在改造过程中保留和改造的工业建筑、工业机器和在建设过程中还原的工业景观、人物雕塑、工作场景等都是工业遗产文化品牌在传播工业遗产文化时所应用的视觉符号。比如，沈阳工业遗产文化品牌对工业旧址和旧建筑的保留与利用、重型文化广场上的"持钎人"雕塑、奉天记忆·铁西印象街道上对自行车车轮工业元素的保留和创新、工人村展览馆中带有时代感的旧物和生活环境等。以最具有代表作用的中国工业博物馆的工业符号为例，中国工业博物馆是沈阳改造旧厂房的早期案例，其建筑本身是沈阳铸造厂的车间，场馆内保留着车间原样以及车间内的工业机器，机器旁是用雕塑对工作场景的还原，并依据机器作用分类场馆，在各个场馆内对机器陈列、展览并加以文字说明。除此之外，中国工业博物馆还将沈阳工业发展历程、领导人视察情况、时代寄语、工人工作环境、工作事迹等以图文的方式呈现给受众，将工业元素转化为视觉符号进行文化传播，以保护和传承城市中的集体记忆和重要文化。

二、"工业遗产文化 +"的内容策略

工业遗产文化品牌在品牌传播实践中主要将品牌所倡导的文化和生活方式作为重要的传播内容，并以此形成独特的核心价值，也就是品牌对产品或服务所做的具有差异化的内容定位。

（一）文化内容：特色定位，凸显卖点

沈阳工业遗产文化品牌将工业空间转型为文化产业聚集地，其空间意义上文化聚集是形成文化产业的基础，而特定文化的产业链是工业遗产文化品牌内容定位的具体表现，因此沈阳工业遗产文化品牌在品牌传播过程中会以"工业遗产文化+特定文化或行业"的内容策略。以沈阳 1905 文化创意园和沈阳 Z 广场为例，沈阳 1905 文化创意园以"艺术展览"和"艺术体验与分享"为核心卖点，为了凸显两个核心卖点，沈阳 1905 文化创意园借助工业遗产资源优势，构建艺术体验场景，在"艺术、体验、分享"理念下融合文化活动资源、戏剧演出、创意企业或个人等多种资源，开创艺术空间、文化演出、文创商业和文化活动四方面的文化产业，搭建艺术生活方式体验和文化消费空间，由此可见，沈阳 1905 在品牌传播过程中始终坚持着"工业遗产文化+艺术"的内容策略。而沈阳 Z 广场的核心卖点是"一站式教育游乐文旅小镇"，为了凸显这个核心卖点，Z 广场在工业遗产空间内打造国际幼儿园、儿童娱乐中心、书吧、工业文化博物馆、文体活动中心等具有教育功能的设施，并搭配艺术秀场、文创孵化中心、艺术剧场等文化产业设施，从而形成教育文化产业链，因此沈阳 Z 广场在市场中所凸显的内容策略是"工业遗产文化品牌+教育"。

（二）生产内容：设施集中，功能齐全

工业遗产文化品牌的内容策略还表现为内容集中化，主要体现在其品牌空间内生活设施的建设，唐·E·舒尔茨曾针对品牌传播提出整合营销传播理论，主要强调企业在品牌传播实际活动中对文化内容和资源的整合，便于发掘"接触点"，从而通过"接触点"向受众传播清晰的品牌形象。工业遗产文化品牌所提供的生活设施就是一个"接触点"，便于品牌与消费者建立关系，而接触点的传播效果也会在极大程度上对受众关于品牌的认知产生影响。因此，沈阳工业遗产文化品牌一般会非常重视品牌空间内生活设施的建设。沈阳工业遗产文化品牌在工业空间内建设具有工业风格并符合消费者

的地位和消费水平的咖啡馆、餐饮、酒吧、民宿等生活设施，在"接触点"上完善品牌形象。如沈阳朝鲜族民俗文化产业园——韩帝园，其园区内的餐厅、酒店等风格与工业旧建筑的风格相一致，并以民族风情和民族特色为主题，打造集餐饮、住宿、会议、宴会、娱乐、商务办公、旅游接待等多功能为一体的纯正韩式商业街区。

三、主流媒体与自媒体组合传播策略

沈阳工业遗产文化品牌作为政府支持并大力发展的文化产业发展形式，从项目成立、开园庆典、文化活动等多个方面得到了主流媒体的青睐，主流媒体"主动"成为工业遗产文化品牌传播重要资讯与品牌文化的方式之一。同时，主流媒体的专业性、可靠性使得它成为文化品牌吸引高文化水平、中老年受众的重要方式。而在自媒体快速发展与应用的今天，自媒体为沈阳工业遗产文化品牌信息和文化的传播提供了一定的主动性与能动性，通过在各个自媒体平台创建品牌账号为受众提供便利，展示主流媒体报道中缺失自我个性的信息与内容，丰富品牌形象，在自媒体范围内加大品牌在各个方面的传播力度，成为吸引年轻受众的重要传播渠道。

（一）主流媒体：报道权威，内容详细

沈阳工业遗产文化品牌作为政府扶持建设项目，在项目成立之初必然会受到主流媒体的着重关注，并被主流媒体积极报道，因此，主流媒体成为沈阳工业遗产文化品牌在发展之初吸引受众的主要手段与渠道。而又因其对沈阳经济与社会的影响作用，在其成长过程中更是将主流媒体作为品牌传播的主要传播渠道和最优选择。主流媒体包括极具代表性的辽宁日报、沈阳日报、沈阳晚报等地方性媒体和中新社等全国性媒体，其中全国性媒体对沈阳工业遗产文化的总体发展情况报道较多，比如 2010 年中新社关于《沈阳宣告已完成老工业基地调整改造》的报道，主要内容是截至 2010 年，沈阳"全面完成改造振兴的各项任务"，并将沈阳铁西区打造为"工业走廊"的核心，

并获得由国家发改委、国务院振兴东北办授予的"铁西老工业基地调整改造暨装备制造业发展示范区"的光荣称号。

地方性主流媒体上关于沈阳工业遗产文化品牌的相关报道具有针对性强且遍布文化、新闻、地方新闻、社会民生等各个板块的特点，比如 2018 年《华商晨报》生活服务版面刊登的《沈阳老旧厂房将变身地域文化标志》，是关于沈阳老厂房现状梳理的报道，报道中梳理了对老旧工业空间多种利用方式，并对沈阳市发布的相关工业遗产保护与利用的政策进行整理，认为老旧工业遗产空间通过开发与改造已经成为沈阳新文化地标，对沈阳经济的发展产生了积极的影响。还如 2019 年《沈阳日报》社会新闻版面报道的《"内容+设计"让老厂房活起来》，是第三届沈阳创意设计周分会场论坛的现场情况，报道中强调论坛以"东西南北建筑师共话设计的全面振兴"为主题，并由来自全国各地的知名建筑师为沈阳历史建筑的文化保护、老厂房的改造献计献策。通过对沈阳创意设计周的报道为沈阳工业遗产文化的保护与传播寻找"门路"。2020年《沈阳日报》发布在文化板块的《以艺术创作呈现社会关怀》，是关于红梅文化创意园承办由省美术家协会主办的"创作有温度的艺术·艺术行为的社会关怀——解勇个展"的报道，虽报道主要内容在表述解勇个展中的艺术理念和情感表达，但在间接上是对红梅文化创意园承办本次展览的肯定，也是对红梅文化创意园品牌理念和品牌文化的传播。

除辽宁地区内的主流媒体以外，还有像人民日报、澎湃新闻等全国性的主流媒体对其改造利用工业遗产或是承办国际赛事活动的报道转载或进行相关报道。

（二）自媒体内：主动传播，自觉互动

根据中国互联网络信息中心（CNNIC）第46次《中国互联网络发展状况统计报告》统计，截至 2020 年 6 月，我国网民规模达到 9.4 亿，互联网普及率为 67%，而我国的手机网民规模达 9.32 亿，网民使用手机上网的比例达99.2%。手机网络各项指标增长速度在一定方面超越传统网络，自媒体用户呈现出较快的增长势头。

　　现阶段，沈阳大部分的工业遗产文化品牌还处于发展的初级阶段，在急需扩大品牌认知的阶段考虑目标受众的媒介习惯，网络作为新媒介更为适合工业遗产文化品牌的传播。沈阳工业遗产文化品牌的目标受众群体是具有一定文化高度的青年群体，该群体的媒介偏好多以自媒体为主，自媒体依托网络而存在，因此网络传播使得工业遗产文化品牌的传播更加容易接触到目标受众群体。网络传播较传统媒体来看，与目标受众的互动性强在一定程度上强化了受众与品牌的关系，增强了品牌传播的效果。受众在感受过网络带来的信息爆炸之后，渴求网络信息传播过程中的冷静和理性，期待可信赖的信息资讯，而网络随着传统媒介的使用率降低而成为人际交往与信息传递的重要介质，因此受众在网络中更为依赖基于真实评价的口碑传播，也逐渐倾向于各个平台所出现的意见领袖。品牌自建的微博、组织或个人的自媒体账号等都为品牌的口碑传播提供了渠道和平台，而自媒体中的意见领袖在品牌传播中发挥着重要的核心作用。基于以上作用，沈阳工业遗产文化品牌的新媒介传播策略主要体现在微信、微博、短视频平台等社交媒体对品牌信息的传递，主要是以图文和视频两种形式对品牌信息、品牌内容、品牌形象进行传播，而社交媒体最大的优点就是缩短受众与品牌方的距离，实现信息互动。

　　1.微信、微博上的图文互动

　　沈阳工业遗产文化品牌对微博、微信等以图文为主的自媒体的应用最为全面。将现阶段已在传播阶段的沈阳工业遗产文化品牌的社交媒体账号进行整理如表4-3。

表4-3　沈阳工业遗产文化品牌微博、微信平台的名称

工业遗产文化品牌	微博名称	公众号名称
沈阳 1905 文化创意园	1905 文化创意园	1905 文化创意园
中国沈阳工业博物馆	中国工业博物馆	沈阳工业博物馆

续表

工业遗产文化品牌	微博名称	公众号名称
铁西梦工场文化创意街区	铁西梦工场文化创意街区	铁西梦工场文化创意街区
工人村生活馆	—	工人村生活馆
铁锚 1956 文化创意产业园	沈阳铁锚 1956 文创园	铁锚 1956 文创园
奉天记忆·铁西印象	—	奉天记忆
沈阳朝鲜族民俗文化产业园——韩帝园	—	沈阳韩帝产业园
沈阳 Z 广场文化教育产业园	—	Z 广场 沈阳
东北近代纺织工业博物馆	—	—
万科·红梅 1939 文化创意广场	—	沈阳红梅文创园

我们可以发现几乎所有工业遗产文化品牌都有自己的微信公众号，而并不是所有工业遗产文化品牌都有自己的微博账号，虽两个平台都主要以图文的形式发布品牌信息，但微信公众号同时拥有"分享、评论、收藏、点赞、在看"等功能。因此将沈阳工业遗产文化品牌微信公众号作为观察和研究的主要对象进行分析，各文化品牌在各个公众号文章中均通过对活动内容和活动时间进行图文展示，并开放评论区，实现与受众的互动，主动接受受众反馈，体现品牌以受众为中心的传播策略，以此构建品牌方与受众最大可能性的互通意义空间。

2.自媒体中的人际传播

沈阳工业遗产文化品牌对自媒体的应用除了官方账号之外，还在各个平台中依靠表达自由的网民实现网络人际传播，借助平台上的意见领袖以视频、图文等多种形式呈现出品牌特色内容，给予目标受众较为可靠的信息咨询。现阶段多以自媒体为主，主要是为系统化、完整化的文化产业或展览所做的广告，比如@沈阳大活动家在微博上于2019年发布的《沈阳这三处各有特色的"文创园区"，将是整个暑期备受期待的好去处》，公众号"机械怪兽的感官世界"于2018年发布的《城市探索I老工业基地的"小资范"，沈阳铁西1905文创园》，以主播探店形式发布在短视频平台上的推荐视频等。自媒体中人际传播的目的是吸引沈阳工业遗产文化品牌的近距离地域内目标受众，突破品牌认知度的地域限制，尽可能扩大品牌知名度的地域范围。

四、工业遗产文化与公益活动传播策略

公关传播策略是品牌以树立形象为目标的传播活动，品牌通过积极主动承担社会责任，借助新闻传播手段多方面、多角度传播品牌资讯，诠释品牌文化、品牌内涵、品牌个性，塑造品牌形象，指导受众行动，引领消费时尚，创造最佳传播效果，扩大传播效能。沈阳工业遗产文化品牌以定期举办不同主题文化活动和具有针对性公益活动的方式，主动承担文化传播责任，利用较短的时间快速提升品牌知名度，塑造品牌的公信力和识别度。调查研究发现，沈阳工业遗产文化品牌多以文化创意产业园区的形式而成为品牌，是处于发展探索阶段的新生事物，其在传播初级阶段大多是依托于权威性较强的媒介，因此公共关系传播成为沈阳工业遗产文化品牌在各个发展阶段的最优选择。

（一）文化活动：定期举办，主题丰富

举办文化活动是作为文创园、展览馆的沈阳工业遗产文化品牌的职能所在，是为受众提供文化创意活动的基本场所。沈阳当前各工业遗产文化品牌都以举办各种形式的文化活动作为提高品牌知名度的手段。以沈阳1905文创园为例，1905文创园连续8年举办"犀牛市场"活动，以不同主题、不同板块将文创园内最新鲜的潮流文化设计内容汇聚在一起，用各种形式的摊位，呈现出共同的文化创意生活理念，让受众在趣味中体验文化。而在关于"犀牛市场"的信息传播方面，除了活动前期的官方预热以外，还有辽宁日报、辽

沈晚报对该活动的新闻营销传播，在吸引受众、扩大传播的同时，帮助沈阳1905文创园传播"艺术、体验、分享"的品牌理念，塑造文创园个性、具有创意的品牌形象。

（二）公益活动：传播理念，维护形象

举办公益活动是品牌主动承担社会责任的积极表现，沈阳1905文创园开园以来举办的部分公益活动如表4-4。

表4-4　沈阳1905文创园举办的公益活动（部分）

时间（年）	活动名称	形式	活动内容
2014	2014年沈阳市公益创投大赛项目评审会暨公益LIVE SHOE	比赛	"创·公益"的百强项目展示"公益LIVE SHOE"以及社会组织嘉年华
2014	"天使之爱"妇幼健康公益服务视觉平面创意设计大赛	比赛	以妇幼健康公益为主题进行不同平面形式设计大赛
2015	公益公开课	免费课程	艺术公开课
	Pechakucha	分享会	全球性的公益分享大会
2016	"公益评书"专场	分享书评	名著解读
2018	儿童戏剧公开课	免费课程	戏剧公开课
	公益家庭教育讲座	讲座	家庭教育公开课
2019	沈阳晚报逐浪剧社	讲座	金牌导师公益大师分享活动
2020	犀牛公益	捐款	凭对壹基金的捐款信息获得7折购票回馈

根据沈阳工业遗产文化品牌所举办的公益活动的信息可以看出，沈阳1905文创园所举办的公益活动具有针对性，多数贴合"艺术、体验、分享"这一品牌理念，坚持举办有关艺术类、内容分享形式上的公益活动有助于塑造始终如一的品牌形象。

五、工业场景体验传播策略

沈阳工业遗产文化品牌依据品牌功能大致可以分为工业遗产文化创意产业集聚地（类似于在建的工巢文化创意园），和工业遗产文化旅游地（类似中国工业博物馆、工人村展览馆）。作为工业文化创意产业聚集地的沈阳工业遗产文化品牌对于体验的定义更偏重于创意人才迸发创意灵感的环境体验，而作为文化旅游地的沈阳工业遗产文化品牌对于体验的定义更偏重于强调受众感受的情感体验或感官体验。不论是为激发灵感的环境体验还是侧重情感的感官体验，都从静态场景和动态场景两个方面体现。

（一）静态场景：营造工业氛围，唤起工业记忆

静态体验场景是指沈阳工业遗产文化品牌的整体建筑风格、周边环境、打卡拍照布景、工业老照片、工业人物雕塑、装饰店铺的摆件等静态元素营造出的体验场景。沈阳工业遗产文化品牌选取工业旧址和旧厂房作为建筑基础，保留其原有建筑风格，改建为工业遗产文化创意产业集聚地或工业文化旅游目的地，工业遗产文化创意产业集聚地的静态场景主要是图片、文字、具有工业元素的装饰品等，营造工业氛围，达到激发创意人才灵感的目的；而工业文化旅游目的地则是通过还原工业场景给予受众情感体验，满足受众文化需求和情感消费。例如，中国工业博物馆不仅保留沈阳铸造厂的车间风格，还保留了其原有机器，并在机器旁边增加工作人物雕塑，真实、准确地还原工作场景；工人村展览馆保留原工人宿舍楼内的建筑和生活用品摆设，还原工业时代的宿舍生活场景，以达到唤起中老年受众关于工业生活与工作的集体记忆、增加年轻受众全新工业感受的目的。

（二）动态场景：讲述工业故事，激发受众情感

动态体验场景是指沈阳工业遗产文化品牌为还原工业场景而增加的声音、影像、表演、互动场馆等动态元素的体验场景。动态体验场景多应用于工业遗产文化展览馆、旅游目的地等，比如中国工业博物馆对工业广播、全

息影像、VR 赛车场景的应用和奉天记忆文创园内小剧场的安排等，其主要目的是给予受众新颖真实的工业文化体验。中国工业博物馆将工业时代的广播内容与展馆内静态体验元素相结合，营造浓厚的工业时代氛围，将受众放置于特定时代背景下，感受工业时代工人工作场景，一方面可以唤起中老年一代受众的相关记忆，给予情感慰藉，另一方面给予年轻一代新鲜的体验，感受工业时代文化。除此之外，多数工业遗产文化品牌都会在工业创意空间放置体验剧场，其目的是生动形象地向受众展现、讲述工业人物和工业时代的故事，与受众产生互动的积极效果，使故事更为深刻地印刻在受众记忆中，让体验效果更为真实深刻。

以上是现阶段沈阳工业遗产文化品牌在发展过程中涉及到和正在使用的品牌传播策略，其中工业符号传播策略在传播品牌符号与品牌衍生产品方面发挥着不可替代的作用。"工业遗产文化+"的内容策略对品牌文化和品牌理念的传播产生了重要影响。主流媒体与自媒体组合传播策略中主流媒体在品牌传播中发挥着推动工业文化产业发展和工业遗产文化传播的积极作用，工业遗产文化品牌在自媒体平台与受众的互动积极吸引年轻受众并主动推进品牌年轻化。工业遗产文化与公益活动策略在社会关系层面促进着品牌良好形象的塑造。工业场景体验策略主要是以受众为中心，关注受众感受的传播策略，积极主动地推动品牌的持续发展和工业遗产文化的传播。

第四节　沈阳工业遗产文化品牌传播中存在的问题分析

沈阳工业遗产文化品牌在品牌传播过程中依照社会经济发展现实和品牌自身发展实际情况而采取了一系列品牌传播策略，在一定程度上对工业遗产文化品牌自身发挥了扩大受众认知范围、激发城市记忆、刺激受众消费等积极作用，并也在某种意义上对沈阳工业遗产文化和工业文化的传播产生了积极影响，但这些传播策略在品牌传播实践中仍存在以下这些问题。

一、沈阳工业遗产文化品牌的定位不准确

品牌定位是品牌方为区别其他品牌而满足目标市场需求建立独特品牌形象的依据，以此在目标受众心目中留下深刻的印象。但现阶段沈阳工业遗产文化品牌在品牌定位中存在着同质化、不清晰、不突出、有偏颇等问题，主要表现在市场定位、形象定位、地理定位以及受众定位四个方面。

（一）市场定位不明确：工业遗产文化品牌同质化严重

沈阳已建设完毕并投入品牌传播工作的工业遗产文化品牌，除带有公共设施建筑性质的博物馆以外，多将工业遗址开发为文化创意园的形式。在开发形式趋于一致的情况下，各大文创品牌在基础设施和业务服务上都出现了高度一致性，这意味其市场定位也逐渐呈现出同质化，沈阳铁锚1956文化创意产业园、万科·红梅1939文化创意广场、沈阳朝鲜族民俗文化产业园等品牌在品牌传播过程中对其定位宽泛且模糊，导致依据其品牌所提供的业态服务对品牌信息进行相关编码时，找不出独特符号或定位对品牌信息进行总结与传播，造成了各个文创园的特色在市场中均不明显的局面。

（二）形象定位不详细：面向受众的品牌形象不统一

形象定位是决定品牌形象塑造方向的关键，与品牌发展战略目标有着极为密切的关系。而形象在品牌传播过程中承载着品牌理念、价值观念、品牌文化和品牌特征等多方面内容，是目标受众选择品牌服务和产品的重要依据，形象定位也因此成为了品牌在定位策划中必须解决的关键问题。而沈阳工业遗产文化品牌在传播过程中并未对品牌形象呈现出完整统一的展示，其直接原因是品牌的形象定位不详细全面，盲目追随市场，导致多种媒介渠道下所塑造出的品牌形象不统一，如沈阳1905文化创意园，其微信公众号和微博账号的信息内容以品牌内的艺术活动和公益性的艺术活动为主，对这两个

平台上的目标受众来说，"艺术、体验、分享"是沈阳1905文化创意园所传递的品牌理念，对应塑造起"艺术生活"的品牌形象，而在抖音等短视频的信息内容多为美食、娱乐、休闲活动为主，那么对于在短视频平台的目标受众来说，休闲、娱乐成为沈阳1905文化创意园所主要塑造的品牌形象。不同媒介所对应的受众群体存在差异无可厚非，但坚持品牌形象统一是品牌在传播中不可或缺的重要能力，而沈阳工业遗产文化品牌显然在保持形象统一方面存在不足。

（三）地理定位未强调：工业遗存保护区的位置优势被丢失

通过调研和考察发现，沈阳工业遗产文化品牌的地理位置多分布于沈阳铁西区。铁西区是沈阳市重要的老工业区，保留着众多工厂搬迁后的工业遗址，是现阶段沈阳拥有70万㎡的工业遗存保护区。这些工业旧厂房为工业遗产文化品牌搭建创意空间提供了基础风格和地理优势，新旧风格的碰撞与融合成为沈阳工业遗产文化品牌的显著特点，重要老工业区和工业遗存保护区成为沈阳工业遗产文化品牌吸引受众的亮点。而沈阳工业遗产文化品牌在品牌传播过程中并未对地理位置进行准确可靠的定位，仅在传播过程中强调品牌产地精确的地理位置，而忽视对铁西工业遗存保护区的强调，导致其地理位置的优势在品牌信息中的丢失。

（四）受众定位有偏颇：目标受众单一且未细化

沈阳工业遗产文化品牌以文化创意产业园的形式呈现给受众，其中大部分文化创意园品牌对目标受众的定位都是年轻群体，主要有两个方面的原因，一方面年轻受众是文化产业的消费主体，另一方面年轻受众容易对新鲜事物产生好奇并勇于尝试。面向年轻群体是文化产业发展的必然选择，但对于沈阳这一具有工业历史并依靠工业痕迹发展文化产业的城市来说，工业记忆是需要上一代传承的精神力量，也就是说关于工业遗产中所保留下来的精神资源部分并未找到其服务的受众，仅对文化产业做了受众定位。在调研过程中还发现，类似沈阳铁西梦工场文化创意街区将目标受众定位为爱好体育的青少年的精准定位的情况在沈阳现阶段已面向受众的工业遗产文化品牌来说少之又少，多数都是未细化或细化情况不理想的。

二、沈阳工业遗产文化品牌的工业符号利用程度浅

品牌在传播、识别和记忆的过程中需要物质载体将自己呈现给受众，物质载体使得品牌逐渐形式化和符号化。品牌在传播过程中多借以文字、图案和符号作为直接载体，意在以简洁直接的方式区别于其他品牌，而在识别和记忆过程中多借以包装、质量、服务、知名度、美誉度等作为间接载体，以便受众对品牌拥有好感度和选择倾向。

品牌识别系统是在传播过程中帮助受众区别其他品牌和选择的重要依据，因此拥有具有特色和识别度高的品牌符号是品牌进行有效传播的基础。而沈阳工业遗产文化品牌在品牌识别策略中存在着缺失工业元素和包装不统一的问题，使得工业遗产文化品牌在识别和记忆的过程中具有一定的难度。

（一）品牌标志中工业元素突显程度不足

沈阳工业遗产文化品牌都有自己的品牌名称且名称中带有明确的工业元素，如沈阳1905文化创意园的"1905"是沈阳工业开始的年份、万科·红梅1939文化创意广场的"1939"是沈阳红梅味精厂的成立年份。但在调研中发现仅部分工业遗产文化品牌拥有自己的品牌标志，其中大部分品牌标志中的工业元素不明显甚至缺失。作为工业遗产文化品牌，品牌标志上的工业元素的缺失会使得大多工业遗产文化品牌并没有形成具有整体框架的品牌识别系统，这样会影响品牌传播的效果。

（二）品牌包装中工业符号传承效果不佳

品牌识别系统中有一个加强受众识别与记忆的重要环节是品牌包装环节，它在受众记忆方面起到重要作用。沈阳工业遗产文化品牌作为文化产业对于文化产品的输出是必不可少的，因此对于品牌中产品的包装是其传播信息和吸引受众的手段之一。现阶段沈阳工业遗产文化品牌多为文化创意园，

其对创意企业和个人的吸收是其发展的一个重要内容，工业遗产文化品牌与创意品牌是二者共生的关系，在一定程度上创意品牌依托工业遗产文化品牌的名气而生存，工业遗产文化品牌依靠创意品牌而传播，因此在同一文化品牌下的创意品牌可以看作是作为工业遗产文化品牌的子品牌而存在，但在各个沈阳工业遗产文化品牌中，作为子品牌的创意企业和个人的产品都有其独特包装，而包装各异的情况下找不到工业遗产文化品牌的标志，这意味着沈阳工业遗产文化品牌在主动放弃包装问题上的传播机会。

三、沈阳工业遗产文化品牌的文化广告缺失

广告是品牌传播的重要手段之一，一般的商业广告以精练的内容向目标市场展示着品牌的产品、服务、差异以及定位等多个方面的信息，为消费者的选择与消费提供依据。文化品牌在发展与传播过程中不但需要缩短品牌与消费者之间距离的商业广告，更需要将品牌文化、品牌理念以一种大众文化广告的方式传播给具有共同文化认同、文化素养的受众，以提高品牌的竞争力、美誉度、忠诚度等多方面消费预期的文化广告。

"文化广告是文化产业的附属物，是文化作为一种生产、流通、交换、消费的商品，逐步发展壮大为一个产业之后，有了自身适应的生存空间"[1]，也就是说，文化广告在一定程度上是文化品牌商业广告的延伸发展。其在传播过程中所借助传播媒体也同样包括印刷媒介、电视媒体、广播媒介、户外媒介、数字媒体，这意味着其大致表现为图片海报、文字、音频、视频四种形式。文化广告与商业广告的不同在于广告创意的具体内容中，文化广告承载着品牌属性与独有文化，多以文化内共有情感引起受众注意，所以文化广告偏重情感广告以满足受众对文化特有的感情需求。文化广告除与受众产生情感共鸣外，还多应用于品牌形象塑造方面，用文化内涵完善品牌形象，突

---

① 王钧、刘琴：《文化品牌传播》，北京大学出版社 2010 年版，第 165 页。

出品牌文化与独特理念，进而攻占受众心智。

因此，文化广告可表现为不同媒介形式的广告、情感广告与形象广告三个方面，而就现在的沈阳工业遗产文化品牌而言，其存在着文化广告不完整甚至可以认为文化广告缺失的严重问题，在传播过程中并未意识到文化广告对文化品牌的重要性，主要问题集中表现在文化广告形式单调、工业文化内核情感表现不足、品牌形象树立模糊等情况。

（一）视频广告缺失，感官运用单调

视频广告是文化广告的重要表现方式，画面中色彩的运用与背景音乐之间的配合是突出品牌文化素养与文化倾向的重要手段，可以在受众接触到视频广告的短时间内给予最直接的视觉与文化冲击，以全新的艺术创作带来新颖却熟悉的文化气息，在一定程度上激起受众好奇心，留下深刻印象。

在调研与整理资料时发现，沈阳工业遗产文化品牌的文化广告在传播过程中，以印刷媒体、数字媒体为主要传播载体，以图文海报为表现形式，以自媒体式广告为主要的广告战略。而在自媒体数字化快速发展、音视频传播便捷快速的今天，其自媒体平台的文化广告仍以长篇文字、大量图片为主要表现方式，而缺少甚至缺失音、视频广告，一方面，简单的图文海报对受众的感官调动单调，而长篇图文广告在叙述的过程中营造的工业文化氛围感弱，在一定程度上减损消费者积极性和耐心，影响传播自身信息或品牌文化的效果；另一方面，承载着品牌文化的文字广告需要精练的文字表述和精妙的文章构架，这对受众的文化水平有一定的要求，而其在信息冗杂的自媒体平台缺少可以与视频竞争的、更为清晰明确的广告诉求和受众吸引力，这会使品牌错失了以短时间快速占领受众心理和满足文化需求的最佳时机。

（二）情感广告缺失，文化传播受阻

品牌文化广告的生命力来源于其触动受众的美感与震撼人心的艺术魅力，广告作为一种艺术创作，早已独立于品牌文化而成为一种创意文化，而其生命的内核是艺术创作背后的特定文化，"文化作为人类共通属性的表现，在文化品牌的传播中，它更需要情感去展示其共通"①。那么，就品牌的文化广告而言，其需要通过艺术创作来挖掘品牌文化情愫以吸引具有共同文化诉求的受众，同时，也通过共通情感达到传播文化的目的。

沈阳工业遗产文化品牌的文化广告对已有故事的挖掘与利用仅限于对工业遗产建筑历史情况的陈述以及对工业遗产建筑的改造规划等，其在表述过程中过多强调史实与建筑改造与保留的实际情况，而忽视存在于工业空间内的工业文化情愫，强调工业建筑保留情况的内容对于具有工厂工作经历的受众来说，具有一定唤起工作场景记忆的作用，但对没有工厂工作经历且成长于工业时代的、现在作为主要消费群体的年轻人来说，无法产生对原有工业建筑的情感共鸣。除此之外，在故事情节层面来说，沈阳工业遗产文化品牌并无故事性可言，实属史实陈述类文化广告，不能充分调动受众情感，影响受众对广告内工业文化的感应与接收。总的来说，我们可以认为这种不会发掘文化情感与受众产生情感共鸣的文化广告在一定程度上来说是一种无效传播，会导致广告文化自身的传播效果差，必然也会影响其中品牌文化的传播。

（三）形象广告缺失，品牌形象散漫

当文化消费到达影响受众忠诚的水平，品牌所提供的文化广告不能只是对品牌内文化产品、文化服务进行简单介绍，还需要着重关注广告传播的文化内容，即品牌文化的输出。品牌文化的输出需要依靠特定艺术形式的、塑造品牌形象的文化广告，其在传播过程中展现出明显的文化倾向与价值选择。该文化广告在传播过程中首先会加强既定文化受众与文化品牌的联系，给受众留下好的感受与印象，提高品牌亲和力、知名度；其次会传播品牌提倡的文化，为既定文化受众塑造精致可追求的精神世界，引导受众树立符合社会价值体系中品牌文化推崇的人生观，培养与品牌文化相吻合的价值取向；

① 王钧、刘琴：《文化品牌传播》，北京大学出版社 2010 年版，第 177 页。

最后是追求文化品牌传播的最高层面——受众品牌忠诚度。受众在文化广告中所接收到文化消费方式、文化满足程度和被激发的文化好奇度将成为驱使他们形成品牌忠诚的直接动力。也就是说，传播品牌文化的广告在加深、强化信息的同时，也在暗示受众的重复选择，以"强化受众对品牌的记忆与依赖"①。

通过对沈阳工业遗产文化品牌的文化广告进行整合后发现：沈阳工业遗产文化品牌在形象塑造、文化传播方面的广告少之又少，甚至达到缺失的程度，而现有广告策略中出现在多个平台内广告类型单一和广告内容同质的情况，这种情况在一定程度上会导致品牌形象固化、陈旧，并在以后的发展与传播过程中与时代文化脱轨，影响品牌形象在受众心里的长期性与持久性。

沈阳工业遗产文化品牌对文化广告无战略性规划，忽视文化广告对品牌形象塑造的作用，对广告形式应用保守，对广告内容创作无新意，会在很大程度上影响品牌的美誉度和忠诚度。

四、沈阳工业遗产文化品牌的传播媒介联动效果差

由于沈阳工业遗产文化品牌在政府的关注下成长起来，其必然是主流媒体的报道对象，积极提高工业遗产文化产业的认知度和美誉度，为沈阳经济转型提供文化助力。与此同时，文化品牌发展于新媒体时代，自然也会主动在自媒体平台传播品牌信息。因此，沈阳工业文化品牌在传播过程中借助主流媒体与自媒体联动传播的传播策略，但在此过程中出现了主流媒体专题报道弱、自媒体反应缓慢，两者联动效果差等问题。

（一）主流媒体：专题性弱，报道浅陋

品牌在考虑传播媒体时，优先会选择主流媒体，因为其可靠度与信誉度可以提高品牌的受众信任度，并在一定程度上为品牌带来优质且忠诚的受众，在另一方面主流媒体也有利于提高品牌的社会地位，帮助品牌塑造可靠

---

① 王钧、刘琴：《文化品牌传播》，北京大学出版社2010年版，第169页。

的形象。虽然沈阳工业遗产文化品牌是在主流媒体的关注中成长起来的，也依靠着主流媒体的报道提高品牌曝光度和受众信任度，但通过调研发现其在主流媒体上的相关报道多为对沈阳工业遗产文化品牌的浅层报道，是对文化品牌内文化活动、文化服务内容的相关报道，少有对工业遗产文化品牌的工业文化专题性报道；其相关报道分布于生活、文化、新闻等多个板块，相对分散，深度报道几乎没有，报道与报道之间并无文化连续性或长期持续性；相关文化品牌报道无延伸性，与文化内容联系性弱，对工业文化的传播出现问题。在相关报道中所出现的问题会导致受众对信息接收零散且不深刻，对沈阳工业遗产文化品牌的了解仅限于品牌的文化活动或文化服务等浅层认识，而忽视品牌背后的承载着城市共同记忆的工业文化。

（二）自主媒体：表达暧昧，反应迟缓

品牌传播过程中，品牌对传播媒介的选择与应用在一定程度上影响着传播内容的呈现，也就是直接影响着目标受众接收品牌信息的效果。自中国进入新媒介时代以来，网络传播、手机传播、数字电视等新兴媒介成为各个品牌的优先选择，尤其是随着手机用户的增多，社交媒体越来越成为品牌传递信息、与受众交流的首要选择。沈阳工业遗产文化品牌对传播媒体的选择也在顺应着时代的潮流，但通过调研发现，现阶段的沈阳工业遗产文化品牌在对新兴媒介技术的应用仅限于社交媒介的微博和微信公众号平台，其中微博平台主要是对活动信息进行公布和对现场情况进行展示与总结，微信公众号平台除对活动信息和内容的展示外，还提供了订购演出和活动门票的渠道。两大平台主要以图文形式对内容进行分享，其语言平淡、措辞规矩，无形中在传播过程中与受众产生距离感，体现了沈阳工业遗产文化品牌对网络语言把握不足的问题，这一问题说明沈阳工业遗产文化品牌对新兴媒介中出现的便于传播的交流方式不敏感。沈阳工业遗产文化品牌在对传播内容进行生产的过程中忽视视频这一传播形式，而在短视频与直播快速发展的近几年，也并未在短视频平台建立自己的官方账号，对于这种新兴的传播方式处于未涉及的状态，这一问题说明沈阳工业遗产文化品牌对新兴媒介中出现的新形式并不敏感。社交平台的存在与广泛应用主要是因为其为使用者的交流与沟通提供了便利条件，而品牌在社交媒体中进行品牌信息传播，其主要的目的是准确了解受众喜好和快速接收受众的反馈。在调研过程中发现，沈阳工业遗产文化品牌在社交媒体中发布活动信息后对受众的问题时常出现不予回答或是不及时回答的情况，这样的情况下必然会导致受众对品牌信息接收不准确、反馈不积极等问题，会影响品牌对自己内容和市场的定位和传播。

（三）媒体组合：内容同质，联动性差

沈阳工业遗产文化品牌在媒体的选择与应用上既关注到品牌威信的树立也考虑到受众媒介的喜好，但就各媒体中品牌传播的内容来看，品牌信息内容同质，主流媒体中的报道与自媒体内的相关内容相似，表达方式相近，主流媒体的官方表达在自媒体中出现会导致品牌丢失亲切感，与受众产生距离，受众与文化品牌的自媒体账号发生互动行为的意愿减弱，其文化内容传播缓慢。除此之外，主流媒体在一定程度上具有为沈阳工业遗产文化品牌引流的作用，一方面表现为吸引文化品牌受众，另一方面表现为为文化品牌的自媒体账号引流，第一种情况一般通过主流媒体的主动报道可以完成，第二种情况需要在报道内标注其自媒体账号平台和账号名称。而在沈阳工业遗产文化品牌的报道中，并未直接出现过文化品牌的自媒体账号，同样，在自媒体平台中沈阳工业遗产文化品牌也没有对主流媒体的相关报道进行转发或参与互动等主动借助主流媒体进行引流等情况。由此可见，沈阳工业遗产文化品牌的媒介组合应用的整体效果较差，主流媒体与自媒体的联动性较差，文化品牌并未将主流媒体的引流作用发挥到极致。

五、沈阳工业遗产文化品牌的口碑效应未形成

人际传播是品牌传播过程中最不能忽视的一种传播方式，其依靠受众对身边人介绍、推荐和发布在公共平台上的体验进行传播，在一定程度上是较

为快速接触目标受众的传播方式。调研发现，沈阳工业遗产文化品牌在人际传播方面的问题多数体现在以展览馆为主要发展形式的工业遗产文化品牌的传播过程中，主要表现为受众体验活动较少，仅以机械化的参观讲解为主；其次表现为展览馆内工作人员的服务意识较差、设施维修不及时，导致受众观感不好，对品牌兴趣不大。

（一）内部公关：品牌内服务意识差，直接损坏品牌口碑

展览馆内所提供的服务使得受众对品牌快速且直接产生体验感。中国工业博物馆作为工业遗产文化品牌，其服务台没有介绍展馆、展厅的指导手册，展览路线的提示表示隐晦，其在门口所设置的纪念品售卖服务台空间小、产品少、特色不明显，其中工作人员对纪念品的价格、数量、存货位置记忆模糊，这些都会影响受众对中国工业博物馆的直观感受，导致受众口中的品牌口碑差。

以上在沈阳工业遗产文化品牌传播中出现的问题对品牌最为直接的影响是受众对品牌信息接收有阻力，对品牌信息接收不完全的受众会对品牌产生情感障碍而导致了解冲动的消失，也会使沈阳工业遗产文化品牌不管是在销售创意产品方面还是在引发受众情感共鸣传播工业遗产文化方面都丧失活力与主动性，进而会影响沈阳工业文化的传播与工业文化产业的发展，在一定程度上会增大沈阳产业转型的难度和时长。

（二）外部公关：忽视受众个性体验，间接丢失目标受众

展览馆是承载一座城市历史与记忆的地方，在一定程度上承担着城市记忆传承的重要作用。中国工业博物馆内展览着代表沈阳工业发展的工业机器和工业产品，其主要了解方式是自主参观和扫描二维码获取讲解，在各个展馆中所能接触到的体验活动几乎没有，展览馆内的机器和工业发展的介绍内容的获取方式会使得多数受众对重要机器的感受较差，对工业发展缺乏兴致且记忆效果差，导致中国工业博物馆对城市记忆的传承作用不佳，这会影响受众对其的评价，在传播过程中会间接丢失目标受众。

第五节　沈阳工业遗产文化品牌传播策略的优化建议

根据沈阳工业遗产文化品牌在传播策略使用与实施过程中出现的具体问题，对其传播策略进行更正与深化的优化建议如下。

一、品牌定位策略：凸显工业遗产文化品牌的风格化

品牌定位是品牌传播的基础性工作。我国营销学者卢泰宏曾推荐《定位》一书时说过："今天，'定位'一词已成为最重要、使用最广泛而频繁的战略术语之一……并已超过营销之专业范畴，上升为普适的、广义的成功之道。"品牌传播的成功也应该始于品牌定位。舒咏平认为："品牌定位即针对目标消费者的心理需求，来确定自己的市场位置或消费者心理位置"[1]，需要从产品和目标两个角度对品牌进行定位。而沈阳工业遗产文化品牌作为文化品牌具有其定位的特殊性，其需要考虑品牌文化在市场中传播与接受程度的真实情况。

沈阳工业遗产文化品牌在传播过程中所传播的核心内容应该是最具差异化的品牌理念和最有吸引力的品牌附加值。各个品牌在传播过程中需要突出自己个性化的价值与内涵，把工业遗产文化品牌的品牌理念和依据市场对品牌所做的定位传播给目标受众，让品牌得以被认知、被区别、被记忆和被选择，才能给品牌带来收益和溢价。因此，沈阳工业遗产文化品牌在传播之前首先要有清晰的市场定位、形象定位，并需要加入独特的地理定位和具有城市记忆的受众定位，以便在文化品牌竞争中抢占独特市场。

---

[1] 舒咏平、吴希艳：《品牌传播策略》，北京大学出版社 2007 年版，第 77 页。

（一）市场定位：明确"后工业风"

沈阳工业遗产文化品牌是依靠工业建筑遗产改建而成，其保留着20世纪八九十年代旧工厂的建筑风格，同时也将现代建筑风格融合在建筑设计中，从而形成极具特色的后工业风格的建筑，内部装饰既保留着工业痕迹，也蕴含着时代特色。就建筑而言是明显的后工业风格，这种风格在复古风潮中具有可观的市场，吸引着不少受众，那么品牌可以依据建筑风格打造出带有后工业风格的产品，并宣扬出一种具有后工业风格的时尚观念和消费理念。

（二）地理定位：强调"工业遗产区"

沈阳工业遗产文化品牌大多数分布于沈阳铁西区，铁西区保留着大量的工业遗产，是辽宁地区重要工业遗产区，铁西区也早在2017年就已经着手准备申报世界遗产。这是沈阳工业遗产文化品牌"天生"的地理优势，也是自然而成的地理定位，其需要在品牌传播过程中对该地理优势加以强调，激发受众对工业遗产的记忆与怀念之情，以此吸引受众。

（三）受众定位：确定"精准范围"

沈阳大多数工业遗产文化品牌的受众定位多存在偏颇而宽泛的问题，除此之外，还存在工业遗产文化品牌同质化严重，目标受众群体几乎重合的情况。在这些问题上，需要各个沈阳工业遗产文化品牌对自身的服务内容进行准确界定，并对受众进行细化，全面而准确地为特定目标群体提供优质服务。

二、符号传播策略：增加工业遗产文化品牌的冲击感

符号是表现品牌信息的重要方式，符号传播也因此成为品牌传播中的重要传播手段。符号传播的本质是品牌文化信息的展现与传播，符号是文化内涵的精练表达，是对文化元素的最佳应用与编排，"使接受者在视觉上和心理上产生特定的感受与联想""吸引受众最多注意力，使他们很快建立起对

标志名称的印象，促成消费者采取消费行动"①。

沈阳工业遗产文化品牌在寻找到品牌的核心价值之后，还需要便于记忆和服务于品牌文化和品牌内涵的符号识别系统，完整的符号识别系统可以帮助品牌在传播过程中快速进入受众视野和攻占受众心智。而沈阳工业遗产文化品牌的符号识别系统仅有标志识别、名称识别，缺少颜色识别和包装识别。现阶段对识别传播策略的优化需要做到创新品牌标志、添加品牌颜色和统一品牌包装。

（一）品牌标志：创新工业元素

沈阳工业遗产文化品牌的标志多数为复杂的建筑轮廓或字体花样设计，明显缺乏工业元素且记忆困难。因此，沈阳工业遗产文化品牌需要对品牌标志进行创新和优化，增加简约且有代表意义的工业元素，便于勾画和记忆。

（二）品牌颜色：引领工业配色

沈阳工业遗产文化品牌的品牌识别系统中并未出现具有代表品牌的特定颜色，是品牌忽视了品牌颜色这一符号在传播中的应用。因此，沈阳各个工业遗产文化品牌都应该选择具有工业气质的颜色作为其代表色，或是选择一定的颜色赋予工业意义，从而引领工业配色时尚。品牌颜色作为传播符号的一种，为受众带来视觉冲击，起到强化受众品牌记忆的作用，并以此形成一种特有的品牌印象。

（三）品牌包装：统一工业风格

沈阳工业遗产文化品牌在传播过程中忽视了品牌包装的传播作用，其没有统一且有记忆点的包装，因此，沈阳工业遗产文化品牌需要联合品牌内的创意企业或个人设计出带有双方特色且具有二次利用价值的品牌包装，外包装需要品牌标志以便二次传播。

---

① 舒咏平、吴希艳：《品牌传播策略》，北京大学出版社 2007 年版，第 100 页。

三、内容传播策略：强调工业遗产文化品牌的故事性

内容传播策略是文化品牌传播自身文化、突出自身特点而最为常用的传播策略，其中包括广告内容传播策略、展品内容传播策略以及创意内容传播策略等。对于沈阳工业遗产文化品牌来说，内容传播策略是突出工业时代的文化价值和文化特征，重视工业故事表现形式的同时关注文化品牌故事的合理表述与创作，通过共有的文化情感广泛吸引目标受众。

（一）品牌故事：重现工业时代，唤起城市记忆

沈阳工业遗产文化品牌在以往的内容创作上只是对工业发展历程进行简单乏味的文字阐述，使原本有情怀的故事失去趣味性与共情力。作为具有特殊时代背景的文化品牌，应该注重具有工业纪念价值的建筑所带来的品牌故事创作，不仅要对其发展历史进行文字处理与打磨，还需要借鉴和保留重要的历史故事为品牌增加时代感和故事性，而在创作方式层面，不能仅限于文字表述，还需要对品牌故事进行音频录制以及视频广告拍摄，创作具有年代感的音乐搭配工业时代特定的广播形式，讲述品牌故事，给受众带来独特的故事体验。还可以通过制作建筑改造的过程动画，展示品牌对工业文化的传承与发展，延续受众对工业遗产的情感，保护受众对工业文化的热情。除此之外，还可以对品牌故事、品牌内涵进行创意解读和广告拍摄，以在特定的广告背景下唤起受众对工业遗产的共同记忆和工业遗产文化品牌的好奇心。

（二）人文故事：突出人文关怀，激发品牌联想

在信息海量且复杂的时代，受众往往不愿在复杂信息中寻找有用信息并为此付出行动，所以沈阳工业遗产文化品牌除品牌故事外，还需要对特定工业人物、工业展品进行必要的情感故事创作，以达到有效感染受众，快速占领受众心理的目的。通过对工业时代日常生活状态的把握和反映创作出感情充沛的生活故事和人物故事，为受众提供对工业时代的生活和精神世界产生丰富想象的空间，再通过对具体工业展品故事的讲述，以情绪化内容引起

受众共鸣，从而引导受众对品牌产生好感，推动受众选择和消费文化品牌。关注社会热点话题和强调受众社会情感的系列广告也是提高品牌认知和好感度、塑造良好品牌形象的内容创作方式。增强人文系列广告的创新思维和联动能力，选择具有人文关怀的话题，在每年的特定日期推出系列广告，以加深受众心目中积极承担社会责任的品牌印象。在特定日期推出是为话题寻找与文化品牌产生联系的契机，是很好激发受众联想能力的方式，在一定程度上完善了品牌通过各种内容展现而塑造出来的美好形象。

四、媒体传播策略：实现工业遗产文化品牌的视频化

品牌传播的媒体传播策略是实现品牌信息高速有效传播的直接原因，品牌方对各种可供选择的传播媒体及其载具进行综合考察，依据自身的基本特征，组建传播媒体组合体系，形成以传播媒体为主体，多层次利用其他传播媒体的载体载具的有机传播体系，达到媒体载具资源的最佳配置，形成协同效应，这是传播媒体组合思想的根本内容①。因此，沈阳工业遗产文化品牌在媒体选择完成的同时，也要考虑到其在各种媒体上表现方式的丰富性。

（一）内容转化：文化活动直播化，往期内容可视化

沈阳工业遗产文化品牌成立于移动互联网络发达的时代，同样也是品牌自身掌握一定传播权利的时代，在自媒体提供传播方式，扩大传播空间的现在，沈阳工业遗产文化品牌应该以积极主动的态度维护、完善自媒体平台的官方账号并尝试学习、应用媒介新形式，可以利用微博的直播平台将免费对外的文化活动进行同步直播，将活动传播范围开放至全国，文化活动同步直播一方面保证信息与文化内容更大范围的传播，另一方面有利于塑造品牌形象、提高品牌知名度。也可将收费内容在录制后上传至视频播放平台，其完整传播版权由官方统一管理，这样有利于对往期文化内容的传播管理，保留

---

① 舒咏平、吴希艳：《品牌传播策略》，北京大学出版社2007年版，第294页。

并延续传播活动的文化性意义，还可以将文化品牌在传播过程中的图文内容进行视频形式转化，以增强传播内容的趣味性与实际感，并在图文基础上进行文化延伸转化，以挖掘活动内容及其过程中的文化阐释。

（二）短视频化：媒体形式潮流化，文化传播全面化

现阶段，沈阳工业遗产文化品牌除完成以上内容转化的内容外，还需要把握各个媒体特别是新形式自媒体应用平台的传播空间。首先，最为重要的是在短视频平台上注册官方账号，以保证受众在短视频平台上随处可见沈阳工业遗产文化品牌的官方短视频内容；其次，在进行短视频创作的过程中要以品牌文化、产品内容、组织活动、公益活动等不同专题的形式区别官方短视频内容，以保证短视频内容有明显的文化或喜好倾向；最后，在区别传播内容的同时也要主动丰富短视频的形式，以图文快闪、片段剪辑、精简故事、产品推荐等对品牌位置、品牌理念、品牌文化、产品内容等不同的方面进行快速而全面传播。

五、场景传播策略：突出工业遗产文化品牌的互动性

品牌传播的最终目的是通过传播的各种方式使受众对品牌产生认知、记忆的效果并引导其产生行为，其中与受众互动交流是达到有效传递品牌文化与内涵的重要方式，可以满足目标群体对品牌体验的需求，以便受众参与到品牌活动中并切实感受品牌文化。而沈阳工业遗产文化品牌在与受众互动方面明显缺乏引导性和积极性，在受众体验方面缺乏能动性和创意性。因此，沈阳工业遗产文化品牌在优化传播策略时需要重点优化注重受众互动与受众体验的传播策略。

（一）媒介互动：积极回复消息，重视受众反馈

沈阳工业遗产文化品牌在使用各种媒介时，仅注重信息的传递而忽视信息的反馈，在互动性较强的微博和微信平台上没有引导受众参与或表达对活动期待的话题。因此，沈阳工业遗产文化品牌在各大自媒体平台上应该掌握

传播的主动性和互动的引导性，积极引导和激发受众的好奇心和期待，认真了解受众的需求并主动收集受众的反馈。其中在提高受众好奇心和期待方面需要做到：第一，创造活动话题并引导受众对该话题进行广泛讨论，在讨论中提高受众对活动的好奇心和期待，并主动了解受众对活动的建议或想法；第二，发起与活动相关的网络挑战、打卡任务等积极吸引受众；第三，以投票的方式给予受众参与活动、表达观点的选择，依据数据分析话题与任务形式的引导下受众对活动信息的接收程度。而在主动回应受众反馈方面，首先要做到回复及时、态度亲切、具有语言风格；其次对接收到的内容进行反思与改正，使得受众反馈得到反馈。

（二）场景互动：增加行为互动，关注趣味体验

沈阳工业遗产文化品牌依据工业建筑遗产改造而成，对工业空间的再利用是沈阳工业遗产文化品牌独特的核心价值之一，而由于在改造过程中对体验设计和体验实施的忽视，使目标受众对品牌的活动的参与感和体验感基本没有，因此，沈阳工业遗产文化品牌需要增加品牌内的场景体验设计和体验设施，增加传播活动的趣味性，以吸引目标受众主动参与，同时还需要注重在体验过程中与受众的互动，给受众制造难忘的场景体验，从而极大程度上满足消费者对品牌独特竞争优势的体验需求，强化受众对品牌的记忆，并形成良好的品牌印象。

六、公关传播策略：重视工业遗产文化品牌的服务性

"品牌传播的目的不仅仅是产生认知，还要进一步引发情感偏好与合作行为，即提高品牌的美誉度与和谐度，这需要良好的公关和适时的公共策略，是品牌传播不可过缺的重要手段。公关是社会组织与相关公众相互联系、相互作用产生的一种社会关系，具有沟通信息、增加了解、化解矛盾、促进协调与合作、增加效益的功能。"[①]公共关系是维护品牌形象、提高品牌

---

① 舒咏平、吴希艳：《品牌传播策略》，北京大学出版社 2007 年版，第 249 页。

知名度与美誉度的重要方式，也是品牌攻占其受众心智的关键保证。因此，沈阳工业遗产文化品牌需要从组织内部公关和品牌外部公关两个角度来优化当前的公关传播策略。

（一）内部公关：稳定内部利益关系，贯彻品牌文化理念

品牌内部公关的主要作用是建立管理层与员工之间的良好关系，强化品牌内部的凝聚力与向心力，以达到更好贯彻品牌文化为品牌运营传播服务的目的。现阶段的沈阳工业遗产文化品牌在传播过程中忽视了组织内部公关传播的作用，缺乏在组织内部贯彻品牌观点、理念、文化的意识，以至于品牌受众在接触服务人员和与创意企业或个人交流的过程中对品牌形成与外部传播中不一样的品牌形象。内部公关作为公共关系传播的基础，对有效的外部公共关系的传播有着良好的维系与支撑作用。因此，沈阳工业遗产文化品牌需要加强内部公关意识，增加内部公关活动，稳定管理层与员工之间的关系，保护员工及其文化品牌下创意企业与个人的利益，丰富员工及创意人员对品牌文化的认知，强化品牌内服务人员和文化品牌下创意企业和个人的文化传播意识，让组织内部相关人员更好地了解文化品牌的核心价值和内涵，身体力行地传播品牌文化与理念，为受众提供亲切良好的服务，完善文化品牌在受众心中的形象，更好地传播工业遗产文化。

（二）外部公关：加强外部利益沟通，营造良好发展环境

品牌外部公关主要针对品牌在社会中的利益关系，公关活动的目的在于与外部利益群体进行沟通，以营造良好的发展环境。现阶段的沈阳工业遗产文化品牌相对注重公益活动与文化活动的举办，但在活动传播过程中出现对工业遗产文化、工业文化传播不足等问题，导致文化品牌在社会中与工业文化传播相关的内容脱节。针对以上文化品牌在传播中所存在问题而提出的优化建议包括，积极举办与工业文化相关的活动，在活动中强调工业文化品牌的品牌内涵、品牌文化，塑造良好的工业遗产文化品牌形象，传播引发受众情感共鸣的工业遗产文化，发挥沈阳工业文化的精神力量，进一步扩大工业文化在沈阳文化产业发展中的积极作用，从而保证沈阳工业文化的传承与发展。

七、整合传播策略：打造工业遗产文化品牌的系统化

品牌在世界经济一体化、信息碎片化的今天想要吸引目标受众的注意力需要营销方式的创新与品牌形象的建立，而"品牌形象建立的核心要素和灵魂具有对传播进行整合的本质上的需求，这促使人们把目光聚集于整合营销传播"[1]。整合营销传播是有效建立品牌与消费者之间长期稳定关系的品牌传播方式。其"核心思想是企业的各种传播活动一元化，将统一的品牌信息传达给消费者"[2]，以不断深化目标受众与品牌之间的关系，保证受众关系在消费过程中稳定与长效。沈阳工业遗产文化品牌的整合传播策略需要从以下两个层面进行优化：

（一）战略层面：整合传播文化目标，牢固树立品牌形象

品牌传播的战略整合主要是对品牌信息、传播活动、符号利用进行整合，以达到所传播活动和传播信息为建立巩固品牌形象、建立强势品牌而服务的目的。沈阳工业遗产文化品牌在战略层面首先需要对品牌形象与品牌信息进行整合，以传播信息呈现"单一声音""同一形象"，保证用具有一致性的信息与所有利益关系者进行沟通。文化品牌信息的一致性是保持品牌核心识别、格调个性在发展与传播过程中的一致性。因此，保持品牌信息的一致性的同时也要顾及其因传播对象、传播媒介不同而具有的变通性，以保证"单一声音""同一形象"被更多受众接收。其次需要对品牌营销传播活动的过程进行整合，以保证各个阶段的营销目标协调统一，在文化市场中产生连续性效应，不断积累文化品牌资产，扩大文化影响。最后需要对工业符号战略进行整合，以保证文化品牌的核心信息在瞬息万变的市场中坚持其一致

---

① 舒咏平、吴希艳：《品牌传播策略》，北京大学出版社 2007 年版，第 303 页。
② 舒咏平、吴希艳：《品牌传播策略》，北京大学出版社 2007 年版，第 309 页。

性，与此同时，工业遗产文化品牌也要依据时代潮流、市场环境、受众期待等因素调整其基础工业符号的表象与意义来维系受众与工业文化品牌的长期关系，以达到品牌文化顺应时代发展，推动工业文化传播的目的。

（二）战术层面：整合品牌文化信息，稳步实现高效传播

品牌传播的战术整合主要是对品牌传播工具、品牌信息触点、受众接受程度进行整合，以达到不同传播形式下覆盖不同受众的同一信息高效传播的目的。沈阳工业遗产文化品牌在战术层面首先需要对文化品牌传播工具进行整合，将广告、媒介报道、自媒体互动等常规传播方式与公关、体验、事件营销等非常规传播方式结合起来，建立对突发事件的快速反应机制，以保证借助事件传播的行动能力。与此同时，还要对新媒介机会保持高度敏感，积极尝试与学习新媒介形式，优先占领新兴传播渠道。其次需要对品牌信息触点进行整合，以强化可控的正向传播内容，减少不可控的反向传播内容。受众通过"媒体、营销传播工具与其他可能与消费者接触的一切形式"[1]与文化品牌进行接触，来决定内心对文化品牌的认知程度、喜好程度。而沈阳工业遗产文化品牌则可以通过整合信息接触点，并通过接触点传播保证文化品牌信息一致性的信息，可增加受众与品牌的互动次数，以在受众心智中树立更为准确鲜明的品牌形象，提高受众对文化品牌的忠诚度。最后需要对受众接受情况进行整合，主要是依据不同参考对受众进行更为细致的划分而推出更为细致且具有针对性的传播方案，以达到不同维度、不同水准、不同年龄的受众"通过不同的传播方式，获得相同的消费信息，促成了有效的各类受众品牌接受的传播效果整合"[2]。

沈阳工业遗产文化品牌作为一个地域文化品牌，其传播目的是让一个"工业、和谐、发展"的工业文化遗产区的新形象深入人心，推动沈阳产业转型的基础上大力传播城市记忆和地域工业文化。研究文化品牌的传播策略

---

[1] 舒咏平、吴希艳：《品牌传播策略》，北京大学出版社2007年版，第314页。

[2] 舒咏平、吴希艳：《品牌传播策略》，北京大学出版社2007年版，第9页。

并提出优化建议是强调突出文化品牌中的工业文化，特别是工业遗产文化，引导新的文化倾向和潮流方向，对守护沈阳城市记忆、广泛传播沈阳城市工业文化产生积极影响的同时，也为之后的工业遗产文化品牌的打造提供可参考案例。

第五章　乡村品牌传播
——基于辽宁特色小镇文化传播主体的研究

特色小镇是近年来兴起的社会热点议题，乡镇政府、文化精英、小镇居民和企业共同参与了特色小镇在社会领域的传播，并建构了开放性和富有特色的乡村品牌建设与传播的话语场。通过对辽宁地区特色小镇的实地走访与调查，构架起辽宁乡村传播及品牌建设的脉络，挖掘特色小镇文化资源，以此促进辽宁文化的全面发展与振兴。

第一节　辽宁特色小镇的概念、类型和意义

特色小镇是近年来兴起的热点议题，国内学术界对于特色小镇的基本概念、基本类型、小镇文化等问题存在着一些不同的看法和观点。

一、辽宁特色小镇的内涵及文化特征

目前流传较广的特色小镇定义主要有创新创业平台型和建制镇型两种。特色小镇的类型在国家相关部委层面、地方政府层面和文化精英层面具有不同的划分类型，但是基本都涉及产业和文化。我们所说的小镇文化主要是指出现在特色小镇的各种文化现象和活动，小镇文化特征可以从规范层面、艺术层面、认知层面和器用层面四个方面展开论述。

（一）特色小镇的基本概念

特色小镇是一个包容性的概念，关于特色小镇的概念界定和类型划分相关研究者并没有形成统一的看法。目前国内流行的特色小镇定义可以大致归纳为以下两种：

一是创新创业平台型，它主要是指浙江地区的小镇。这种类型的特色小镇主要是依托于产业，特别是新兴产业和特色产业。此外，辽宁省的"产业特色小镇"也属于创新创业平台型特色小镇。这种类型的特色小镇在建筑空间方面有一定的要求，其规划面积与建筑面积分别要求控制在3平方公里和1平方公里左右，当前阶段，辽宁地区的大部分特色小镇并不属于平台型，而是属于建制镇型。

二是建制镇型，它是指县城关镇以外的行政建制镇。住房和城乡建设部、国家发展和改革委员会和财政部鼓励发展建制镇型特色小镇。[1]辽宁省的"特色乡镇"也是建制镇的一种类型，只是在称呼上有所不同。[2]这种建制镇型的概念界定，兼顾了国内大多数地区的特色小镇发展形态，具有较强的现实参照意义与指导作用。

（二）特色小镇的基本类型

在目前的特色小镇研究中，关于特色小镇的类型结构也存在着各种不同的观点，但是基本都涉及了特色小镇的产业和文化。

一是专家学者关于特色小镇的类型划分。陈炎兵等人根据特色小镇的发展主题和成长规律，将特色小镇划分为旅游、产业、事件、创新空间等不同类型。[3]林玮根据资源禀赋将浙江特色小镇划分为文化、产业、数字和生态四

---

① 住房和城乡建设部网站，2016 年 7 月 20 日。
② 辽宁省住房和城乡建设厅：《关于对省政协十一届五次会议第 0304 号提案的答复》，2017 年 4 月 25 日。
③ 陈炎兵、姚永玲：《特色小镇：中国城镇化创新之路》，中国致公出版社 2017 年版，第 49 页。

种类型。[①]

二是政府相关部门关于特色小镇的类型划分。国家发展改革委将特色小（城）镇划分为卫星城、专业特色镇和综合性小城镇三种类型，其中，专业特色镇又可以划分为"休闲旅游、商贸物流、民俗文化传承"几种类型。[②]辽宁省发展和改革委员会基于产业基础对特色乡镇和产业特色乡镇进行了类型划分，其中，特色乡镇包括乡村旅游、历史文化、民族特色、现代农业和生态宜居等几种类型；产业特色小镇包括"高端装备制造、电子信息、现代商贸流通、健康养老、现代农业、生物医药、节能环保、文化体育、旅游风情等"产业类型。[③]

上列类型划分存在着较大的差异，却大都关注到了文化与特色小镇的联系，并将文化视为特色小镇的发展类型之一，例如历史文化型特色小镇、民俗文化传承型特色小镇和文化体育型特色小镇等。

（三）特色小镇的文化特征

目前为止，关于"文化"的定义相对繁多，但是大部分定义都只是涉及了文化的某个方面。温斯顿（Winston）认为"文化是社会互动的产品"；洛维（Lowie）认为，文化是个人从社会所获得的事物总和，"包含信仰、风俗、艺术形式、食物习惯和手工艺"；苏伯兰特（Suberland）和乌德吾（Woodward）认为文化"包含知识、信仰、艺术、道德、法律、使用工具的技术以及交通方法"。[④]在这里，我们综合借鉴了关于文化的这些定义，并按照费孝通把文化分为物质文化和精神文化的划分方法，把小镇文化划分为物质文化和精神文化。

---

① 林玮：《特色小镇建构的四种理论形态：发生、阶段、类型与功能》，中共杭州市委党校学报，2017 年 11 月。

② 国家发展改革委网站，2016 年 10 月 8 日。

③ 辽宁省发展和改革委员会，省政协十二届一次会议：《关于我省特色小镇创建工作中的几点建议的提案》（0107 号）答复，2018 年 6 月 7 日。

④ 以上文化的各种定义节选、转引自殷海光：《中国文化的展望》，中华书局 2016 年版，第 25-36 页。

　　辽宁特色小镇基本属于县城关镇以外的行政建制镇，它是一个具有联系与沟通功能的开放性场域。小镇文化是在政府、文化精英、小镇居民和企业等多重传播主体的综合作用下，交流融合形成的多元文化。我们以"特色小镇文化"来代表在特色小镇出现的各种文化现象和活动，其研究范围既包括文化墙、文化广场、宣传条幅、街头广告牌、民俗博物馆、村史展览馆等物质文化，也包括政策文件、规划编制、节事活动、小镇故事等传播某种道德、精神或价值的精神文化。

　　文化特征可以划分为"规范特征""艺术特征""认知特征"和"器用特征"四种类型。①我们借鉴这种划分形式，从规范层面、艺术层面、认知层面和器用层面来论述小镇文化特征。在规范层面，乡镇政府和乡镇上一级政府在文化领域的社会管理，具有政府权威性和公信力；而文化精英的文化规范主要来源于社会责任感，小镇居民的文化规范则依赖于传统力量，企业的文化规范主要是内部的规章制度，文化精英和小镇居民这类文化传播主体塑造的文化规范相对宽松，乡镇政府、乡镇上一级政府及相关部门、企业所塑造的小镇文化规范具有一定约束力。在艺术层面，乡镇政府、乡镇上一级政府和文化精英积极推动地方传统民俗文化和社会主义核心价值观文化的传播，在艺术层面塑造和构建了小镇文化的导向性特征；小镇居民积极参与了小镇的各种各样的宣传活动、娱乐活动和节事活动等，他们参与建构的小镇文化在艺术层面呈现出开放性和包容性的特征。在认知层面，多重传播主体对于特色小镇的认识和了解存在着一定的差异性。器用层面，乡镇政府、乡镇上一级政府及相关部门为了弘扬社会主义核心价值观而采用的文化墙、广告牌、宣传条幅、农家书屋、文化站等传播工具，具有普遍性、显著性和利用率相对较低等特点。

———————————

① 殷海光：《中国文化的展望》，中华书局 2016 年版，第 53—56 页。

二、辽宁特色小镇的文化传播的意义

辽宁特色小镇文化是辽宁地方文化的重要构成部分，小镇文化传播对辽宁地区具有重要的意义。小镇文化传播有利于更好地挖掘和保护辽宁地区的地方传统文化；有利于更好地认知辽宁地方文化的内部变异和现实形态；有利于辽宁地方政府加强对基层乡镇的舆论引导以及创新社会治理模式；有利于维系小镇居民的身份认同和文化认同。

（一）对于地方文化的意义

特色小镇文化是地方文化之重要部分，辽宁特色小镇文化是探究地方文化的理想对象。

其一，特色小镇文化可以了解辽宁地方文化传统。辽宁特色小镇属于行政建制镇的范畴，特色小镇继承了建制镇的历史遗留问题和发展成果，特色小镇文化传承了基层乡镇的文化传统。通过考察特色小镇文化，能够更好地了解辽宁地区的文化传统与文化资源。

辽宁特色小镇在文化传统与文化资源方面占据了一定的优势。不少小镇保留和传承了鲜明的少数民族文化，例如，龙王庙镇就保留了"抹黑节"和"西迁节"的锡伯族文化；一些小镇具有丰厚的历史文化底蕴，孤山镇有山城遗址、伪警察署、古马道、丹麦楼等历史遗址，妈祖文化节、大孤山庙会和送考节等传统文化活动，还有关于杏梅的传说故事等。多重文化传播主体对这些文化资源的整理和利用，有利于更好地挖掘和保护辽宁地区的地方传统民俗文化。

其二，特色小镇文化可以探究辽宁地方文化的变化。小镇文化是政府及其相关部门、文化精英、小镇居民和企业等多重传播主体共同参与建构的杂糅文化，既包含了社会主义核心价值观文化，也包括了传统文化，还包括了娱乐、消费和节庆活动等文化形态。因此，多重文化传播主体不断地形塑着地方文化的形态，并赋予地方文化强有力的延续性和生命力。通过考察辽宁特色小镇文化，可以更好地认知辽宁地方文化的内部变异，把握辽宁地区的文化变迁与传播的规律。

（二）对于地方政府的意义

辽宁特色小镇普遍是县城关镇以外的行政建制镇。现阶段，省政府、市政府、县（市、区）政府和镇政府及其相关职能部门是推动特色小镇建设的主导力量。特色小镇的文化传播对于辽宁地方政府而言既是某种发展机遇，又充满着挑战和阻力。

特色小镇的文化传播有利于加强对基层乡镇的舆论引导。辽宁地方政府对于社会主义核心价值观、中国梦和东北振兴战略等国家主流价值观的宣传，在小镇空间形成了良好的文化氛围，这种文化氛围有利于调动地方民众参与主流文化宣传的积极性，对于构建良性的国家—社会的文化互动关系具有积极的意义，有利于地方政府加强对于基层乡镇的舆论引导、构建和谐的地方文化环境、塑造积极的小镇文化形象。

特色小镇的文化传播为辽宁地方政府创新社会治理模式提供了发展契机。辽宁特色小镇与浙江特色小镇相比，在地理环境、人才环境和营商环境等方面处于相对劣势地位，特别是由于接近朝鲜的地理位置、寒冷的气候条件以及人才流失现象相对突出等诸多因素的限制，多元主体参与辽宁特色小镇建设积极性尚未充分调动起来，导致辽宁特色小镇建设依赖于政府的政策和资金支持，而社会参与力量不积极。特色小镇的文化传播的多元主体的积极参与，将有利于辽宁地方政府创新社会治理模式，充分调动乡镇政府、文化精英、小镇居民和企业这些主体的积极性，拓展多元化的社会融资渠道以促进辽宁特色小镇建设。

（三）对于地方民众的意义

小镇文化传播的重要意义是在社会转型时期维系好地方民众的身份认同和文化认同。特色小镇是在新型城镇化建设和供给侧结构性改革的背景环境下的产物，这种社会转型的过程容易造成地方民众在文化认同和身份认同方面的混乱，进而容易引发其他社会问题，威胁社会文化的稳定和地方民众的日常生活。由于地理位置、人口流动和历史传统等因素的影响，辽宁地方文化是多元文化的交流与融合的产物，具有开放性和包容性的特征，辽宁特色小镇文化传播的重要意义在于为小镇居民的日常实践提供国家主流价值观指导，培育小镇居民的文化自觉意识，维系小镇居民的身份与文化认同。

第二节　特色小镇的文化传播主体的范畴与特点

特色小镇的文化传播主体包括传播特色小镇文化的个人、群体或组织。按照文化讯息的来源，我们将特色小镇的文化传播主体具体划分为乡镇政府、上一级政府及政府行政管理部门、主流媒体、文化精英、小镇居民以及企业，这些文化传播主体具有传播主体的多元化、传播主体的角色双重性、传播关系的复杂多样等特点。

一、特色小镇的文化传播主体的范畴

传播主体和小镇文化传播主体是比较模糊的概念，我们需要对二者进行具体的界定和探讨。

（一）特色小镇的文化传播主体的定义

在传播学领域，传播者一般是指传递信息的个人、群体或组织，他们在传播过程中具有一定的控制作用和主动作用。[1]因此，我们把特色小镇的文化传播主体定义为：传播特色小镇文化的个人、群体或组织。特色小镇的文化传播主体是小镇文化传播过程的控制者，并在其中发挥着主动的作用。

---

① 郭庆光：《传播学教程（第二版）》，中国人民大学出版社 2011 年版，第 49、182、183 页。

在具体传播情境中，特色小镇的文化传播主体既可以是特色小镇研究的专家或学者，也可以是小镇居民、外地游客和投资者，还可以是包括政府和企业在内的社会组织等等。我们可以按照文化讯息的来源，将特色小镇的文化传播主体具体划分为乡镇政府、乡镇上一级政府及政府相关部门、主流媒体、文化精英、普通大众以及企业。

（二）特色小镇的文化传播主体的类型与作用

特色小镇的文化传播主体包括政府及其行政管理部门、文化精英、普通大众以及企业。

1.政府及其职能部门

政府是特色小镇文化的重要传播主体。在特色小镇的文化传播过程中，政府及其相关职能部门具有管理、监督、指导、服务等方面的职能和作用，它们包括省政府、市政府、县（市、区）政府，国家相关部委层面和地方层面的住房和城乡建设部（厅）、（国家/省）发展改革委、财政部门、文化厅、旅游发展委等行政管理部门。乡镇政府在特色小镇建设中的角色定位主要是实施者和服务者。而乡镇上一级政府及其行政管理部门的角色定位则主要是特色小镇的文化传播的管理者、指导者、授权者和监督者。国家发展改革委在相关政策文件[①]中指出，乡镇上一级政府及其职能部门在制度、政策、基础设施、文化传承等方面发挥着管理、引导和服务等功能和作用。辽宁省政府在关于特色乡镇和产业特色小镇的相关指导意见[②]中，也对政府及相关部门的角色定位作出了类似的要求，并提出建立省市县三级工作责任体系和部门联动机制等，来进一步明确各级政府和不同职能部门的责任分配。

2.文化精英

一是关于"精英"的概念的界定。"精英"的概念界定存在着一定的争议。有的学者对于"精英"的界定和划分有着比较明确的认知。帕雷托

---

① 国家发展改革委网站，2016 年 10 月 8 日。
② 辽宁省发展改革委办公室，2017 年 10 月 10 日印发。

（Pareto）把精英群体划分为"狮子型"和"狐狸型"（这两个概念原指军事集团和政治集团）以及经济领域的"食利者"和"投机者"。①有的学者否认"精英"存在着明确的界定和划分，例如陈伟认为，精英并不是对某类群体的固定称谓，精英的划分是带有局限性的，"大多数情况下都只是部分知识分子对自己不恰当的指认"。②我们认为，"精英"是一个比较模糊的概念，它并没有明确的划分标准和定义。二是关于"文化精英"的概念界定。胡璟和张晓梦指出，文化精英的概念也是比较模糊和笼统的，一般可以用知识分子来指代文化精英。在这里，我们所说的作为特色小镇的文化传播主体的"文化精英"，就采用"知识分子"的概念。佐藤慎一论述了知识分子的概念界定、知识分子的资格或社会责任感，他认为，我国知识分子的划分基准主要是学历，知识分子的资格要求中包含了关心社会和积极参与社会问题解决。③殷海光认为，知识分子包括"社会文化创建的先锋"和"社会文化创建的主力"两种类型。他还指出，在文化建设过程中，知识分子不再是固定于某类少数群体，而是泛化为各个领域的优秀人才。④在各级政府关于特色小镇的支持政策中，文化精英主要是指来自"高等院校、科研院所、规划设计院等专业机构"⑤或"职业院校、成人教育学院、继续教育学院等院校"⑥的专家、学者和其他各类人才。例如，辽宁省推荐的全国特色小城镇评选专家包括沈阳建筑大学的教授、博士生导师周静海，辽宁省城乡建设规划设计院的教授级高级工程师莫凤珍，东北大学的教授、博士生导师修春亮，辽宁省城乡建设规划中心的主任唐万杰等⑦，由此可见，辽宁地方政府所认定的"文化

---

① [英]柏克：《威尼斯与阿姆斯特丹：十七世纪城市精英研究》，刘君译，商务印书馆2014年版，第19—28页。
② 转引自胡璟、张晓梦：《精英文化的界定研究概述——基于传播学视角》，《新闻与传播研究》2018年第3期，第23—26页。
③ [日]佐藤慎一：《近代中国的知识分子与文明》，刘岳兵译，江苏人民出版社2006年版，第25页。
④ 殷海光：《中国文化的展望》，中华书局2016年版，第490—492页。
⑤ 辽宁省人民政府，2016年8月9日。
⑥ 国家发展改革委，2016年10月8日。
⑦ 《辽宁省推荐全国特色小城镇评选专家名单》，2016年8月。

精英"主要是特色小镇建设的相关领域的优秀人才。我们用"文化精英"这一概念来具体指代以研究特色小镇为专业的人，他们可以是行政管理部门的相关负责人，也可以是专家、学者和媒体记者等。在特色小镇的文化传播过程中，文化精英通过提供智力支持积极参与了政府及相关部门、小镇居民、企业的主体的文化传播过程，并在官方和民间之间发挥着沟通、联络的重要作用。

3.小镇居民

王笛在关于成都街头文化的研究中，把小镇居民大致分为小商小贩、工匠苦力或手艺人、民间艺人、江湖游民、善男信女、公共妇女和忙人闲人几种类型。[①]陈炎兵和姚永玲认为，特色小镇居民具有"来源复杂、文化多元化、需求多样性等特点"，小镇的常住人员主要包括生产过程中的从业人员、当地居民、投资者、各地的游客等。[②]我们参考和借鉴王笛和陈炎兵等人的观点，认为作为小镇文化传播主体的小镇居民，同样具有来源复杂和需求多样性等特点。我们所说的小镇居民，主要是指活跃在特色小镇公共空间的小镇居民和外地游客，也包括小商贩、手艺人和乞讨者等群体。小镇居民在小镇的娱乐、消费、社会交往和庆祝活动等，形成了小镇的文化传统，是小镇文化繁荣的有力的外在表现。

4.企业

特色小镇的文化传播主体除了政府、文化精英和小镇居民，还涉及企业、投资者、创业者、金融机构、社会团体、行业协会、商会等其他传播主体。这类传播主体在特色小镇的文化传播过程中同样发挥着重要的作用。由于国家相关部委和地方政府在特色小镇相关政策中侧重与强调企业的主体作用，以及我们在辽宁特色小镇的实地调研中，受访者也倾向于讲述企业在小镇建设中的作用，因此，我们重点论述企业作为传播主体的作用而不再论及

---

① 王笛：《街头文化》，李德英等译，中国人民大学出版社 2006 年版，第 101-143 页。
② 陈炎兵、姚永玲：《特色小镇：中国城镇化创新之路》，中国致公出版社 2017 年版，第 43 页。

行业协会、商会等其他传播主体。在特色小镇的相关政策中，国家相关部委和地方政府对于企业的范畴和作用进行了定位。辽宁省政府在关于产业特色小镇的相关政策文件中，指出企业包括龙头企业、中小企业、创投企业等。[①]国家发展改革委把企业的角色定位为"特色小（城）镇建设的主力军"。由此可见，政府及相关部门比较重视企业在特色小镇建设中的主体作用。

二、特色小镇的文化传播主体的特点

特色小镇的文化传播具有传播主体的多元化、传播主体的双重角色、传播关系的复杂多样等特点。

（一）传播主体的多元化

特色小镇的文化传播具有传播主体多元化的特点。特色小镇的文化传播主体包括乡镇政府、乡镇上一级政府及政府相关部门、主流媒体、文化精英、小镇居民、企业等。国家发展改革委把政府、社会、市民定位为特色小（城）镇建设的三大主体。[②]而辽宁特色小镇建设的主体则包括乡镇政府、乡镇上一级政府及相关部门、文化精英、小镇居民和企业，这些多元化主体的范畴相对较广。在政府及其相关职能部门层面，这类主体包括地方政府层面的省政府、市政府、县（市、区）政府和乡镇政府，还包括住房城乡建设厅（部）、发展改革委、财政厅、旅游发展委、文化厅、农委、民委、交通厅、水利厅、林业厅、环保厅、卫生计生委、畜牧局、新闻出版广电局等各级相关部门。在文化精英层面，这些传播主体可以来自高等院校、科研院所、规划设计院等专业机构，还可以是来自行政管理部门、新闻传播机构和企业等各领域的优秀人才。在小镇居民层面，这类文化传播主体主要是指活跃在特色小镇公共空间的小镇居民和外地游客，也包括小商贩、手艺人、民间艺人等群体。

---

① 辽宁省发展改革委办公室，2017年10月10日印发。
② 国家发展改革委网站，2016年10月8日。

（二）传播主体的双重角色

特色小镇的文化传播主体具有双重角色的特点。这种双重角色主要是指传播主体和接受主体之间的角色转换。在特色小镇的文化传播过程中，乡镇政府、乡镇上一级政府和小镇居民既可以作为传播主体去主动传播小镇文化，又可以作为接受主体去接受其他传播主体所传播和提供的小镇文化内容。

一是政府的传受角色转换。政府的角色转换主要发生在组织内部，具体来说就是政府在组织内部的两大基本传播渠道出现角色转换的现象。在纵向传播渠道中，乡镇上一级政府和乡镇政府分别扮演传播主体和接受主体的角色。乡镇上一级政府自上而下地传播特色小镇的指导思想、培育或创建要求、支持政策等文化内容；乡镇政府则接受乡镇上一级政府对于特色小镇建设的监督和指导。在横向传播渠道中，基层政府和乡镇上一级政府同时扮演着传播主体和接受主体的角色。政府组织内部的相同等级的行政管理部门之间可以进行特色小镇建设方面的交流互动。辽宁省政府鼓励同级行政管理部门通过建立部门联动机制开展特色小镇建设的交流与合作。

二是小镇居民的传受角色转换。小镇居民在特色小镇的文化传播过程中也存在着传播主体与受传者的角色互换现象。小镇居民在以政府为主体的组织外传播过程中主要扮演受传者的角色，接收政府关于特色小镇文化的"指令性内容""解释性内容"和"宣传性内容"。[1]而在特色小镇的日常社会生活中，小镇居民也扮演特色小镇的文化传播主体的角色。小镇居民的娱乐、商业、宗教、节庆活动等，既是他们的日常生活方式，也是他们对于特色小镇文化的参与和传播。

（三）传播关系的复杂多样

特色小镇文化的传播主体包括乡镇政府、乡镇上一级政府、文化精英、

---

[1] 程曼丽：《政府传播机理初探》，《北京大学学报（哲学社会科学版）》，2001 年 3 月第 2 期。

主流媒体、小镇居民和企业等。这些多元化的主体之间存在着复杂多样的关系，既有管理与被管理关系，也有协商或合作关系，还有对抗关系等等。从整体来看，政府及其行政管理部门在特色小镇的文化传播过程中发挥着主导作用，对其他传播主体具有服务、引导、管理和规范等职责；而文化精英、小镇居民和企业等其他传播主体，需要在政府及其相关部门主导的传播框架内进行辅助式传播。因此，政府及其相关部门与文化精英、小镇居民、企业等传播主体之间的传播关系是比较复杂多样的。

在政府的组织内部，乡镇上一级政府与乡镇政府之间存在一种上下级的传播关系，它具体表现为乡镇上一级政府对乡镇政府的管理、引导关系；乡镇上一级政府之间是一种比较积极的合作关系，而乡镇政府与乡镇政府之间的小镇文化交流是在乡镇上一级政府的统一领导下进行的，各乡镇政府之间的互动关系不够积极。

在政府的组织外部，文化精英主要为政府提供智力支持，文化精英与政府之间的关系相对和谐；政府与小镇居民之间的关系主要是管理与被管理的关系，在特色小镇的文化传播过程中，政府与小镇居民之间既有和谐共享的文化活动，也存在某些矛盾。政府与企业之间的关系，既是管理与被管理的关系，更是吸引与被吸引的关系，只是某些企业对于参与特色小镇建设的积极性有待进一步激发。

第三节　多重文化传播主体的问题分析

特色小镇的文化传播主体具有多重性特征，它们包括乡镇政府、乡镇上一级政府及政府行政管理部门、主流媒体、文化精英、小镇居民以及企业等。

一、政府及相关部门作为文化传播主体的问题分析

政府及相关部门是辽宁特色小镇文化传播的重要主体，它们包括地方政府层面的省政府、市政府、县（市、区）和乡镇政府，还包括住房城乡建设、发展改革、财政、旅游发展、交通、水利、林业、环保、卫生计生等各级相关部门。

（一）政府及相关部门面临的主要问题

政府及相关部门作为小镇文化传播主体，所面临的主要问题包括小镇的物质文化建设相对薄弱、小镇的精神文化建设缺乏鲜明的地方特色、镇政府及相关部门之间的文化交流相对不足、乡镇上一级政府及相关部门制定的特色小镇监督机制不健全等问题。

1.小镇的物质文化建设相对薄弱

特色小镇的物质文化建设包括基础设施建设和文化设施建设。具体来说，小镇的基础设施建设又包括道路建设、垃圾处理、网络通信建设等方面；小镇的文化设施建设则包括文化墙、民俗博物馆、村史展览馆、农家书屋等方面。目前来看，政府及相关部门在小镇文化的物质层面建设存在一定的薄弱性。

小镇基础设施建设相对滞后。现阶段，辽宁特色小镇的基础设施建设呈现出乡村地区的特征，这主要表现为特色小镇的交通设施建设、信息基础设施建设以及学校、医疗卫生机构、文化体育场所等公共服务设施建设，与普通建制镇之间的差异并不明显，但是与县城镇、一般城市之间的差异相对较大。以交通设施建设为例，孤山镇的宫屯大桥修建多年，但是一直未能通车，居民前往大孤山高铁站只能选择"弯弯曲曲的小（土）路"和"冰水混合的桥洞"，相对滞后的交通设施建设给居民的出行造成一定的不便和困扰。[1]

---

[1] 引用自"爱上大孤山"公众号文章《宫屯大桥修好了》，2017年12月01日。这里的"冰水混合"主要是由于大孤山高铁站附近的桥洞下方的道路地势低洼，积水较多，冬季容易结冰；而此道路是前往孤山镇及周围乡镇的重要通道，往来车辆较多。因此，此处在冬季容易出现冰水混合的现象。

小镇文化设施建设的利用率不高。近年来文化设施建设在乡村地区的普及程度较高，特色小镇的文化设施建设在数量上也呈现出可观的增长。多数特色小镇普遍建立了文化广场、文化站、农家书屋、民俗博物馆等文化设施来宣传国家主流价值观、塑造小镇文化名片、传播地方传统文化。但是，一些特色小镇的文化设施存在着日常使用率不高的问题。以博物馆为例，龙王庙镇的锡伯族博物馆通过张贴"参观时间"和"参观须知"的宣传牌匾，对于参观者的着装、精神状态，参观现场的秩序以及参观的具体实践等内容，作出了具体的要求。而实际上，锡伯族博物馆在小镇的日常生活中很少对外开放，多数时间都是闭门不开放的。此外，文化站、农家书屋和村史展览馆等也存在着类似的问题。由此可见，政府及相关部门虽然提供了不少文化设施资源，但是小镇居民在日常社会生活中对于这些文化设施和文化服务的接触和使用的频率相对较低。

2.小镇的精神文化建设缺乏鲜明的地方特色

我们把特色小镇的文化传播活动归属到精神文化建设的范畴，这些小镇文化传播活动包括特色小镇宣传、国家主流价值观传播、小镇传统民俗文化传播等。一些政府和相关部门在小镇的精神文化建设方面存在着地方特色不够鲜明的问题。部分小镇的文化传播活动在媒介选择和传播内容方面，其地方特色不够鲜明。在媒介选择方面，某些乡镇政府及相关部门在开展特色小镇宣传、社会主义核心价值观宣传和传统民俗文化宣传等活动时，倾向于选择宣传条幅、文化墙、街头广告牌等传播媒介进行传播和推广，而相对忽视了这些传播媒介与小镇的地方特色相符合的问题。辽宁地区的某些沿海小镇，例如葫芦岛市的徐大堡乡和高桥镇，东港市的北井子镇、椅圈镇、长山镇等，由于靠近沿海，风力较大，在小镇文化传播过程中就不适宜采取张挂宣传条幅的媒介形式。在传播内容方面，部分政府及相关部门对于小镇文化的定位和宣传与其他小镇相似，缺乏鲜明的地方特色。一方面，不少地方政府及相关部门把小镇的文化旅游的内容定位为采摘、滑雪、渔猎、认养、民宿等，导致不少地区的小镇文化旅游出现同质化现象，其地方特色不够鲜明。另一方面，一些特色小镇在自然禀赋和文化资源等方面具有接近性，地方政府及相关部门对于这类小镇的定位和宣传存在着某种相似性，以温泉文化为例，丹东市的五龙背镇、金山镇、北井子镇等特色小镇，都拥有丰富的温泉资源，这类小镇在文化传播过程中也倾向于把温泉作为小镇的特色和文化，导致这类小镇的文化传播活动缺乏一定的辨识度和地方特色。

　　3.政府及相关部门之间的文化交流相对不足

　　一般来说，乡镇政府之间的文化交流主要依赖于上一级政府及相关部门的安排和协调。一方面，不同乡镇的发展方向、发展类型和项目内容等主要依赖于乡镇上一级政府及相关部门的统筹协调，而乡镇政府之间的正式的平行交流则较少开展。这种乡镇政府之间的正式的文化交流活动相对较少的现象，对于不同的乡镇保护和发展各自的文化特色具有一定的积极作用。同时，我们也应该注意到，乡镇政府之间的文化交流活动对于小镇文化的多样性具有一定的促进作用。

　　　　乡镇政府之间的文化交流是上级相关部门统一协调与管理。乡镇和乡镇之间都是平级的，不涉及跟其他乡镇沟通交流的问题。这个乡镇结合本地实际做出的东西，就自己发展起来就好了。（访谈对象：黑沟镇政府工作人员，男，访谈时间：2018年5—6月）

　　另一方面，乡镇政府工作人员还通过乡镇上一级政府及相关部门的会议进行非正式的私人化交流。不同乡镇政府相关负责人在乡镇上一级政府组织召开的会议期间，会就各自小镇的工作情况进行信息交流。乡镇政府的相关工作人员在整理、汇报特色小镇的相关资料时，也会通过私人关系联络其他乡镇政府的工作人员以获取相关信息。这种非正式的乡镇政府之间的文化交流，既维护了乡镇上一级政府及相关部门的权威性，又在某些方面削弱乡镇政府作为传播主体的主动性和积极性。

4.政府及相关部门制定的特色小镇监督机制不健全

特色小镇一般采取动态监督机制，监督范围通常包括政府职责、发展目标、考核验收和奖惩措施等。辽宁省政府倡导建立特色小镇动态监督机制，监督内容涉及特色乡镇创建工作进展和形象进度情况两大部分，监督机制的传播路径是先由各地区按季度向辽宁省宜居乡村建设领导小组办公室汇报工作成果，然后由后者进行汇总整理并汇报给辽宁省政府督查室。但是，当前政府及相关部门制定特色小镇监督机制存在一些问题。

一是参与监督的主体不充分。特色小镇的监督机制属于政府的组织内部的自我监督，在政府的组织内部，这种监督机制主要是自上而下的监督，而下级则不容易对上级的项目、政策、资金等特色小镇建设进行监督。在政府的组织外部，媒介监督和社会监督相对乏力，难以对政府的自我监督形成有效的制衡。二是忽视了对理念层面的内容监督。特色小镇的监督机制属于在实践层面对政府行为的监督，但是在理念层面，很少涉及对特色小镇发展目标、发展模式、支持政策等文本内容的监督。这就容易导致某些缺乏合理性的内容要求直接进入了基层乡镇的实践层面，并由乡镇承担其相应的衍生后果。三是忽视了对精神文化建设的监督。特色小镇的监督范畴主要集中在经济领域，而较少涉及精神文化建设。它容易滋生特色小镇建设过度追求发展速度、发展数量的问题；容易鼓励物质文化建设，而相对忽视对文化认同和地方身份认同的培育。

（二）政府及相关部门工作人员面临的主要问题

在文化认知层面，部分镇政府及相关部门的工作人员倾向于认为本地特色小镇的文化积淀不够深厚。在文化态度层面，一些镇政府的相关负责人在小镇文化传播方面的态度比较务实。

纯做景观的话，你比不过宽甸，宽甸有这个（传播）意识，对外宣传做得利害。十字街要山没山要水没水要大海没大海，要什么没什么，（未来）只能靠文化。没文化就完了。（访谈对象：十字街镇政府工作人员，女，访谈时间：2017年9月）

特色小镇的宣传？没有，我们不宣传，我们就是埋头干、闷声干。（访谈对象：佟二堡镇镇政府工作人员，男，访谈时间：2017年9月）

镇上有个广告牌写着咱们是全国特色小镇这就够了呀，还需要什么宣传啊？非得要所有人都知道啊？还是实质更重要，你得干出来呀，不干出特色来有啥好宣传的。（访谈对象：赵圈河镇政府工作人员，女，访谈时间：2017年9月）

部分镇政府及相关部门的工作人员在文化认知层面意识到了文化对于小镇建设具有重要的意义，但是他们倾向于认为"他处"的特色小镇的文化底蕴更深厚，而自家的特色小镇的文化积淀则不够深厚，在小镇文化传播方面存在着一定的现实阻力。而在文化传播态度层面，一些镇政府及相关部门的工作人员倾向于把工作重心放到发展地方生产、增加民众收入和改善地方生态环境等他们所认为更重要的实际发展问题层面，而对于特色小镇的文化传播的关注程度和重视程度相对不足。

（三）政府及相关部门对于传播媒介的使用问题

在传播媒介方面，一些政府及相关部门通过借助上一级政府及相关部门的政府官网、微信或微博公众号，及其主办或主管的报纸、杂志和电视栏目等大众传媒，来报道和宣传特色小镇的相关信息。

从媒介传播效果来看，部分镇政府及相关部门借助乡镇上一级政府及相关部门的传播媒介的现象，在某些方面有利于地方政府及相关部门整合地方媒介资源、提高地方政府及相关部门在媒介宣传方面的权威性。这种媒介使用现象具有一定的合理性和积极性。但这种现象也容易滋生某些弊端，比如导致乡镇政府及相关部门依赖于乡镇上一级政府及相关部门的媒介资源，这些弊端需要引起政府及相关部门的关注。

东港市的政府官网专门有一个板块，所有的乡镇都在里面。你上去一搜的话，黑沟镇的所有信息基本都在那。所以我们没必要再做（独立的镇政府官网）了，做了内容也是重复的。那种独立的镇一级官网，你推不出去的话，确实没有人看，而且挂在市政府网站的话，要比我们（乡镇政府）有权威性。（访谈对象：黑沟镇政府工作人员，男，访谈时间：2018年6—7月）

（四）政府及相关部门出现上述问题的主要原因

特色小镇在精神文化建设和物质文化建设方面所遭遇的现实阻力，是多重因素综合作用的结果。从政府及相关部门自身的角度而言，最重要的原因就在于现行行政体制的不够健全、社会治理模式的相对落后。

1.现行体制机制不够健全

我国现行的塔式级别化行政体制在某些方面束缚了基层乡镇政府的能动性。住房和城乡建设部总经济师赵晖指出，我国当前的行政体制是垂直上下关系，"地级市属于省管，县属于地级市管，镇属于县来管"[1]；这种塔式级别化行政体制促使优质的要素与资源聚集到了上级行政单元。[2]这种优质的要素与资源可以是信息技术、服务理念和服务传统等经济资源，也可以是项目、资金、政策等政治资源，还可以是媒介资源等等。这些优质资源通常优先流向上级行政中心，而面向基层乡镇扩散则相对有限。因此，行政体制的不够健全是特色小镇在基础设施建设、文化设施建设、精神文化建设、媒介

---

① 人民网—房产频道，2017年7月28日。
② 参阅"特色小镇"拓展小城镇建设新天地，新华社，2016年4月24日。

资源等方面处于相对劣势地位的重要原因。

2.社会治理模式有待完善

辽宁特色小镇的治理模式基本承袭了传统的村镇行政管理模式，乡镇政府在特色小镇的社会管理和文化管理方面发挥着主导作用，而小镇居民和企业在特色小镇建设中的主体作用并不明显，尚未形成共建共享的社会治理新模式。辽宁特色小镇的这种传统的行政管理模式，造成了乡镇政府的职能不够明确，特别是在文化职能方面的不清晰。因此，乡镇政府在精神文化管理方面缺乏一定的主动性和创新性，在基础设施规划与建设、公共服务的落实、经济结构调整等方面缺乏宏观视野和城镇化经验。而小镇居民与企业的主体地位的相对弱化，在一定程度上限制了社会资本进入特色小镇基础设施建设的热情，多元化融投资渠道不甚畅通，导致特色小镇的建设投资过度地依赖于政府筹资拨款。乡镇政府在财政上不独立，依赖于上一级政府及相关部门的转移支付，乡镇政府很少有足够的资金对基础设施、文化设施、传播媒介等进行投资。

二、文化精英作为文化传播主体的问题分析

文化精英作为小镇文化的传播主体，主要是指那些以研究特色小镇为专业的人，他们可以是来自高等院校、科研院所、规划设计院等专业机构的专家或学者，也可以是来自行政管理部门、新闻传播机构和企业等各领域的优秀人才。

（一）文化精英所关心的政府问题

文化精英关注到了政府在特色小镇建设过程中管理职能模糊的问题。瞭望智库的陈光义等人认为，特色小镇不能完全由政府主导，因为政府没有那么大的精力。特色小镇建设需要时间，有的需要三五年，有的需要十年，但是政府官员总在换，怎么能做到特色小镇的培育？[①]政府及相关部门在特色小

---

① 陈光义：《大国小镇：中国特色小镇顶层设计与行动路径》，中国财富出版社2017年版，第236-237页。

镇的文化传播过程中需要明确自身的管理职能，对文化精英、主流媒体、小镇居民和企业等其他传播主体进行积极的引导、管理和规范，政府及相关部门不能取代其他传播主体完全主导小镇文化传播。

（二）文化精英所关心的小镇居民问题

一些文化精英关注到了流动人口对于特色小镇建设的影响问题。在这方面比较具有代表性的观点来自中国城镇化促进会党委书记陈炎兵、人民大学经济学院教授姚永玲："在可以预见的时期内，特色小镇对于吸收农村地区剩余劳动力以及城市回流劳动力都将发挥重要的作用，而这一部分劳动力也将成为特色小镇建设的主要力量。"[1]这种观点代表了部分文化精英对于特色小镇流动人口在未来发展的乐观态度，具有一定的前瞻性和积极性。陈炎兵和姚永玲进一步分析了特色小镇在吸引回流劳动力方面存在的阻力和机遇。其中，阻力主要包括：流动人口的总体趋势仍然是流向大城市；农村人口老龄化程度远高于城镇，农村能够为小城镇提供的劳动力已经不多；而机遇则主要是指建制镇比县城对人口更有吸引力、近年来从农村迁出的人口有下降的趋势等。

（三）文化精英所关心的企业问题

部分文化精英认为，一些房地产商进驻特色小镇容易导致特色小镇失去特色、出现"房地产化"现象。国家发展和改革委员会发展规划司副司长陈亚军表示，企业追捧特色小镇的重要原因在于通过特色小镇名义，企业的拿地成本相对较低。瞭望智库的陈光义等人指出，没有一个特色小镇是通过房地产商的进入带动起来的。中国城镇化促进会党委书记陈炎兵、中国人民大学经济学院教授姚永玲指出，由于地产商的营利目的与地区发展不一致，只能是短期行为，如果让房地产企业对地区长期可持续发展负责，这对房地产企业不公平……房地产企业的开发模式以营利为目的，容易导致过度使用文

---

[1] 陈炎兵、姚永玲：《特色小镇：中国城镇化创新之路》，中国致公出版社2017年版，第278-286页。

化和随意开发文化资源，带来建设性破坏。[①]

这些文化精英关于特色小镇出现"房地产化"现象的分析与解释，主要是以江浙地区的特色小镇为研究对象的，而几乎没有涉及东北地区。我们在实地调研中发现，辽宁特色小镇更多地存在企业投向的问题而不是文化精英所说的小镇房地产化问题。但是，文化精英这种防止特色小镇房地产化的观点，对于辽宁特色小镇而言依然具有重要的警示意义和参考价值。

（四）文化精英自身的问题

一些文化精英倾向于支持发展本真性的小镇文化。这些文化精英在相关著作[②]中表示，乡镇特别是农村地区在城镇化建设中处于弱势地位，城市文明的发展是以牺牲广大农村地区为代价的，这种农村哺育城市的城镇化建设导致了乡村社会的衰落。基于这种文化认知，他们提出，要改变乡村社会的衰败必须发展本真的地方文化，甚至有文化精英公开表示传统村落应该保留和发展"原汁原味的"文化以实现文化层面的乡村振兴。[③]上述文化观点表达了某些文化精英对乡村社会的关注和文化情怀，这些文化精英关注到了城镇化建设过程中的城乡不对称关系，并试图通过维持地方文化的本真性来抵抗和规避这种城市文明的影响。但是，这些文化精英忽视了文化传播过程中的交流融合，乡村社会无法成为文化交流中的孤岛，不可能通过排斥或拒绝消费文化和娱乐文化来维持地方文化的本真性。我们可以说某些文化精英提倡尊重、保护和传承地方传统文化的态度是值得尊敬的，但是在传统文化的具体保护与传承的方法方式上，某些文化精英的观点未免不切合地方实际。

（五）文化精英出现上述问题的主要原因

按照大小传统理论模式的解释，文化精英属于大传统，文化精英同时也

---

① 陈光义：《大国小镇：中国特色小镇顶层设计与行动路径》，中国财富出版社 2017 年版，第 240—243 页。

② 可参阅南开大学副教授熊培云的《一个村庄里的中国》，著名社会学家曹锦清教授的《黄河边的中国》。

③ "2017 年中国传统村落保护（武义）国际高峰论坛"会议期间，有专家学者公开提出这样的观点。

参加了小传统。文化精英作为文化传播主体，既参加了政府主导的特色小镇的文化传播，也参加了以小镇居民和企业等为传播主体的文化活动。日本学者佐藤慎一教授指出，"干预社会"、积极参与社会问题的解决是知识分子应有的行为方式①，在特色小镇的文化传播过程中，正是这种使命感和责任感驱使文化精英通过提供问题分析、理论解释、趋势预测、发展建议等智力支持的方式，积极参与到政府及相关部门、小镇居民和企业等主体的文化传播过程中，并通过这些智力支持发挥自身作为文化传播主体的作用。

因此，文化精英所面临的问题主要是政府及相关部门、小镇居民、企业等其他传播主体在文化传播过程中所产生的社会问题，包括政府职能模糊问题、特色小镇的人口流动问题、企业在投资特色小镇建设过程中出现"房地产化"问题等等。当然，这其中也包括文化精英自身的原因，例如文化知识的专业限制、厚古薄今的文化观念、文化对策脱离地方实践等等。但是，这些社会问题产生的根本原因不在于文化精英，文化精英只是这些社会症候的观察者、解说者和预测者。文化精英作为特色小镇的文化传播主体，主要的作用就在于为政府、民众、企业等主体提供智力支持以促进社会问题的解决。

三、小镇居民作为文化传播主体的问题分析

小镇居民是特色小镇大众文化的创造者和传播主体，他们可以是小商贩、手艺人、民间艺人，还可以是外地游客、外来求学者、外来务工者等。

（一）小镇居民关于小镇文化的观念问题

小镇居民普遍具有比较包容性和开放性的文化传播意识。按照文化的大小传统理论的解释，小镇居民在日常社会生活中所接触和参与的小镇文化活动，既包括政府及相关部门、主流媒体、文化精英和企业等其他传播主体为小镇居民所提供的国家主流价值观文化、精英文化、企业文化等类型的文化

---

① [日]佐藤慎一：《近代中国的知识分子与文明》，刘岳兵译，江苏人民出版社2006年版，第25页。

活动，还包括小镇居民自身所创造或传播的地方民俗活动、节庆活动和商业活动等。这些多元文化在不断地交流融合的过程中，共同构成了小镇文化，它们对于小镇居民的文化认同和身份认同的塑造和建构都产生着重要的影响。例如，国家主流价值观文化对于培育小镇居民的爱国意识、团结意识、责任意识、环保意识等具有积极的指导作用，对于丰富小镇居民的精神生活、提升小镇居民的文化素养同样发挥着积极的作用。因此，小镇居民关于小镇文化的观念和态度比较开放和包容。

（二）小镇居民所参与和传播的小镇文化活动的问题

小镇居民在小镇的娱乐和庆祝活动等，是小镇文化繁荣的有力的外在表现。

1.小镇公共娱乐活动

小镇居民是公共娱乐活动的重要传播主体和参与者。街头、广场、公园等场所是小镇居民进行娱乐和社会交往的公共空间。

西柳就这公园是热闹的地方，现在西柳市场出名，外来人口多一些，一般要说溜达玩儿，就公园这地方了。这桥底下就有跳舞的，过了这条河，那边桥底下就是唱歌的、唱二人转的。（这些活动）白天也有，晚上也有。（参加活动的）都是老年人，五十岁的就是最年轻的。这都是自娱自乐，（民众）自己兴办的。乐器都是他们自己的，拉的这二胡啥的，都是个人家的，（他们）拉完就走，不要钱，也没人给钱。人家就图个乐和。（访谈对象：西柳公园围观表演活动的群众，男，访谈时间：2017年9月）

上面的访谈为我们提供了关于公共娱乐活动在类型、特点、参与群体等方面的一些基本信息。在参与群体方面，公共娱乐活动的参与者包括小镇居民和外地人，主要参与群体是五六十岁的老年群体。在活动参与方式方面，部分群体积极参与下棋、打麻将、练太极、跳广场舞、扭秧歌、表演二人转节目、演奏乐器等各种各样的娱乐活动，一些群体则通过围观、闲话、喝彩、鼓掌等行为方式参与这些娱乐活动的表演和传播过程当中。在活动性质方面，这些公共娱乐活动具有自发性和开放性的特点，是小镇居民自发形成的、不以营利为目的的娱乐活动。

此外，还存在一种由地方政府提供的、服务于民众的娱乐活动。

咱镇里连续三年在七夕节的时候举行广场舞大赛，还有全镇举行篮球赛、羽毛球赛、乒乓球赛等。这都是咱镇政府举办的、支持的文化活动。咱镇政府还会提供一些资金、服装、场地的支持。广场舞是近几年才兴起的，（广场舞比赛）第一年的时候，咱镇政府给他们提供一些衣服，咱们提供的衣服都是统一样式的，但是你知道参加广场舞大赛的，都是一些大姐，她们都想穿自己的衣服。所以后期的时候，她们都穿自己的衣服来参加比赛，也是各有特色。然后其他的一些，都是他们村里自己来买、来投资的。（访谈对象：西柳镇政府工作人员，女，访谈时间：2017年9月）

由此可见，在小镇的日常生活中，小镇居民的娱乐不仅包括自发形成的娱乐活动，也包括镇政府组织并提供资金、服装、场地等支持的文体活动。

2.小镇居民的庆祝活动

庆祝活动也是小镇文化的一部分。小镇居民通过举办庆祝活动来纪念某个重要的日子。这种庆祝活动一般是民众自发形成的，同时，地方政府也会通过服务、引导与规范等文化管理方式方法来参与庆祝活动的传播过程。我们可以通过大孤山送考节活动这个案例，来具体了解在庆典活动传播过程中，小镇居民的文化传播与地方政府及相关部门的引导与规范。大孤山送考节一般是指学生家长送学生参加高考的壮行仪式。大孤山送考节是民众自发形成和组织的庆祝活动，经过多年的发展和传播，送考节已经成为"孤山镇的传统民俗活动"。[1]2018

---

① 赵庆艳：《大孤山送考节奇观》，《传播力研究》2018年第22期，第223页。

年6月5日，民众已经沿用22年之久的"送考节"被孤山镇政府正式改名为"赶考节"，在镇政府运营的微信公众号"辽宁孤山镇"和多家地方主流媒体中广泛传播。

至于这个"送考节"为什么改叫"赶考节"，这个根据我的理解啊，在古代那叫"进京赶考"。在老百姓这一块，"送考节"就是送考生。它是传统的文化，今年我们为了配合宣传，咱围绕这个节日也自己增加了一些小活动，在不同的地方展示科考制度的，包括那个"寒窗苦读"啦、"状元游街"啦，这些小情景很多方面都沿袭古代的科举制度。（访谈对象：孤山镇政府工作人员，男，访谈时间：2017年9月）

由此可知，孤山镇政府试图通过节日改名的文化管理方式，建立与古代科举制度和传统文化之间的联系。孤山镇政府对于送考节的官方改名，既是为了宣传大孤山传统文化、提升孤山文化的知名度，也是为了促进地方旅游业和文化产业的发展，"打造文化传承特色小镇和旅游产业强镇"。[①]

但是，也有部分民众对于送考节改名事件表现出了不同的看法。"'送考节'重点是全镇万余人自发送行的壮观景象，而且'送考节'的名字是多年来形成的，是民间智慧的体现。"[②]因此，小镇居民所创造、参与和传播的传统民俗活动，具有一定的自发性特征。地方政府及相关部门对于这类自发的民俗活动具有管理、引导和规范的职能和责任。

（三）小镇居民产生上述问题的主要原因

在特色小镇的文化传播过程中，地方政府及相关部门对于小镇居民的文化传播活动具有提供服务、引导和规范等职能，小镇居民作为小镇文化传播

---

① 孤山镇政府：《孤山镇小城镇建设工作情况报告》，2016年8月22日。
② 瓷器．"大美孤山"微信公众号，2018年6月5日．https://inp.weixin.qq.com/s/FxFpspBllcOJtcZUii71gTw. 28。

主体，是在地方政府及相关部门的指导和管理下开展娱乐、节庆、商业和宗教等小镇文化活动的。政府及相关部门在政策法规层面对小镇居民的角色进行了定位。一方面，是对小镇居民作为传播主体的角色定位。国家发展改革委特色小（城）镇建设的相关政策文件中，把市民定位为小镇建设的三大主体之一，而文化建设也是特色小镇建设的重要内容，因此，国家发展改革委实际上是间接承认了市民作为文化传播主体的角色。另一方面，是对小镇居民作为接受主体的角色定位。辽宁省政府在关于特色乡镇的相关政策中提出"引导和培训村民提高历史文化保护意识"，这在某种程度上来说是把村民定位为文化受传者或被管理者的角色。因此，政府及相关部门对小镇居民的角色定位存在某种模糊性，在特色小镇的文化传播过程中，小镇居民既是传播主体，同时又是地方政府及相关部门进行文化管理的接受主体。

四、企业作为文化传播主体的问题分析

企业也是特色小镇文化的重要传播主体，它们包括龙头企业、中小企业、创投企业等。企业作为特色小镇的文化传播主体，所面临的最大问题就是企业的主体作用不明显，包括企业在物质文化层面与精神文化层面的文化建设中缺乏积极性，企业在品牌宣传与维护方面意识淡薄。

（一）企业参与不积极

在特色小镇建设中，政府鼓励和支持企业在特色小镇建设过程中发挥主体作用，各级政府都积极制定相关配套政策来鼓励和激发企业参与特色小镇建设。但是，在地方实践层面，企业的参与积极性并不高。我们以佟二堡镇的企业为分析对象，来具体分析企业对于特色小镇建设的参与积极性不高的问题。

1.物质文化层面

灯塔市佟二堡镇拥有"中国皮草之都"和"中国皮装裘皮服装名城"的美誉。政府资料显示，佟二堡镇拥有大规模的皮装、裘皮加工企业，加工约占全国产量的20—30%。镇内有13处现代化的皮装裘皮商场，现有皮装裘皮经营业

户3200多户，已建成专营市场12处80万平方米，经营近百种皮装和裘皮产品品牌，年销售收入300亿元。[1]按照这些数据来看，佟二堡镇的产业基础比较雄厚，企业发展良好，具备了发挥小镇建设的主体作用的基本条件。我们在实地考察中发现，佟二堡小镇内部的皮装裘皮商场出现了明显的分化趋势，商业老区的衰落与商业新区的繁荣形成了鲜明对比：一方面，位于老区的富祥裘皮大卖场、奥都裘皮商城和奥莱皮草等商场内部陈设比较老旧，多数店铺普遍处于闭店状态，客流量稀少，只有零散的少数顾客；另一方面，相隔不远的位于老区的海宁和香港两家商场，商场内部装潢华丽，营业时间较长，客流量多。由此可见，佟二堡镇的企业在解决镇内的商场分化和设施老化等问题方面并没有发挥明显的作用，或者说，这些企业并没有在物质文化层面发挥主体作用。

2.精神文化层面

佟二堡的企业在精神文化层面的传播主体作用也并不明显。按照企业数量、商户数量和收入额等数据资料来看，这些企业在广告宣传方面具有比较成熟的经济基础，遗憾的是，它们的企业文化传播并不理想。在商场，企业的文化宣传集中在党建工作方面，而很少出现企业广告宣传。在街头，镇内主要街道的广告牌多处于闲置状态；现有的企业品牌宣传海报，存在同一广告在相同地点大量地重复出现；企业广告在文字、色彩和设计等内容方面同质化现象比较突出。由此可见，佟二堡企业在广告宣传方面的主体作用并不突出。

（二）企业品牌意识淡薄

辽宁特色小镇的企业还存在着品牌意识淡薄的问题，一方面，有的企业或经营者的产品依附于其他企业品牌；另一方面，有的企业品牌遭遇其他同类产品的冒名顶替。

1.品牌依附现象

部分特色小镇存在产品依附于其他企业品牌的问题。东港市的部分沿

---

[1] 数据来源于灯塔市佟二堡镇人民政府，《2017特色小镇说明材料》。

海小镇如菩萨庙镇、椅圈镇、长山镇等，是盛产大米的水稻种植地。由于缺乏独立的品牌或品牌知名度不高，这些地区的大米就被盘锦市的相关企业收购，并包装成"盘锦大米"的品牌进行出售。

> 盘锦大米你知道吧？全国都有名。其实我们东港的大米比盘锦的大米要好。我们没有自己的这个品牌，推广不出去，价格上不去。我们镇上不少大米都叫盘锦那边收走了，每年都来，然后包装成盘锦大米卖，比咱东港的大米贵多了。（访谈对象：菩萨庙镇人，男，访谈时间：2018年6—7月）

> （北井子镇的企业品牌）鳅地大米就是搞这么一个噱头。其他地方（的产品）宣传放养鸭子、放养河蟹什么的，这是各有各的噱头呗。咱东港的大米，不像盘锦大米，没有这个品牌效应。（访谈对象：北井子镇人，男，访谈时间：2018年6—7月）

由此可见，一些种植者、经营者或企业在品牌意识方面比较淡薄，有的未能打造独立的品牌，有的虽然形成了独立品牌，但是品牌宣传较差，知名度不高，导致其产品会依附于其他企业的知名品牌。

2.品牌冒用现象

部分特色小镇的产品品牌也存在着被其他同类产品冒名顶替的现象。东港市的部分特色小镇是"丹东草莓"的种植地。其中，东港市椅圈镇具有"草莓特产之乡""全国设施草莓第一镇"的荣誉称号。小镇倡导实施"产品创牌工程"，目前已经拥有"马家岗草莓"注册品牌。但是，在品牌传播过程中，椅圈镇的草莓产品出现了被其他同类产品冒名顶替的现象。辽宁特色小镇的部分企业品牌的知名度较高，但是这些企业的品牌保护意识相对淡薄，面临着被其他同类产品冒名顶替的问题。

俺们镇那"马家岗草莓"最有名，庄河那边也有卖草莓的，然后（他们）看我们的草莓卖得好，他们也把自己的草莓包装成丹东草莓来卖。那能一样吗？比俺们那草莓差了去了，你一尝就尝出来了。（访谈对象：椅圈镇政府工作人员，男，访谈时间：2018年6—7月）

（三）企业产生上述问题的主要原因

我们从现有的乡镇企业的发展不充分和外来投资企业相对有限两大部分来认识导致企业主体作用不明显的原因。

1.现有的乡镇企业的发展不充分

当前，辽宁特色小镇的企业主要集中在第二产业和第一产业，从事第三产业的企业相对不足。我们以乡镇企业的企业名单为切入口来具体分析这个问题。东港市北井子镇的特色企业建设可以划分为工业类型、农业类型和旅游业类型三种。其中，工业类型企业包括辽宁东港电磁线有限公司、东港市忠世高新金属材料有限公司、丹东亿丰服装有限公司；农业类型企业包括东港市升石水产有限公司、东港市恩达水产有限公司、东港市輄地水稻专业合作社、东港市洋熙食品有限公司、东港市建国食品有限公司。主打旅游业类型的商户主要来自獐岛村与徐坨村。①北井子镇的企业在数量方面相对有限，在类型方面以水产养殖、捕捞、水产品加工为主，产业类型相对单一，旅游业以休闲农业和乡村旅游业为主，品质等级较低。因此，乡镇企业自身发展不足限制了其作为主体的作用。

2.外来投资企业的相对有限

辽宁特色小镇面临着企业投资过冷的现象，辽宁特色小镇对于外来投资者的吸引力不大。而造成这个问题的最主要的原因是辽宁地区在气候条件和地理位置方面的局限性。

---

① 此信息来源于北井子镇政府。

企业投资都愿意往南方跑，来这里投资的还是少数。这个建设成本首先就太高了，这个气候条件就是最大的劣势。（访谈对象：十字街镇政府工作人员，女，访谈时间：2018年6—7月）

部分辽宁特色小镇由于特殊的气候条件和地理位置的束缚，容易影响外来投资者在投资安全、成本、市场等方面的投资信心，难以吸引外来投资者参与特色小镇建设。因此，外来投资企业的不足也是导致企业在特色小镇的文化传播过程中主体作用不明显的重要原因。

第四节　多重文化传播主体对辽宁特色小镇的影响

辽宁特色小镇的文化传播主体包括政府及相关部门、主流媒体、文化精英、小镇居民和企业等。这些多元化的文化传播主体在不断地交流互动的过程中，对于小镇文化及其传播媒介产生了重要的影响。

一、多重文化传播主体对小镇文化的影响

辽宁特色小镇基本属于县城关镇以外的行政建制镇，它是一个具有联系与沟通功能的开放性场域。小镇文化是在政府、文化精英、小镇居民和企业等多重传播主体的综合作用下，交流融合形成的杂糅文化。小镇文化既包括文化墙、文化广场、宣传条幅、街头广告牌、民俗博物馆、村史展览馆等物质文化，也包括政策文件、规划编制、节事活动、小镇故事等传播某种道德、精神或价值的精神文化。小镇文化特征具体表现为规范、艺术、认知和器用四种特征类型。政府及相关部门、主流媒体、文化精英、小镇居民和企业等多重传播主体，在规范层面、艺术层面、认知层面和器用层面共同塑造

和建构了小镇文化。

（一）规范层面的小镇文化

政府及相关部门的社会管理，塑造了小镇文化在规范层面的权威性特征。乡镇上一级政府及相关部门通过对特色小镇的指导思想、主要目标、责任体系、培育方向、建设标准、创建程序、支持政策、动态监督机制等具体内容要求来规范特色小镇建设。乡镇政府负责落实和实施来自乡镇上一级政府的这些文化规范。小镇文化的规范特征也来自于文化精英、小镇居民和企业等传播主体，这类传播主体的文化规范分别来源于社会责任感、传统力量和内部规章制度，其权威性和强制性较弱。文化精英也可以通过批评建议的方式方法对政府、小镇居民和企业等其他传播主体提供智力支持。例如，文化精英对特色小镇建设中出现的政府职责模糊问题和特色小镇房地产化问题等所进行的批评与建议也是一种对小镇文化的规范。小镇居民除了接受政府的引导、管理和规范，在特色小镇的日常生活中主要依赖于传统力量进行自我规范，这种传统力量包括在衣食住行等方面的生活习惯与方式等。企业则主要通过制定奖励和惩罚措施对内部的员工进行培训和规范，并以此使这种企业文化成为小镇文化的组成部分。

（二）艺术层面的小镇文化

政府及相关部门、主流媒体、文化精英和小镇居民等多重传播主体，共同塑造和建构了小镇文化在艺术层面的特征。一方面，政府及相关部门、主流媒体、文化精英等传播主体塑造了小镇文化在艺术层面的指导性特征，引导小镇居民、企业和其他传播主体尊重小镇现有格局、保护和传承传统文化、弘扬社会主义核心价值观文化。住房和城乡建设部指出，特色小镇的建筑在色彩、风格和材质等方面应该符合小镇传统，小镇的空间雕塑与空间小品应该表现和传播传统文化。[①]大孤山经济区政府把妈祖文化节、妈祖诞辰祭

① 住房城乡建设部通知要求保持彰显特色小镇特色，http://www.gov.cn/xinwen/2017-07/12/content_5209850.htm..2017年7月7日。

典仪式、大孤山庙会、春节秧歌汇演等大型传统文化活动，民间剪纸、版画、农民画、民族器乐、泥塑、舞龙、秧歌等民间艺术，军鼓队、高跷队、太极拳协会等文化体育队伍等，都纳入了孤山镇的特色的传统文化当中，既弘扬优秀传统文化又传播国家主流价值观文化。[1]小镇居民参与建构的小镇文化在艺术层面呈现出开放性和包容性的特征。在小镇的日常生活中，小镇居民不仅参与和传播各种各样的娱乐活动和节事活动，也积极参与到国家主流价值观文化、历史传统文化、民俗文化等多元化小镇文化的传播过程中。这些小镇文化既包含了政府及相关部门、主流媒体和文化精英的引导和规范，也包含了小镇居民的自发性和创造性，因此，小镇文化在艺术层面具有较强的开放性和包容性。

（三）认知层面的小镇文化

小镇文化在认知层面具有多样性的特征，政府及相关部门、文化精英、小镇居民和企业等传播主体对于特色小镇的认识和了解存在着某种差异性。

1.政府关于小镇文化的认知特征

部分特色小镇相关负责人倾向于认为，当地缺乏历史文化积淀，在地理位置和气候条件等自然环境方面处于劣势，当地民众的素质有待提升；他们指出，这些因素是限制外来企业投资辽宁特色小镇的重要因素。一些特色小镇负责人倾向于认为，产业、垃圾清理、道路修建等物质文化建设层面是当前小镇建设的工作重点，而小镇文化的宣传工作则相对次要，小镇文化宣传需要一定的经济基础，故小镇文化宣传依赖于物质文化建设。某些特色小镇负责人倾向于认为，乡镇政府在日常工作中的能动性有限，乡镇政府无力独自为企业和民众等主体提供项目、土地、政策、资金等方面的支持，而这些保障措施需要乡镇上一级政府的统筹协调。

2.文化精英关于小镇文化的认知特征

文化精英群体内部对于小镇文化存在着不同的观点和看法。一些文化

---

[1] 孤山镇政府：《孤山镇小城镇建设工作情况报告》。

精英倾向于支持发展本真性的小镇文化，传统村落的振兴途径在于保护和发展"原汁原味的"文化。部分文化精英倾向于传播传统文化，特别是民族传统文化。还有人认为"特色小镇文化是一个共同体文化"，它既包括传统文化，也包括企业文化、生产者文化和消费文化等建设性文化。①

3.小镇居民关于小镇文化的认知特征

小镇居民对于小镇文化的认知同样具有多样性。一些民众认为特色小镇并没有特色，他们倾向于把日常生活中随处可见的场所、饮食和活动等视为某种"特色"。

> 这镇里特色的地儿，就是公园、动物园，别的没了。动物园俺们常去了，就这公园嘛，天天上午有活动，就是唱唱歌、跳跳舞啥的。这地方也没什么特产啊，只有梨、水果，地瓜。咱这疙瘩根本没有什么很出名的。（访谈对象：西柳镇街头群众，男，访谈时间：2018年5—6月）

部分民众对于镇域内的独特景观认可度不高，他们虽然承认某些景观属于小镇的形象名片，但是他们自身却很少主动去体验这些景观。

> 红海滩啊，有文化的人跟我们没文化的人，看到的东西不一样吧。那你像我就不爱看，离那么近，我都没看，也没时间，离不开。（访谈对象：赵圈河镇群众，宾馆店主，女，访谈时间：2018年5—6月）

> 红海滩，可是全国都有名。你们外地来的都爱看，我本地人一般就不去了啊。（访谈对象：出租车司机，男，访谈时间：2018年5—6月）

---

① 陈炎兵、姚永玲：《特色小镇：中国城镇化创新之路》，中国致公出版社2017年版，第81–86页。

4.企业关于小镇文化的认知特征

企业对于小镇文化的认知特征同样呈现出一些冲突性和矛盾性。部分企业对于辽宁特色小镇的投资意愿不高，他们出于对辽宁特色小镇的政府管理服务、气候条件、地理位置等多方面的综合考虑而投资相对谨慎。一些企业对于地方政府的党建活动和社会主义核心价值观宣传的积极性很高，西柳镇和佟二堡镇的商场普遍出现这些政治文化的宣传条幅、贴画和滚动字幕；十家子镇不少玛瑙店铺也通过条幅广告的形式配合地方政府的文化宣传。某些企业对于同类产品品牌的认同度较高，倾向于冒充或模仿同类品牌以推广自身的产品，例如东港地区的大米产品包装成"盘锦大米"进行销售，草莓品牌"丹东草莓"则经常被其他草莓产品冒名顶替。因此，不同的企业之间对于特色小镇文化的认知特征也具有多样性。

（四）器用层面的小镇文化

小镇文化在器用层面的特征主要是由地方政府及相关部门塑造和建构的，地方政府及相关部门为了弘扬社会主义核心价值观而采用的文化墙、广告牌、宣传条幅、农家书屋、文化站等传播工具，具有普遍性、显著性和利用率低等特点。地方政府及相关部门为了宣传和推广政策、法律法规、科技知识、地方景观、传统美德等国家主流价值观，通常选择宣传条幅、街头广告牌、文化墙等传播工具，在小镇公共空间进行大范围的、普遍性的传播。小镇的街头、商场、火车与汽车站等人流量较大的小镇公共空间经常出现这类传播国家主流价值观的传播工具。因此，小镇文化在器用层面呈现出普遍性的特点。地方政府及相关部门也会选择在小镇的主要街道或高速公路的进出口、镇内中高层建筑的上方等，采用巨型的广告牌匾或显示屏等传播工具来宣传小镇形象、公益广告和国家政策理念等小镇文化。西柳镇政府利用巨型的户外广告牌匾来宣传作为"国家特色小镇"的西柳形象。这类传播工具的体积较大、摆放位置比较显眼、传播内容比较简洁鲜明，因此，这类小镇文化在器用层面就表现出显著性的特征。地方政府及相关部门为了丰富地方民众的文化生活、提升地方民众的文化素质、传播国家主流价值观，通常还会在小镇建立农家书屋、文化站等。但是，在小镇的日常生活中，这类传播工具存在着利用率不高的特点。孤山镇政府的调查报告显示，部分农家书屋由于藏书的品种和数量不足、图书内容缺乏实用性等原因，导致农家书屋的利用率低。而一些特色小镇的文化站、博物馆等也存在着利用率相对较低的特点。目前西柳镇的文化站暂时搬迁至某公立幼儿园内部；龙王庙镇的锡伯族博物馆在平时很少对外开放。因此，小镇居民在日常生活中对于农家书屋、文化站和民俗博物馆等这类文化设施和文化服务的利用率相对较低。

二、多重文化传播主体对小镇传播媒介的使用

小镇传播媒介属于物质文化建设的组成部分，政府及相关部门、文化精英、小镇居民和企业等传播主体对于媒介层面的小镇文化建设发挥了重要的作用。

（一）政府及相关部门对小镇传播媒介的使用

目前来看，一些乡镇政府对乡镇上一级政府及相关部门的媒介资源存在一定的依赖性问题。按照组织传播的相关理论解释，我们把政府及相关部门的媒介资源分为对外传播媒介和内部传播媒介两部分来进行分析。

1.政府及相关部门的对外传播媒介

在官方网站方面，大部分镇政府及相关部门没有乡镇政府一级的独立官网，而是挂靠在乡镇上一级政府及相关部门的官方网站，宣传和报道小镇的文化传播活动。谢屯镇、孤山镇、十间房镇、佟二堡镇、二棚甸子镇、西柳镇这些特色小镇，是直接挂靠在上一级县（区、市）政府的官方网站的。泛河镇、赵圈河镇、沟帮子镇、胡家镇这几个特色小镇是越过上一级县（区、市）政府，直接挂靠在市政府官网的。而熊岳镇和王家镇则是辽宁省内为数不多的、拥有镇政府独立官网的特色小镇。在微信公众号方面，部分镇政府及相关部门缺乏独立的微信公众号，基本上依赖于上一级政府及相关部门的公众号宣传。例如，胡家镇、赵圈河镇依赖于盘锦市政府的"微盘锦"公众号；椅圈镇、长山镇、北井子镇等特色乡镇的文化传播活动，也通常是借助

丹东市委、市政府的官方微信平台"丹东发布"进行传播的。在大众传媒方面，部分镇政府及相关部门也会借助报纸、主流媒体网站和电视节目等大众传播媒介，来报道和宣传特色小镇及其文化传播活动。《辽宁日报》《丹东日报》《鸭绿江晚报》《东港通讯》等报纸，丹东日报网站、丹东新闻网、北国网等网站，它们通常是由省级或市级地方政府及相关部门所主管或主办的，这类大众传播媒介往往会为地方政府及相关部门的小镇文化传播活动提供宣传平台。例如，孤山镇的庙会民俗活动、椅圈镇的校园文化节活动就积极使用东港市委、市政府主办的《东港通讯》进行相关宣传。

2.政府及相关部门的内部传播媒介

在政府及相关部门的组织内部，乡镇政府主要依赖于微信工作群进行联系。一种是乡镇政府内部成员之间的工作群。

对内宣传我们有微信群，里面有二百三十多人，有什么事儿就在群里说了。看到好的、关于特色小镇的宣传，我们自己也就发朋友圈了，大家都能看到。（访谈对象：胡家镇政府工作人员，男，访谈时间：2018年6—7月）

因此，这种乡镇政府内部的微信工作群除了具有在内部成员之间传递、交流信息的功能以外，还兼有一定的对外传播的功能。一种是乡镇上一级政府及相关部门主持建立的工作交流群，方便乡镇政府之间的横向交流。

乡镇政府之间没有必要展开正式的交流互访，各乡镇相关负责人一般是在乡镇上一级政府建立的工作群中商讨、交流问题。（访谈对象：长山镇政府工作人员，男，访谈时间：2018年6—7月）

这种政府及相关部门对于微信工作群等内部传播媒介的使用，有利于地方政府及相关部门整合地方媒介资源、提高地方政府及相关部门在媒介宣传方面的权威性，对于调动内部成员的工作积极性、增强政府组织的凝聚力和向心力具有一定的积极作用。同时，我们也应该注意到一些乡镇政府对乡镇上一级政府及相关部门的媒介资源存在一定的依赖现象。

（二）其他传播主体对小镇传播媒介的使用

文化精英、小镇居民和企业等传播主体，对于小镇传播媒介的推广和传播同样具有重要的影响力。从传播媒介的数量来看，目前这类传播主体建立的微信公众号有"爱上大孤山""大美孤山""掌上大孤山""谢屯微生活""簸鱼圈微生活""丹东帮""大连头条""天南地北庄河人"等等。从传播内容来看，这类微信公众号推送的内容一般集中在美食、娱乐、旅游等方面，除了特色小镇的日常生活信息，也涉及到周边地区和省内其他地区的热点新闻、饮食、景点等信息。我们以"大美孤山"微信公众号为案例，来分析民众个人运营的传播媒介。"大美孤山"的编辑主要是孤山镇的知名摄影师瓷器，该公众号主要以宣传孤山镇内的习俗、特产、节庆等信息内容为主，包括大孤山宣传片、秧歌汇演、大孤山杏花节、大孤山庙会、高铁站道路、上梁习俗等这些贴近群众日常生活的娱乐信息、民生信息和民俗信息等。由此可见，这类由文化精英、小镇居民和企业等传播主体建立和维护的小镇传播媒介，在数量方面相对较多，在传播内容方面覆盖小镇的娱乐、民俗、物产、节庆活动等信息内容，较少涉及政治类信息内容，具有生活化和多样化的媒介内容特点。文化精英、小镇居民和企业等传播主体在使用微信新媒体传播小镇文化方面，发挥了一定的积极作用。他们借助传播媒介的技术手段，将民俗、物产、节庆、娱乐等小镇日常生活纳入了媒介传播内容，促进了小镇文化与传播媒介的融合，对于丰富小镇传播媒介的多样性具有积极的影响。

在尊重小镇文化传播规律的基础上，采取包容的态度来审视多重传播主体在小镇文化传播过程中所面临的主要问题及其产生的主要原因，力求贴合当前辽宁特色小镇的文化传播的地方实践，探寻促进特色小镇发展的路径，以及发挥对辽宁文化振兴的重要作用。

参考文献

[1] 曹源. 老字号的文化底蕴[M]. 北京：中国时代经济出版社，2003.

[2] [法]让·鲍德里亚. 消费社会[M]. 刘成富，全志刚，译. 南京：南京大学出版社，2000.

[3] [美]艾·里斯，杰·特劳特. 定位[M]. 王恩冕，等，译. 北京：中国财政经济出版社，2002.

[4] [美]凯文·莱恩·凯勒. 战略品牌管理[M]. 李乃和，等，译. 北京：中国人民大学出版社，2003.

[5] [美]威尔伯·施拉姆，威廉·波特. 传播学概论[M]. 陈亮，等，译. 北京：新华出版社，1984.

[6] 陈祝平. 品牌管理[M]. 北京：中国发展出版社，2005.

[7] 年小山. 品牌学[M]. 北京：清华大学出版社，2003.

[8] 舒咏平. 品牌传播策略[M]. 北京：北京大学出版社，2007.

[9] 何佳讯. 品牌形象策划[M]. 上海：复旦大学出版社，2000.

[10] [美]威尔伯·施拉姆，威廉·波特. 传播学概论[M]. 何道宽，译. 北京：新华出版社，2010.

[11] 郭庆光. 传播学教程[M]. 北京：中国人民大学出版社，1999.

[12] 孔令仁，李德征，苏位智，等. 中国老字号[M]. 北京：高等教育出版社，1998.

[13] 谢牧，吴永良. 中国的老字号[M]. 北京：经济日报出版社，1988.

[14] 赵杰，曹芳华. 2.0WEB 营销传播——互动整合营销传播策略[M]. 上海：学林出版社，2009.

[15] 金岚. 中华老字号·沈阳卷[M]. 沈阳：辽宁美术出版社，1999.

[16] 甘惜分. 新闻大学词典[M]. 郑州：河南人民出版社，1993.

[17] 王成荣. 老字号品牌价值[M]. 北京：中国经济出版社，2012.

[18] 徐光荣. 中华老字号：沈阳卷[M]. 沈阳：辽宁美术出版社，1999.

[19] 伊广英. 辽宁老字号档案的价值研究[J]. 兰台世界，2013（5）.

[20] 宋向光. 物与识——当代中国博物馆理论与实践辨析[M]. 北京：科学出版社，2009.

[21] 杨玲，潘守永. 当代西方博物馆发展态势研究[M]. 北京：学苑出版社，2005.

[22] 曹兵武. 记忆现场与文化殿堂——我们时代的博物馆[M]. 北京：学苑出版社，2005.

[23] [加拿大]马歇尔·麦克卢汉. 理解媒介——论人的延伸[M]. 何道宽，译. 北京：商务印书馆，2011.

[24] [英]迈克·费瑟斯. 消解文化——全球化、后现代主义与认同[M]. 杨渝东，译. 北京：北京大学出版社，2009.

[25] 宋向光. 物与识——当代中国博物馆理论与实践辨析[M]. 北京：科学出版社，2009.

[26] [美]拉里 A·萨默瓦，理查德 E·波特. 文化模式与传播方式——跨文化交流文集[M]. 麻争旗，等，译. 北京：北京广播学院出版社，2003.

[27] [美]珍妮特·马斯汀. 新博物馆理论与实践导论[M]. 钱春霞，译. 南京：江苏美术出版社，2008.

[28] 刘宏宇. 呈现的真相与传达的策略：博物馆历史展览中的符号传播和媒介应用[M]. 北京：人民日报出版社，2015.

[29] 伍茂国. 从叙事走向伦理：叙事伦理理论与实践[M]. 北京：新华出版社，2013.

[30] 胡亚敏. 叙事学[M]. 武汉：华中师范大学出版社，2004.

[31] 申丹，王丽亚. 西方叙事学：经典与后经典[M]. 北京：北京大学出版社，2010.

[32] 单霁翔. 博物馆藏品架起沟通的桥梁——来自故宫博物院文物普查的报告[J]. 中国文物科学研究，2014（03）.

[33] 单霁翔. 从重"物"到"人""物"并重——博物馆社会服务理念的提升[J]. 中国博物馆，2014（03）.

[34] 单霁翔. 文博事业对传承江海文化大有益处[N]. 南通日报，2015.